SOUVENIRS
D'ITALIE

PAR

Le Docteur ROGER

Vice-Président de la Société Havraise d'Études diverses,
Membre correspondant
de la Société médico-chirurgicale de Liége (Belgique),
Médecin de l'Asile des Vieillards, etc.

PARIS
VICTOR PALMÉ, LIBRAIRE-ÉDITEUR
25, Rue de Grenelle St-Germain
—
1879

Couverture inférieure manquante

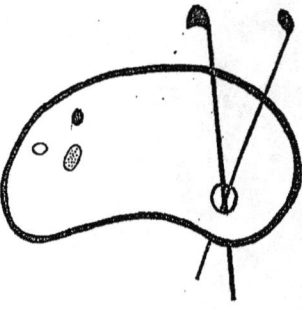

ORIGINAL EN COULEUR
N° Z 43-120-8

SOUVENIRS D'ITALIE

SOUVENIRS
D'ITALIE

PAR

Le Docteur ROGER

Vice-Président de la Société Havraise d'Études diverses,
Membre correspondant
de la Société médico-chirurgicale de Liége (Belgique),
Médecin de l'Asile des Vieillards, etc.

PARIS
VICTOR PALMÉ, LIBRAIRE-ÉDITEUR
25, Rue de Grenelle-St-Germain

1879

INDEX

	Pages
Avant-Propos	7
Un touriste embarrassé	15
Du Havre à Rome. — Lyon	18
Fourvières, ses pèlerins et ses tableaux votifs	19
Place Bellecour, Louis XIV et le caféier	22
La Ficelle, la Croix-Rousse et les tisseurs de soie	23
Vienne	25
La Provence et le mûrier	28
Orange et l'olivier	30
Avignon et l'alizarine artificielle	32
Arles et ses antiquités	35
Marseille, son origine	37
La Cannebière	39
Le Cours Belzunce	42
Le Château-d'Eau	44
Le Roucas-blanc	46
N.-D.-de-la-Garde	48
Marseille, son passé et son avenir	49
La Ciotat	54
Toulon	55
Fréjus	56
Cannes, station hivernale	57
Nice, cimetière des phthisiques	61
Monaco, Monte-Carlo, la Roulette et le trente et quarante	65
Menton, séjour prévilégié	66
Vintimille, réflexion d'un Français en quittant son pays	68
La débine italienne	71
Ce que l'on peut et doit penser de l'Unité italienne	72

	Pages
La Côte Ligure (Riviera di Ponente)	79
Gênes, superbe ?	81
Excursion à travers la cité génoise	84
De Gênes à Pise (Riviera di Levante)	90
Pise-la-Morte	93
Il Duomo	94
Il Battisterio — pourquoi construit à part ?	97
La Tour penchée. Les architectes avaient conçu le plan d'une tour penchée	99
Le Campo-Santo, la Tour de la Faim	101
Climat de Pise et les bains romains	103
De Pise à Florence par Pistoie	104
Florence et ses fils	106
La Chiese Santa Maria Novella et le gouvernement savoyard	109
La place de la Seigneurie et la Loggia	112
La galerie Degli Uffizi, la Vénus de Médicis, la Vénus au petit chien et la Sainte Famille	114
Le Dôme et le Baptistère	116
Le Campanile	118
Le chef-d'œuvre de Giotto et les artistes du temps passé	121
Le palais Pitti et le jardin Boboli	123
Industrie et climat de Florence	125
De Florence à Rome, par Empoli et Livorno	126
L'Agro romano	130
Roma !	132
La place Barberini et le chevrier	137
Ste-Marie-de-la-Conception et le cimetière des PP. Capucins	139
La place d'Espagne et la Trinité-des-Monts	139
Le Monte Pincio et la place du Peuple	141
Le port de la Ripetta et la pérennité du Tibre	143
Le pont et le fort St-Ange	144
Le mont Vatican, le bourg et la place St-Pierre	146
La Porte de bronze et les Suisses gardiens de la Papauté	149
La basilique Vaticane	150
Les galeries du Vatican et l'audience de Pie IX	160
Santa-Maria in Trastevere	163
St-Pierre in Montorio et l'Acqua Paola	165
La place Navone et Ste-Agnès	169

	Pages
St-Augustin et le Cardinal d'Estouteville, archevêque de Rouen	171
La place Colonne et le trois-six	173
Le Corso et les fêtes religieuses et populaires	175
Le Panthéon	176
Ste-Marie-de-la-Minerve et le clinquant moderne	179
Le Gesu, la piété italienne et la Révolution	183
Le Forum de Trajan, la basilique Ulpienne et Constantin, ses mémorables paroles	187
Le Capitole	189
L'Eglise d'Ara Cœli	192
Le Forum romain	196
La Prison Tullienne et le pêcheur de Galilée	201
L'Oratoire des Confrères du Chemin de la Croix, les associations laïques, les confréries et la paroisse	208
L'Arc de triomphe de Titus et le Palatin	213
La basilique Julia et l'origine des basiliques chrétiennes	217
L'arc de Constantin	220
Le Colisée	222
Les premiers chrétiens et la basilique de St-Clément	235
La Scola Sancta	238
Le Palais de Latran et la basilique de St-Jean-de-Latran	239
Ste-Croix de Jérusalem et la solitude	241
Ste-Marie-Majeure	246
Les Thermes de Dioclétien et Ste-Marie-des-Anges	253
La Place et la fontaine de Trévi	257
St-Pierre-aux-Liens, le jour de la Pentecôte 1877	259
La place et l'église de Sta-Maria in Cosmedin	262
De la porte d'Ostie à la basilique de St-Paul, la chapelle de la Séparation	264
La basilique St-Paul	269
Le couvent des PP. Trappistes français de St-Paul aux Trois-Fontaines; quelques mots de l'histoire de l'Eucalyptus au couvent, les efforts, les déboires, les résultats, l'élixir d'Eucalyptus	274
Conclusion, Dieu, l'Eglise, le Pape, la Vérité	288

A

MONSIEUR FRANÇOIS FOUCAULT

Agréez, cher Monsieur, l'hommage de ce livr[e], hommage qui m'est dicté par votre ancienne et cons[-]tante amitié.

Ainsi s'en perpétuera le souvenir chez mes enfan[ts] qui, par lui, trouveront unis pour toujours nos deu[x] noms.

AVANT-PROPOS

N'est-ce pas témérité de venir parler à nouveau de l'Italie ? Bientôt, en effet, qui n'aura écrit son voyage dans cette contrée si imposante par ses souvenirs historiques, incomparables par ses chefs-d'œuvre ? Mais, suivant une expression aussi juste qu'heureuse, ce pays et Rome surtout appartiennent à ce genre de sujets sur lesquels « on peut sans cesse redire, sans jamais répéter. » Puis encore le cœur se lasse-t-il de parler ou d'entendre parler de ce qu'il aime. O Rome ! quel est le chrétien qui se lasserait d'entendre parler de toi ?

En multipliant le récit de tes grandeurs, ne multiplie-t-on pas toujours le nombre de ceux qui apprendront aussi à te connaître et partant à t'aimer. Chaque écrivain n'eût-il que quelques nouveaux lecteurs, il peut se dire que son labeur ne demeure point stérile. Ainsi ai-je pensé ; aussi me suis-je permis d'écrire.

Mes études antérieures presque exclusivement naturelles ou physiques m'ont tenu éloigné de celles des œuvres d'art, et j'étais assurément peu préparé pour un pareil écrit.

Mais j'ai passé outre, serrant de près mes devanciers, et me disant que je contribuerais par ces « Souvenirs » à perpétuer la mémoire de cet événement mémorable que les siècles rediront, et qui s'est accompli en l'an 1877.

L'univers chrétien célébrait, en effet, les noces d'or de l'épiscopat de Pie IX, dans la trente-et-unième année de son pontificat. De toutes les contrées du globe, de nombreuses députations étaient venues à Rome, apportant de magnifiques présents, et, ce qui est surément, l'affirmation de leur amour pour J.-C. et de leur attachement inviolable à son Eglise.

Puis, en ces temps troublés où tout est contesté, tout remis en discussion comme si les siècles passés n'avaient point apporté leur pierre à l'édifice; en ces temps où le naturalisme en littérature, le réalisme en peinture, le matérialisme en philosophie, l'égalitarisme en sociologie s'étalent de toutes parts, et préparent une décadence terrible, et fatale s'il n'est porté remède; n'est-on point heureux de parler, de se rapprocher de cette religion où le surnaturel préserve les âmes de tels abaissements; en ces temps où l'autorité civile, l'autorité humaine fait de violents efforts pour devenir ici-bas la seule autorité, n'est-on point heureux de se rapprocher de cette Autorité vraie, grande, large, seule digne de l'homme, de cette Autorité qui la tient toute entière de J.-C. lui-même : *Tu es Petrus...*

Et que la France n'oublie pas la mémorable parole de cette Autorité qui était alors incarnée en Innocent XIII : « La grandeur de la France est inséparable de l'exaltation du Saint-Siège. » Non seulement les événements passés ne l'ont pas démentie, mais, hélas ! les événements présents en confirment toute la triste et éloquente vérité. Le Saint-Siège est dans l'affliction, la France dans le trouble, dans l'inquiétude, demain peut-être, dans l'anarchie.

Et que nul aussi n'oublie que qui obéit à cette Autorité se meut dans la vraie liberté, partout ailleurs l'homme trouve l'homme, c'est-à-dire le tyran ou le César. C'est que ce faisant, il obéit ici à Dieu, là à l'homme ; et c'est qu'aussi, du moment où l'homme ne fait pas à Dieu dans la société une part active, directe, sensible, l'adage *homo homini lupus* reprend toute son impitoyable réalité.

Mais comment, dira-t-on : les droits de Dieu mettent l'homme dans l'ère de la liberté, et les droits de l'homme dans celle de la tyrannie, du Césarisme, de l'esclavage déguisé ! Obéir au pape, vicaire du Christ, représentant ici-bas de l'autorité divine, vous fait libre, obéir ailleurs rive votre vraie liberté !

Durus est hic sermo : parole dure, étrange, assurément, à première ouïe, pour qui ne veut ou ne sait pas réfléchir, et que par aveuglement, ignorance ou passion l'on comprend à notre époque moins que jamais ; parole à laquelle ne veulent point souscrire les puissances modernes, qui partout se liguent contre elle, la taxant de mensonge, mais qui, pourtant, contient l'unique et pleine vérité.

Assurément ces lignes paraîtront étranges à beaucoup, et je ne parle pas des fanatiques de la libre pensée, ce langage pour eux sera toujours incompréhensible, mais à ceux-ci qui, bourgeois ignorants ou apathiques, veulent bien tout admettre, même l'idée chrétienne, voire les rites chrétiens et l'enseignement par les jésuites, mais sans jamais pourtant permettre à l'Eglise de dépasser, en fait d'autorité, le seuil de ses temples.

Au nom de leur tranquillité et du mot fameux : « liberté de conscience » dont ils n'ont jamais compris la portée, ils seraient, les braves gens, désolés de voir fermer les églises, mais ils s'arrêtent là ; car pour eux, la religion peut être affaire de sentiment, mais de vérité indiscutable et partant d'autorité absolue, jamais ! plutôt faire pacte avec tous les socialismes possible que d'affirmer le droit de Dieu et de son Eglise sur les hommes et sur les sociétés.

Ces lignes paraîtront étranges à d'autres qui penseront ou diront que l'on pouvait parler ou écrire de la sorte au siècle de Louis IX, de très grande, très illustre et très sainte mémoire, mais que le progrès (?) nous a délivré de ces étroites pensées.

Aux uns et aux autres je répondrai :

Vous vous laissez entraîner par trois erreurs

modernes; le libéralisme, le radicalisme ou le socialisme, vous ne voulez pas abjurer pour ne pas perdre, ce vous semble, cette liberté (?) qu'ont proclamé les Voltaire ou les Rousseau. Mais regardez le passé ; voyez vos ancêtres grands, puissants, heureux au fond, infiniment plus que ne le sont les peuples modernes tourmentés par la noire envie, minés par le doute cruel ; voyez vos ancêtres-ouvriers vivre fortement organisés durant de longs siècles, grâce à ces puissantes corporations qui assuraient à tous une véritable et sage liberté ; fortement unis grâce à ces admirables confréries qui furent le ciment merveilleux qui maintint pendant tant de siècles ce magnifique accord dans le monde du travail, homme de plume ou du marteau, car tout homme qui travaille a besoin de la prière pour demander à Dieu de ne défaillir jamais ; et, voyez-les durant ces longues époques, tranquilles et prospères, tant qu'ils furent soumis et profondément attachés à la religion catholique qui fut la sauvegarde du peuple, qui fut, en maints événements les plus graves dans l'histoire, la sauvegarde de la France, qui a vu ses troubles intérieurs naître, se développer et s'accroître à mesure qu'est né, s'est développé et s'est accru le principe révolutionnaire.

On ne saurait trop le redire, la *question sociale* naquit le jour où patrons et ouvriers délaissèrent leurs confréries et abandonnèrent peu à peu les enseignements et l'esprit de l'Eglise. Il serait absolument faux de dire que la *question sociale* ne naît aujourd'hui que des conditions nouvelles du travail. Si du XIIe au XVIIe siècle, il n'y avait pas eu cette foi vive, qu'animaient alors patrons et ouvriers, il y aurait eu, sous une autre forme, une question sociale.

C'est qu'en effet l'homme est né pour l'association; Dieu l'a fait ainsi. Quoi qu'il arrive, quelque soit le milieu où il se trouve, il s'associera toujours. Or, si la paix a régné aux époques précitées, c'est uniquement parce que l'association, à cette époque, était, dans ses principes, profondément chrétienne.

Un jour, la religion s'est peu à peu effacée au foyer domestique, puis, comme conséquence logique et fatale elle a disparu plus ou moins de la vie publique de la Nation, mais malgré ces défaillances l'association n'était pas morte. Elle s'est reformée ailleurs, et au lieu d'avoir Dieu pour objectif, et l'Eglise pour organe dirigeant et enseignant, elle a eu Satan pour l'enseigner et la diriger. Tel arbre, tel fruit. Le passé chrétien a vécu plusieurs siècles, et il peut répondre ; oui, le prolétaire du temps passé peut répondre par ce vieux refrain : « Chacun à son métier vaquait *libre et tout entier* » ; où est le français qui en pourrait dire autant aujourd'hui ? Le passé de Satan a un siècle de pleine évolution, et il a son histoire depuis le Temple jusqu'à la Roquette. Nous savons, d'un autre côté, les trop justes souffrances de la classe ouvrière, souffrances qui sont les résultats bien amers mais indéniables de la Révolution qui est venue un jour tout briser, obéissant avant tout à sa haine du Christ et de l'Eglise.

L'association détruite s'est partiellement reformée aujourd'hui, mais sans autre mobile et sans autre soutien que l'intérêt, la philanthropie ou la passion. Est-ce assez pour assurer à une œuvre la durée ? non, car l'homme qui bâtit sans Dieu bâtit sur le sable, non car « pour que l'association soit un bienfait et non pas un péril, pour qu'elle soit une garantie et non une menace, pour qu'on puisse y relier utilement les deux éléments qui la constituent : le nombre qui est la multiplicité des forces et l'unité de direction qui seule peut faire converger toutes ces forces vers l'utilité commune de tous les asssociés, pour tout cela, il faut que le lien matériel des intérêts soit cimenté par le lien moral du devoir. Il faut que la religion intervienne avec sa puissance de moralisation et son esprit de dévouement ; il faut, en un mot, que l'association soit chrétienne ». (M. Chenelong, *Discours au Cercle de Paris-Montrouge*).

C'est enfin pour garder de ce voyage fait en Mai 1877, plus vive souvenance que j'en ai entrepris le récit. Il paraît tardivement, et, depuis, de grands événements se sont accomplis. Mais d'autres devoirs ont fait trop court le loisir de l'étude pour qu'il m'ait été donné de pouvoir terminer plus tôt ce travail et de voir même mon premier dessein se réaliser. J'ai dû, en effet, arrêter le récit de ces « Souvenirs » à Rome, bien que j'aie visité Naples, Lorette, Bologne, Venise, Padoue, Milan, Turin ; mais l'homme propose et les événements s'imposent.

Heureux si je puis intéresser quelque peu ; plus heureux encore si mes critiques peuvent être comprises et réveiller quelques âmes.

Havre, 19 Mars 1879.

SOUVENIRS D'ITALIE

Lorsque le voyageur vient de France, il peut arriver en Italie, par terre, en franchissant les Alpes occidentales, ou sans les franchir, en longeant les Alpes maritimes, puis les Apennins sur leur versant méridional ; par mer, en s'embarquant à Marseille ou mieux à Nice.

Le touriste, qui, le sac au dos, et le *Alpen-Stock* à la main, voudrait ainsi traverser les Alpes, aurait quelque raison d'hésiter sur le choix de sa route. Ici, de grands souvenirs ; là, la magnificence des Alpes le solliciterait à l'envi. Ici, de grands souvenirs : car, depuis Annibal qui franchit les Alpes l'an 218 avant J.-C., que de fois ces montagnes furent témoins de pareils spectacles ! partout, l'indicible majesté des Alpes.

Sur le versant septentrional, la solitude est grande ; la vie laborieuse et frugale ; il ne s'y entend que le bruit de l'avalanche ou la sonnette des troupeaux, mais les yeux s'y émerveillent, le corps s'y allège et l'âme s'y élève. Là, la vie est dure, la marche pénible, la scène toujours sévère. Sur le versant méridional en maints endroits, si ce n'est partout, c'est le vallon italien, tout paré d'une élégante végétation, tout retentissant d'eaux bouillonnantes, et où les ruines romaines écrasent de leur imposante majesté les ruines crénelées du moyen-âge. Ici la vie est douce, la marche facile, la scène toujours riante. Sur le versant Nord nait le savoyard, sur le versant Sud, l'italien.

Mais c'est la route des hardis, des enthousiastes, quelquefois des téméraires ; revenons aux sentiers battus. Le chemin de fer a singulièrement dépoétisé les voyages. Avec lui que de détails de mœurs, de coutumes vous échappent. Si l'on n'avait les guides que nos pères ne connaissaient guère, parce qu'ils voyaient et apprenaient par eux-mêmes et bien mieux, que de faits, que de récits nous resteraient inconnus. Assurément, mais il faut aujourd'hui deux jours pour aller de Paris à Rome, et un mois suffit pour visiter les trois quarts de l'Italie.

Donc, la voie ferrée, la voie rapide s'offre à nous et de deux côtés : venant de Chambéry, vous traversez au Nord les Alpes, quittant à Modane le territoire français, pour traverser le long tunnel du mont Cenis, et vous vous trouvez en Italie à son autre extrémité, non loin de Bardonnèche, première station italienne ; ou vous venez de Nice, et traversant la principauté de Monaco, vous arrivez à Vintimille, ligne douanière et première station italienne.

Je ne connais aucun motif qui puisse décider à faire choix de tel ou tel itinéraire. Les billets circulaires des chemins italiens vous laissent toute latitude pour entrer à votre gré par Modane ou Vintimille, et le touriste pourra n'écouter que ses commodités personnelles. Néanmoins, et je le dis par avance, il devra ne pas faire de nuit le trajet de Modane à Turin, ou de Nice à Pise, par Gênes, qu'il prenne la voie ferrée, ou l'ancienne route qui, par terre, vous conduisait en diligence de Nice à Savone par la célèbre route de la Corniche.

« Cette dernière, dit Baedeker, court tantôt le long

de sauvages promontoires à une grande hauteur au-dessus de la mer; tantôt elle traverse des collines boisées, tantôt elle s'étend à peu de distance du rivage au milieu de vallées richement cultivées ; c'est une succession merveilleuse et non interrompue de paysages charmants. Ici des rochers à pic dont la mer écumante vient fouetter la base de vieilles tours à moitié détruites assises sur des écueils au milieu des flots ; là de vastes forêts d'oliviers, avec leurs troncs séculaires aux formes les plus pittoresques, des taillis verdoyants de pins des Indes et tout le luxe de la végétation méridionale, des castels et des châteaux en ruines aux formes étranges, véritables repaires de brigands, perchés au sommet des rochers. »

Cette route ne jouissait pas d'une sécurité absolue, et beaucoup de voyageurs arrivés à Nice prenaient le steamer qui en dix heures vous amenait à Gênes. Si le trajet était plus long, la beauté des sites vous faisait oublier vos fatigues.

Donc arrivé à Nice vous pouviez prendre les steamers, et n'étaient les ennuis de la navigation, le trajet était lui-même très varié.

Vous aperceviez à l'horizon les Alpes Maritimes dont les contre forts émergent du sein même de la mer ; de jolies villes au milieu de paysages fertiles, Savonne, Onneille, Menton, d'autres localités pittoresquement assises au sommet des hauteurs (Porto Morizzio, San Remo, Vintimiglia); au sortir même de Nice, la gracieuse baie de Villafranca, et enfin vous jouissez en arrivant à Gênes du magnifique panorama de la cité « Superbe ».

Aujourd'hui le steamer et la diligence sont à peu près abandonnés. Le chemin de fer, qui s'arrêtait à Monaco et à Savonne, relie maintenant ces deux villes. Il raccourcit les distances et vous laisse entrevoir quelques unes des beautés pittoresques de l'incomparable route de la Corniche et quelques uns des aperçus grandioses dont vous jouissez en mer.

Bien que désirant borner mon récit aux villes italiennes, je ferai exception pour Lyon, Marseille et Nice. Cette dernière ville n'est, au reste, redevenue française que depuis peu d'années.

Avant de commencer, un mot d'itinéraire. Les billets circulaires italiens sont très nombreux ; il y a 24 itinéraires différents. Voici celui que je conseille: de Nice à Gênes ; de Gênes à Pise ; de Pise à Bologne par Pistoïe, et retour de Bologne à Florence ; de Florence à Rome par Empoli, Sienne, Chuzi, Orte et Rome ; de Rome à Naples ; de Naples à Foggia, et de Foggia à Otrante, et d'Otrante à Venise directement — ou de Naples à Venise par Foggia, Pescara, Lorette, Ancône, Bologne, Padoue et Venise. Ce trajet direct peut se faire en 18 heures environ et rend de réels services au voyageur pressé. Autrement l'on trouvera sur ce parcours les villes susnommées intéressantes à visiter sans qu'elles aient néanmoins un intérêt de premier ordre.

Puis de Venise à Modane par Padoue, Verone, Bergame, Milan, Novare ou Alexandrie, Turin et Modane. Je préfère cet itinéraire à celui que j'ai suivi, j'en dirai les motifs.

DU HAVRE A ROME.

Par Lyon, Marseille, Nice (Nizza), Gênes (Genova), Pise (Pisa), Florence (Firenze), Livourne (Livorno), Civita Vecchia.

LYON. — Venant de Paris, le chemin de fer contourne les hautes collines de Vaise, sous lesquelles il s'engage par un assez long tunnel ; presqu'à sa sortie il traverse la Saône, d'ou l'on découvre la ville, et vous êtes à la gare.

Cette dernière, située entre le Rhône et la Saône, longe le cours Perrache et fait face à la place du même nom. Monument sans style et qui pourrait répondre mieux, sous tous rapports, à l'importance de la cité.

Limité par les cours d'eau sus-nommés, le cours Perrache limite également le faubourg qui porte le nom de son architecte Perrache (1770).

Ce dernier termine la presqu'île Lyonnaise où le Rhône et la Saône unissent leurs eaux. C'est un singulier et curieux spectacle que celui des eaux rapides du Rhône, venant se joindre aux eaux calmes et tranquilles de la Saône. Mais je ne saurais reconnaître aux eaux du Rhône cette limpidité signalée par divers auteurs. Sans doute les eaux de la Saône sont beaucoup plus sombres, mais les eaux du Rhône sont loin d'êtres claires.

Si, de ce cours, vous vous dirigez vers la Saône, vous la traversez sur un pont suspendu ; et, tournant à droite, vous longez un quai sur la rive droite du fleuve, qui vous mène au bas du coteau de Fourvières.

FOURVIÈRES, *vetus forum* « Fore vieil » vieux forum, a été le berceau de Lyon. C'est là que les romains établirent leur première demeure, et firent de ce coteau leur première forteresse. En le gravissant par un chemin étroit, pierreux, malaisé, vous passez près de l'hospice de l'Antiquaille sur l'emplacement duquel se trouvait jadis un palais où les empereurs Claude et Caligula naquirent, dit-on. Arrivé à la terrasse, vous oubliez vos fatigues devant l'imposant panorama qui se déroule à vos yeux.

A vos pieds, la Cathédrale, la Saône, la place Bellecour ; à gauche Vaise et la Croix-Rousse ; un peu plus loin en face le Rhône ; puis les faubourgs des Brotteaux, et le parc de la Tête-d'Or à gauche, et ceux de la Guillotière à droite. A l'horizon, à l'Est, le Mont Blanc, éloigné de plus de 30 lieues ; à l'Ouest les montagnes d'Auvergne, au Sud les Alpes du Dauphiné, les montagnes de la grande Chartreuse et le Mont Pilate.

C'est de cette éminence que l'on apprécie toute la justesse de cette description de Lyon d'E. Reclus : « Son aspect est très pittoresque, il charme, étonne et séduit, car rien ne ressemble moins à une grande ville ordinaire, rien n'est moins homogène, rien n'est plus brisé que cette réunion de quartiers ou de villes distinctes que coupent deux grands fleuves, et que dominent de vastes escarpements. »

Sur cette hauteur où en présence de tant de magnificence l'âme se recueille et s'élève, existe une chapelle dédiée à la Vierge, sous le vocable de N.-D. de Fourvières ; petite et de construction assez irrégulière, elle sera sous peu remplacée par un superbe édifice qui s'élève à ses côtés. La tour, déjà finie, supporte dans les airs une madone de grandiose proportion.

Un million et demi de pèlerins la visitent annuellement, et de nombreux tableaux votifs, d'un goût quelquefois douteux la décorent.

Nous préférons, dans nos contrées du Nord, le plus souvent, la plaque de marbre commémorative, à ces tableaux à scène dramatique, qui décèlent peut-être déjà le goût méridional.

C'était un dimanche, et j'entendis la messe au milieu de nombreux pèlerins Lyonnais de la Paroisse St-Pothin. Je venais admirer la moderne cité Lyonnaise, toujours au premier rang par son industrie, comme par le développement des œuvres catholiques dont une, la plus belle et la plus civilisatrice, j'ai dit l'œuvre de la propagation de la foi, et un heureux hasard allait me remettre en mémoire les grands souvenirs de la primitive église de Lyon, la ville primatiale des Gaules.

J'entendis avec une vive émotion dire la vie de ce prêtre nommé Pothin, disciple de St-Polycarpe, évêque de Smyrne, qui mourut martyr à l'âge de 90 ans, et premier évêque de Lyon.

L'histoire rapporte que, devant les persécutions, beaucoup de chrétiens avaient fui ; mais « l'évêque Pothin ne s'était point éloigné de la ville. Sa retraite fut bientôt connue. Le saint homme comptait plus de quatre-vingt-dix années, et son corps était si faible qu'on dut le traîner plutôt que le conduire devant ses juges.

» L'un deux voulant user de bonté lui demanda ce qu'était le Dieu des Chrétiens : « Tu le connaîtras si tu en es digne, » répondit l'intrépide confesseur. Reconduit en prison, le pontife fut, durant tout le parcours, exposé aux insultes et aux coups d'une populace furieuse. Il ne résista pas à cette dernière épreuve, et deux jours après, le premier pasteur de Lyon allait porter au trône de Dieu les prémisses de la chrétienté des Gaules.

Lyon a gardé le souvenir des premiers défenseurs de la foi, et perpétue leur croyance dans une confrérie qui existe à Fourvières, qui date des âges inconnus et dont l'obligation est de prier pour la Cité.

Je quittai ce lieu béni, où une éloquente parole et des chants remarquables avaient tour à tour ému et pénétré mon âme, et de la terrasse je contemplai une dernière fois ce spectacle grandiose, emportant de fortes et consolantes pensées.

A peu de distance et presque aux pieds de Fourvières, se trouve l'antique cathédrale de St-Jean-Baptiste.

Fondée au VII° siècle, cet édifice fut reconstruit sous St-Louis. Il possède de beaux vitraux et une horloge astronomique de 1508. — Elle décorerait, il me semble, infiniment mieux un musée que l'intérieur d'une église. — La façade manque d'élévation et paraît un peu lourde.

Non loin et toujours sur la rive gauche de la Saône se trouve le Palais-de-Justice dont les colonnades produisent un bel effet, vu du pont suspendu du Palais-de-Justice.

Bien des malheurs sont venus fondre sur la France depuis la mort de celui que l'histoire a appelé le Grand Roi; et souvent je me suis dit que s'il eût eu les vertus de son aïeul Louis IX, il eût épargné à la France bien des catastrophes. La philosophie fut sceptique, la cour débauchée, et les femmes conçurent des mignons dont le maître osa dire: « Après moi le déluge. » La France aura-t-elle son Noé ?

Oui, Grand Roi, en buvant, place Bellecour, en face de votre bronze, la savoureuse infusion du caféier, dont le premier plant vous fut adressé par l'un de vos consuls, et qui de France passa à la Martinique, je me pris à rester tout pensif... mais vite je me rappelai que

> Qui songe à voyager
> Doit soucis' oublier.

Entre cette place et la place Perrache, qu'orne un square heureusement dessiné et planté d'arbres ombreux, se trouve le quartier aristocratique de Lyon.

A l'opposé de la place Bellecour, on rencontre, en se dirigeant vers la Croix-Rousse, la place des Terreaux, où se trouvent l'Hôtel-de-Ville et le Musée. Sur cette place était dressé l'autel d'Auguste, et se tenait le conseil sacerdotal des trois provinces de la Gaule.

Sur cette même place furent exécutés Cinq-Mars et de Thou, favori de Louis XIII, le 12 septembre 1642.

« En 1794, la place des Terreaux vit périr une foule de personnes sur la guillotine, jusqu'à ce que ce genre de supplice, trop lent à cause du grand nombre de victimes, fut remplacé par les noyades dans la rivière, et la mitraillade par l'artillerie de la Convention. » Et involontairement les saturnales de mai 1871 me venaient en souvenir, et j'avais besoin de me rappeler encore que

> Qui songe à voyager,
> Doit soucis oublier.

L'Hôtel-de-Ville qui fait face à cette place, est un beau monument du xve siècle. Il servit de siège au tribunal révolutionnaire, présidé par Colot d'Herbois, ancien acteur sifflé et qui sut odieusement s'en venger.

C'est entre cette place et celle de Perrache que se trouvent, limitées d'autre part par le Rhône et la Saône, les belles constructions qui font de Lyon une des villes les mieux bâties de France. On remarque encore dans cet îlot, et sur la rive droite du Rhône le grand Hôtel-Dieu, œuvre de Soufflot, et l'Hôpital de la Charité; la Bourse, édifice d'une grande magnificence, vraiment digne de la cité Lyonnaise, mais qui eût eu besoin d'une grande place pour faire valoir ses lignes harmonieuses.

Tout près de la place des Terreaux est la FICELLE. — Mot bizarre, assurément, pour désigner la chose. Il désigne, en effet, un mode de locomotion fort original, s'il n'est pas nouveau. Sur la dernière pente du coteau de la Croix-Rousse, on a tracé, à une inclinaison qu'aucune voiture ne pourrait gravir, une route sur laquelle sont placés deux rails qui supportent deux voitures, ayant quelque analogie avec les cars des Tramways.

A chacune d'elles est attaché un fort câble en fil de

fer (d'où ficelle) que meut une machine locomobile placée au sommet. Quand une voiture monte, l'autre descend, et vice-versâ. En deux minutes vous êtes arrivés, gagnant par ce trajet direct environ une demi-heure. Il est arrivé quelquefois que la ficelle s'est rompue, et que le choc, malgré des freins spéciaux s'est fait rudement sentir. Néanmoins on n'a jamais eu de malheur à déplorer, aussi cette voie rapide est-elle très fréquentée, et les actionnaires sont aujourd'hui convaincus qu'ils ont une bonne ficelle à leur arc.

Après cette courte ascension, vous arrivez boulevard de la Citadelle, sur le plateau de la Croix-Rousse. Vous êtes dans le quartier des tisseurs de soie.

Ce fut au XVe siècle que des Italiens, chassés de leur pays par des raisons d'état, apportèrent à Lyon l'art de tisser la soie. Depuis cette époque l'industrie de la soierie a subi à Lyon de nombreuses vicissitudes. La Ligue, la révocation de l'Edit de Nantes, les événements de 93, où Lyon voulut résister à la tyrannie de la capitale du Nord, ce qui lui attira la vengeance stupide et féroce de la Convention, firent péricliter tour à tour l'industrie Lyonnaise.

Enfin, sous l'empire s'ouvre, avec le métier Jacquard, une nouvelle période de prospérité. Mais en 1830 éclate une insurrection industrielle qui n'était pas sans exemple dans la fabrication lyonnaise, mais qui fut plus terrible que les autres. « On sait, ajoute Malte-Brun, combien, depuis cette époque, Lyon, travaillé par les théories insensées sur l'organisation du travail, a été longtemps regardé avec terreur comme le centre du socialisme. » Je ne crois malheureusement pas que les faits passés et les idées actuelles puissent modifier cette juste et sévère appréciation de Malte-Brun.

Redescendez la Ficelle, traversez la place des Terreaux

et le Rhône, et vous êtes au faubourg des Brotteaux, remarquable par la régularité toute américaine de ses constructions.

Auprès est le parc de la Tête-d'Or, qui rappelle en de moindres proportions le Bois de Boulogne de Paris. Charmante promenade que longe le Rhône dans une grande étendue. Non loin de l'entrée du parc de la Tête-d'Or se trouve la gare de Lyon à Genève.

Si l'on peut sans regret prendre la voie rapide pour se rendre de Paris à Lyon, l'on voudrait, pour parcourir le trajet de Lyon à Marseille, revenir à l'antique voiturin, qui restera toujours la seule manière de voyager avec profit, sinon toujours agréablement.

En effet, de Lyon à Marseille que de curieuses et intéressantes stations à faire le long de ce beau fleuve dont la vapeur vous laisse à peine le temps d'entrevoir les rives.

Que de contrées traverserons-nous en Italie, et qui feront naître le même désir, et pour de pareils motifs, s'ils ne sont supérieurs.

Aussi, bien que nous n'ayons séjourné que dans les principales villes, nous donnerons un souvenir à quelques unes de ces cités qui gardent encore de superbes débris de leur grandeur passée ; à ces plaines, à ces montagnes, à ces vallons qui furent témoins d'actes héroïques ou les confidents discrets d'un Pétrarque, d'une Laure ou d'une Madeleine.

VIENNE. — Vingt-huit kilomètres séparent Lyon de Vienne. La cité opulente, l'ancienne capitale des Allobroges, dont Martial disait qu'il se glorifiait de voir ses vers goûtés dans la *belle Vienne*, fait aujourd'hui mince figure à côté de Lyon qui autrefois ne fut qu'une colonie de Vienne.

Sans prétendre recouvrer son ancienne supériorité, Vienne a vu depuis 1789 (10,000 habitants), sa population presque triplée (30,000 habitants).

Elle fut un des berceaux du christianisme dans les Gaules, et vit se réunir dans ses murs le quinzième concile où le pape Clément V (Bertrand de Got, archevêque de Bordeaux) prononça l'abolition de l'ordre des Templiers.

Elle renferme de beaux monuments qui viennent des Romains : le temple d'Auguste, d'ordre corinthien, qui fut converti en église au moyen-âge et dont l'inscription réparée célèbre le « divin Auguste » et la « divine Augusta » (Livie) ; un arc de triomphe dont la voûte principale a quinze mètres de hauteur. Disons aussi que Vienne était alors le point de départ de quatre grandes voies romaines. La cathédrale de St-Maurice, bel édifice d'architecture gothique fleurie, fut commencée à la fin du XI° siècle.

Vienne doit sa prospérité à son industrie dont la plus florissante est celle du drap. Il se tisse environ 50,000 pièces de drap, de 18 à 20 mètres chacune, soit 1,000,000 de mètres de drap par an. Peu éloigné du bassin de St-Etienne, elle se procure facilement ses houilles qui ont facilité l'extension de son industrie (verreries, fonderies, ateliers métallurgiques).

Du chemin de fer, on n'aperçoit pas la ville au-dessous de laquelle on passe dans un tunnel. Puis, on découvre à droite la chaîne pittoresque du Mont-Pilat, au pied duquel est la côte Rotie aux excellents vignobles ; St-Rambert, à gauche, d'où un embranchement se dirige vers Grenoble. On aperçoit de là les cîmes neigeuses des Alpes à l'horizon, et peu après les premiers mûriers.

L'industrieuse *St-Vallier* possédait, au siècle dernier, une poste aux ânes qui servait à beaucoup pour se rendre à Lyon. Quel idéal locomobile pour le touriste flâneur, qui aime et qui a besoin « de grand air et non de coups d'air comme on en reçoit en wagon. »

Près de *Tain*, la vallée se rétrécit. C'est là que se trouve le fameux coteau de l'Ermitage, élevé de plus de 60 mètres au-dessus du niveau du Rhône, et exposé à toute la force des rayons du Midi : « Ce promontoire granitique, sorte d'îlot entouré de formations récentes, et recouvert d'une mince couche de terre d'apparence ingrate, est devenu, grâce à ses vignobles, une des richesses les plus précieuses de la France agricole ; l'hectare de terrain s'y vend jusqu'à 60,000 francs. D'après la légende, le plant des vignes de l'ermitage aurait été rapporté de Chiraz par un ermite.

La pittoresque *Tournon*, reliée à St-Vallier par un pont suspendu, fut le berceau des ducs de Soubise. Son vieux château construit à pic sur un rocher domine la ville et le Rhône. Jadis repaire de brigands, il donne asile aujourd'hui au pacifique gendarme.

Depuis les origines de l'histoire des Gaules, *Valence* a fait parler d'elle : elle fut aussi une colonie romaine importante. Située géographiquement à la jonction du Rhône et de l'Isère, elle était, par sa position même, destinée à une réelle importance. Elle fut même assez puissante au XIIIe siècle pour se constituer « en confrérie indépendante. » Elle est maintenant une ville industrielle active possédant d'importantes fabriques d'étoffes diverses et de grands entrepôts de denrées.

Ce fut à Valence que mourut, le 29 août 1799, le pape Pie VI, retenu prisonnier par la République.

La cathédrale St-Apolinaire est un des plus remarquables monuments romano-byzantin que nous ayons en France. Cette église est restée en possession du cœur et des entrailles de Pie VI.

En pénétrant dans le département de la Drôme, nous sommes entrés dans la *Provence*. Or, « pour le simple touriste, il n'est pas possible de n'être pas frappé du caractère de cette région, de l'atmosphère lumineuse qui s'ouvre tout à coup aux environs de Valence en sortant à peine des brumes de Lyon, du cachet méridional, des horizons qui se détachent si vigoureusement sur le fond bleu du ciel ; c'est ce grand caractère, c'est ce ton général, transparent et coloré de la nature qu'admirent sans doute les poëtes et les artistes, car pour l'humble promeneur, amateur des ombrages et de la fraîcheur, qui se plaît à méditer dans les sentiers faciles et doux aux pieds, à se sentir bercé par le murmure d'un ruisseau ou réjoui par l'aspect riant d'une maisonnette entourée de verdure, on ne sait pas ici ce que c'est qu'une chaumière avec le charme qui s'attache à ce mot en Normandie. »

La nature, en effet, change ici complétement d'aspect : ciel, climat, sol, productions, tout est différent des contrées du Nord ; c'est déjà l'Orient.

Les premiers oliviers apparaissent au milieu des vignobles, les rochers prennent cet aspect calciné qu'ils ont en Sicile et en Grèce, et l'on voit s'ouvrir au Sud cette vaste plaine qui fut jadis un golfe entre les Cévennes et les avant monts des Alpes.

Entre Vienne et Valence, nous avons vu apparaître un des produits de la culture du Midi, le mûrier. Au delà de Valence, nous le retrouvons très abondant, et nous le verrons dans tout le cours de notre voyage, et jusque dans la Lombardie.

On distingue plusieurs espèces de mûrier : le mûrier blanc, le mûrier rouge et le mûrier noir, etc. Les deux premières espèces sont originaires des Indes, et ont été apportées en Grèce sous le règne de Justinien avec l'insecte précieux dont la nature a lié l'existence à la sienne. Le mûrier noir est plus anciennement connu dans nos contrées, et paraît originaire de la Perse. C'est le fruit de cet arbre qui est employé en médecine.

A quelle époque la culture du mûrier, faite dans le but d'en utiliser la feuille, et non le fruit, a-t-elle été introduite en France ? Probablement au XIII° siècle, pour l'élevage des vers à soie qui se faisait dans le comtat Venaissin, alors propriété des papes.

Des documents authentiques mentionnent les premières plantations importantes dans le Dauphiné, près de Montélimart.

La ville de *Monteil*, jadis colonie romaine, reçut en 1198, les franchises du comte Aymard, et son nom s'est fait par corruption de Monteil-Aymard ou Adhemard : Elle est un des principaux marchés du Midi pour les soies grèges et ouvrées, et les confiseurs de Montélimart ont la prétention de faire le meilleur nougat de France.

S'il paraît hors de doute que ce fut à la suite de l'expédition de Charles VII, pour la conquête du royaume de Naples, que la culture du mûrier non seulement se développa à Montélimart mais pénétra successivement en Languedoc, en Touraine et en Provence, elle dut son développement au patriarche de l'agriculture française, Olivier de Serre, seigneur de Pradel, qui, de son château, à l'aspect redoutable et guerrier, fit, disait-il lui-même, « un logis de travail rustique et de paix. » Il fit des voyages sans nombre, stimulant partout le zèle des agronomes, distribuant des arbres aux particuliers, démontrant la manière de planter, de tailler les mûriers ; enfin d'élever les vers à soie et d'en utiliser les cocons.

Après la *Palud*, village célèbre par la reddition du duc d'Angoulême, lors de sa courte campagne contre Napoléon, revenu de l'île d'Elbe, s'ouvrent devant nous les belles plaines de Vaucluse, d'une fertilité admirable ; oliviers, mûriers, vignobles, champs de blés, prairies artificielles, annoncent partout une végétation vigoureuse.

Nous laissons à droite le *Pont-Saint-Esprit*, dont la première pierre fut posée le 12 septembre 1265, et qui fut achevé en 1309. Ce pont fut témoin de nombreux faits d'armes, et Henri IV sentant combien ce point était important, en raison du passage du Rhône, le fit fortifier, et fit commencer, en 1595, une citadelle qui fut achevée sous Louis XIII, vers 1625. Ce pont ne mesure pas moins de 26 arches dont deux ont été abattues pour les remplacer par une seule en fonte, afin de diminuer la rapidité du courant. Si l'art regrette ce travail, la sécurité de la batellerie l'exigeait.

Orange, *l'Arausio cavarum*, l'une des quatre villes de la république des Cavares, fut le chef-lieu de la principauté d'où sortit la maison de Hollande. Elle n'offre au reste d'intérêt que par ses édifices d'origine romaine. Son théâtre est le seul théâtre romain, assure-t-on, dont la France ait gardé des ruines appréciables. Les gradins en hémycicle sont en partie creusés dans le roc de grès vert sur lequel s'appuie la ville, et sa muraille extérieure paraît encore dans son état primitif. Les pierres en saillie du couronnement pourraient recevoir les mâts qui tendaient autrefois le *velarium* au-dessus de 7000 spectateurs.

Disons en passant que sa façade « est construite en blocs énormes si parfaitement appareillés, qu'on a pu les poser les uns sur les autres, sans les lier par aucun ciment, et c'est justement cette façade qui a bravé l'action des siècles et la pioche des démolisseurs. »

Citons encore l'arc de triomphe, dit arc de Marius, à cause du nom d'un chef gaulois, Mario (Marion) qui se lit sur les armes d'un des trophées, et qui ne saurait en conséquence se rapporter qu'à un vaincu.

Ici la voie ferrée s'éloigne du Rhône, et traverse une plaine déjà plantée d'oliviers. Mon regard curieux se porte pour la première fois sur cet arbre précieux qui n'a pas encore le climat qui lui convient ; son utilité, et non sa beauté, justifie ce mot de Columelle : *Olea prima omnium arborum est.*

D'une hauteur moyenne, l'olivier ne rachète pas par l'élégance de son feuillage d'un vert pâle, parfois presque grisâtre, ce qui lui manque du côté du port. En Orient, ses dimensions sont, paraît-il, plus considérables.

Il fleurit d'Avril en Mai, et sa récolte est bisannuelle. L'olivier redoute les hivers rigoureux, mais il exige peu de travail, surtout dans les chaudes contrées du sud de l'Italie et du Levant, où, après l'avoir planté ou semé, on l'abandonne à la nature. En France, on laboure au printemps, et en automne on fume et l'on taille.

Cueilli à l'arbre, ce fruit a une saveur acerbe et repoussante. Avant d'être livrées à la consommation, les olives sont, après avoir été cueillies avant maturité, plongées dans une lessive alcaline, puis ensuite, pour les conserver, trempées dans une saumure aromatisée avec du fenouil, de la graine de coriandre et du bois de rose. Les olives sont dites alors *Picholines*, du nom de l'inventeur de cette saumure, *Picholini*.

Les mêmes parties de l'Asie qui furent le berceau des hommes, paraissent être également celles d'où l'olivier tire son origine. Les Phocéens en s'établissant à Marseille, enrichirent, dit-on, la Gaule de ce précieux végétal environ 600 ans avant l'ère vulgaire. Un siècle plus tard, l'Italie ne le possédait point encore. Cet arbre a une longévité remarquable, ce qui a fait dire à Pline: *quddam œternitate consenescunt.*

On le voit, dès la plus haute antiquité, célèbre par une foule d'usages économiques, symboliques ou sacrés.

Le rameau d'olivier apporté par une colombe est pour Noé le premier signe de la clémence divine. Les Grecs en rapportaient l'origine à la déesse même de la sagesse et Virgile a dit :

.....Oleaque Minerva
Inventrix

« Les Siciliens honoraient, à l'égal des dieux, Aristée qui leur avait enseigné l'art de cultiver l'olivier et d'extraire l'huile de ses fruits. Emblème de la paix, il faisait respecter le suppliant qui le tenait à la main. L'huile d'olivier est encore le signe sensible des consécrations religieuses. Elle imprime un saint caractère sur le front des chrétiens, des pontifes et des rois. Après avoir ainsi, au milieu des pompes de la terre, marqué l'homme du sceau de la puissance, c'est la même huile qui, à l'instant qu'elle lui en révèle tout le néant au milieu des douleurs de l'agonie, le marque pour l'éternité.»

Nous nous rapprochons du Rhône, au point où, dit-on, Annibâl passa le fleuve pour se rendre en Italie, et de là, l'on aperçoit le palais des Papes et les tours d'Avignon.

AVIGNON. — La principale ville des Cavares, l'ancienne *Avenio* des Romains, était à cette époque une ville prospère. Au moyen-âge elle prend place parmi les plus importantes cités du Midi. Au XIIIe siècle, elle conquère son autonomie complète. Mais la terrible guerre des croisés du Nord lui fait perdre son indépendance, et elle passe de main en main comme butin de conquête. Elle finit par devenir la résidence des Papes (1309-1376).

C'est à cette époque qu'elle doit sa vraie splendeur, comme aujourd'hui ses plus mémorables souvenirs.

Ces remparts crénelés, ces trente-neuf tours de la vieille muraille d'enceinte, ces « bourguets » ou petites tours que les bourgeois avaient élevées par centaines, la majestueuse ruine du palais des Papes qui s'élève sur le fier roc des *Doms* « ou des Seigneurs », et qui fut, selon le goût et les besoins de l'époque, à la fois un palais et un château-fort, la vue du nombre prodigieux de ses clochers (on entendait, en effet, chaque jour le son de trois cents cloches, ce qui lui fit donner par Rabelais, le nom « d'Isle sonnante ») semblent une vision du moyen-âge, et vous font dire, en comparant le passé au présent, que le temps se joue de bien des vanités humaines.

Des terrasses ombragées du jardin des *Doms*, vous voyez se dérouler à vos pieds de vastes plaines, entrecoupées de prairies, de jardins, de champs d'oliviers et de mûriers qui forment çà et là de véritables forêts. Vers le Sud-Est un horizon presque sans limite, ou que bornent ailleurs de leur grande masse bleuâtre le mont Ventoux et d'autres montagnes.

Les villes du Midi, plus que d'autres encore, ont subi le fléau d'épidémies meurtrières, nous le verrons tout à l'heure pour Marseille. On peut en accuser sans crainte le mode de construire, en usage dans le Midi. Il fallait se procurer de la fraîcheur et de l'ombre, il fallait échapper au redoutable mistral. Dans ce but on faisait les rues étroites, tortueuses, et les maisons parfois assez élevées; toutes conditions hygiéniques déplorables. Si en construisant ainsi, on parvenait à se garantir du souffle ardent du mistral, ou de l'excès de la chaleur, les inconvénients qui en résultaient ne pouvaient compenser les avantages recherchés.

Le vent pénible du mistral et le mode d'édifier de nos pères, justifient cet adage latin qui fut fait pour Avignon, et qui pourrait assurément s'appliquer à d'autres villes du Midi :

> Avenio ventosa
> Sine vento venenosa
> Cum vento fastidiosa.

Les maladies du ver à soie et le « phylloxera vastatrix » ont menacé de tarir la source principale des revenus de la contrée. On a vu en quelques années les vignobles réduits de 30,000 hectares à 5,000.

Enfin une culture qui fut aussi pour l'agriculture avignonnaise une source de richesse est également menacée par l'industrie humaine, j'ai nommé la Garance.

« Il n'y a guère plus d'un siècle, que la Garance est cultivée dans ce pays. Originaire de l'Asie, très anciennement connue en France, puisque du temps du roi Dagobert les marchands étrangers qui venaient acheter de la Garance au marché St-Denis, payaient un droit d'exportation, très répandue en Alsace, dans les Flandres, en Hollande, en Allemagne, il fallut qu'un Persan nommé Althen, frappé de la convenance des terres à ce genre de culture, vînt l'essayer et la faire connaître dans les plaines d'Avignon. »

Sa culture est assez simple : on sème ou bien l'on plante des éclats détachés de vieilles racines. Au bout de trois ans l'on obtient une racine assez grosse pour être récoltée. C'est dans la partie corticale que réside le principe colorant le plus utile.

J'ai dit que la conquête de la science menaçait elle-même ce produit de l'agriculture avignonnaise; en effet, les chimistes ont appris à extraire directement de la houille une *alizarine* artificielle, et si les agriculteurs de Vaucluse n'arrivent point à améliorer leur produit et à le livrer à meilleur compte, la statue du Persan Althen, dressée dans le jardin de Doms, ne rappellera plus qu'une industrie passée.

Ne quittons point cette contrée sans donner un souvenir à la fontaine de Vaucluse, distante d'Avignon de 16 kilomètres ; à Pétrarque, à Laure de Noves, épouse de Hugues de Sardes « noble dame d'un haut mérite et d'une grande piété. »

A quelques minutes au delà d'Avignon, le chemin de fer traverse la Durance, la Durantia des Romains, qui descend des Alpes Cotiennes pour se jeter dans le Rhône. Continuant notre route à travers une contrée au type franchement méridional, nous arrivons à Arles.

ARLES, dont l'origine remonte à l'invasion de César, fut la capitale des Gaules sous les Romains « la Rome Gauloise ». Dans les quatre premiers siècles, elle vit sa prospérité décroître ; mais en 855, elle redevint la capitale du royaume de Provence, et voit treize conciles se réunir du IVe au XIIIe siècle. Vers le XIIe siècle, elle devient ville libre, et fait flotter son pavillon dans tous les ports de la Méditerranée à côté de ceux de Gênes et de Pise. Elle ne devait pas jouir longtemps de cette glorieuse indépendance ; à la suite de rivalités intestines, elle est livrée par un de ses podestats à Charles d'Anjou, frère de Louis XI. Réduite à l'état de ville de Provence, elle perdit toute son initiative, toute son activité propre.

Arles mérite l'attention par ses belles antiquitées romaines et chrétiennes. Parmi les premières nous citerons l'amphithéâtre, construit par Tibère Néron 43 ans avant J.-C. De forme ellipsoïde, il mesure 140 mètres de long, sur 130 de large, et pouvait contenir 24,000 spectateurs. Ce théâtre, que le temps a peu respecté, captive, par la forme pittoresque de ses ruines, que dominent encore intactes deux colonnes élégantes qui portent un bloc d'entaillement, et dont l'une est de marbre africain, et l'autre de marbre de carare. L'orchestre, pavé de carreaux de marbre de diverses couleurs, renfermait les sièges des personnages de rang. L'on sait que la Vénus d'Arles, qui est au Louvre à Paris, fut découverte dans les ruines du Théâtre sous le règne de Louis XIV.

Il nous faut encore citer les Champs-Elysées, ancien cimetière romain, consacré à la sépulture chrétienne, par St-Trophime. Au moyen-âge, la réputation de la « terre sainte » était telle que jusqu'au XIIe siècle « les morts des villes riveraines du Rhône étaient munis d'une pièce de monnaie, enfermés dans des tonneaux enduits de résine et livrés au courant du fleuve. Les pieux habitants d'Arles recueillaient les corps flottant confiés à leur foi et les inhumaient suivant les rites sacrés. »

Parmi les secondes, nous signalerons la cathédrale St-Trophime, bâtie du VIe au VIIe siècle, et son magnifique portail en roman pur, chef-d'œuvre du VIIe siècle. Les bas-reliefs du portail représentent Adam et Eve, St-Michel pesant les âmes, et les supplices des damnés dans le style naïf du temps ; le cloître qui offre des arches en plein cintre, et des ogives avec de remarquables chapiteaux de colonne.

A l'époque romaine, Arles, beaucoup moins éloigné de la mer qu'aujourd'hui, pouvait communiquer avec la Méditerranée, par une suite d'étangs dont Marius, il y a bientôt vingt siècles, avait fait abaisser les seuils pour faciliter la navigation maritime. Mais ces étangs se comblèrent peu à peu, et la batellerie seule pouvait entrer en communication avec la ville. En 1863, on procéda au creusement d'un grand canal de navigation, de six mètres de profondeur, ce qui évite ainsi aux grands bâtiments les dangers et les bas-fonds.

Après Arles, l'on traverse la plaine de la Crau, cette zône torride de la Provence, laissant à droite l'île de la Camargue. La voie longe l'étang de Berre que l'on a quitté à la station de Vitrolles, pour franchir ensuite un long tunnel (4638 m.); puis on passe à travers des rochers sauvages, aux flancs pelés, plaqués d'ocre rouge. Au delà on aperçoit la mer et le golfe de Marseille, avec ses îles, ses rochers. «Lorsqu'arrivant du Nord, on aperçoit tout-à-coup ce bassin immense, son étendue, son éblouissante clarté vous saisissent d'abord... Au couchant s'étend la Méditerranée qui pousse dans les terres des lames argentées; la Méditerranée, avec ses îles, avec ses flots tantôt calmes ou agités, éclatants ou sombres, et son horizon immense où l'œil revient et erre sans cesse, en décrivant des arcs de cercles éternels ». Cette appréciation de l'illustre historien, enfant de Marseille, a le tort d'être quelque peu flattée et partant de faciliter le désenchantement, pour qui fait succéder le rêve à la réalité.

Qu'on me pardonne cette critique, mais toute désillusion est maussade. Et ceux-là même en sont cause qui louent, sans mesure, les bienfaits de ce climat, la beauté de ce ciel méridional qui n'est toujours aussi pur et aussi bleu que sur les toiles des peintres.

MARSEILLE. — Enfermée dans un hémycicle de montagnes « qui s'entrouvrent et se plongeant dans la mer, viennent expirer très avant dans les flots », Marseille a dû de fixer, par cette situation topographique, l'attention de ses premiers fondateurs, de n'avoir par cela même, dans l'histoire, aucun rôle politique important, et d'avoir gardé plus qu'aucune ville de France son cachet original, et avec « un soin jaloux son vieil esprit municipal. »

Les travaux et fouilles de ces dernières années ont remis en question l'étude de son origine. En creusant les fondations de la nouvelle cathédrale, on a découvert une inscription phénicienne, remontant aux premiers âges de l'écriture lapidaire, et donnant le tarif des droits de sacristie du temple construit à Marseille en l'honneur de Baal. En outre, lorsqu'on fit les travaux pour la percée de la rue de la République, on mit à jour des dieux de pierre dont les analogues furent retrouvés dans les ruines de Carthage. Tous ces témoignages prouvent que la fondation de Marseille est en réalité phénicienne, et que son antiquité remonte à 800 ou 900 ans avant l'ère chrétienne. Mais l'histoire de la colonisation Africaine s'est perdue, et ce sont les Phocéens de l'Asie-Mineure qui, en apportant dans *Massilia*, il y a bientôt vingt siècles « leurs pierres de foyer et d'autel » ont ainsi établi ses fondements durables.

Une gracieuse légende rapporte que les Phocéens députèrent à Marseille un des leurs, Protis, au roi du pays, pour contracter une alliance.

« Protis eut le bonheur d'arriver à propos : c'était le jour même où Gyptis, la fille du roi, allait choisir un époux. La jeune fille, une coupe à la main, devait la présenter à celui des assistants qu'elle daignerait choisir. Protis était jeune et beau. Venue près de lui, Gyptis n'alla pas plus loin, mais, rougissante, elle lui tendit la coupe. Marseille était fondée ». Quel charmant motif pour un opéra-comique.

Nous sommes donc à Marseille, et tron de l'air ! nous logeons à la meilleure enseigne puisque nous habitons sur la Cannebière.

Notre époque avec ses tendances pratiques, le développement constant et progressif de la force brutale sur la force intelligente, son souci constant du lendemain ne voit plus éclore les natures enthousiastes, et il fallait être du bon vieux temps pour avoir fait le mot légendaire : « si Paris avait une Cannebière, ce serait un petit Marseille », alors surtout qu'à cette époque, la Cannebière n'avait pas dans son prolongement la magnifique rue de Noailles.

Mais l'enthousiasme qui ne naît et ne s'entretient dans les esprits que par les fortes croyances, n'avait pas encore été battu en brèche par les doctrines positivistes qui, sous des chefs divers, étreignent le cœur et l'âme de la jeunesse actuelle.

La Cannebière (chanvrière) doit son nom du chanvre qu'on y cultivait jadis : *quantum mutatus...?* Elle s'étend maintenant du vieux pont jusqu'aux allées de Meilhan et elle offre dans son ensemble un fort beau coup-d'œil. Ces maisons à l'aspect monumental, ses cafés très nombreux, remarquables par l'excès de la décoration et de l'ornementation, ses riches boutiques, dont quelques-unes vous montrent les produits de l'Orient, la vive animation que lui donne le voisinage de la Bourse, cette foule bizarre qui s'y presse du matin au soir, et dans les jours d'été bien avant dans la nuit, et où vous voyez la robe arménienne frôler le burnous arabe, et se cotoyer le Turc indolent et obèse et le Maltais sec et nerveux ; l'agile Africain et l'Anglais raide et guindé, et passant au milieu de tous le célèbre portefaix Marseillais, tout cela justifie sa réputation légendaire.

Si nous descendons la Cannebière, nous dirigeant vers le Port, nous trouvons à notre droite la Bourse, ornée d'un portique corinthien et des statues d'Euthymènes à gauche, et de Pytheas à droite. Ces deux Marseillais, héritiers de la science et de l'habileté nautique des Phocéens, se distinguèrent, sur leurs galères sveltes et rapides, par de nombreux voyages maritimes. « Quant au monument en lui-même, dit Louis Enault, juge un peu sévère, c'est quelque chose de si bizarre, de si hétéroclite, un tel mélange de tous les ordres connus et inconnus, un si malheureux essai d'ornementation mal venue, qu'en vérité, je crois que le mieux est de n'en point parler ». Que de monuments à notre époque, où l'art languit en général, seraient passibles de pareilles critiques. Par contre, nous verrons en Italie ce qu'a produit l'époque que M. Hugo appelle « noire ». En face est un jardin public de petite dimension, fort bien dessiné et muni d'une colonne météorologique.

Et que l'on me permette ici une petite digression. Depuis plusieurs années, l'étude des sciences tend à élargir de plus en plus ses limites, jusqu'à entrer complétement dans le domaine populaire. Cet heureux résultat, dû à des causes multiples, doit être sans cesse encouragé. Et s'il est une science qui éveille une curiosité légitime et fixe l'attention d'un grand nombre, soit pour son utilité (marin, agriculteur), soit par son attrait même, c'est la météorologie. Ainsi l'ont compris beaucoup de villes suisses, par exemple, qui ont élevé, sur un lieu d'un fréquent accès, une élégante colonne portant baromètre, thermomètre, hydromètre, et d'autres instruments destinés à diverses observations.

La France est en retard sur beaucoup d'autres contrées, à cet égard, et j'appelle de tous mes vœux l'attention de qui de droit pour faire cesser cette petite infériorité.

Encore quelques pas et nous sommes en face du vieux port. Il s'avançait, dit-on, beaucoup plus loin dans les terres puisqu'en creusant le sol pour la construction des quartiers voisins, on a découvert, en 1864, les restes d'un navire de bois de cèdre ou de cyprès; peut-être quelque débris de nef tyrienne ou carthaginoise. Sa longueur est d'environ 1 kilomètre sur 400 mètres de largeur.

Tournant à droite, nous trouvons la grande et belle rue de la République qui conduit du vieux port à la Joliette. Il est fort désirable que tous ces quartiers et cette large voie se construisent et que l'on aperçoive un peu moins d'écriteaux « A Louer ». On a dû même, pour tirer quelques profits de ces vastes et magnifiques maisons, les donner au premier venant, et à maints détails, on s'aperçoit que la location n'est pas faite à des favorisés de la fortune. Prenons à gauche et nous arrivons aux magnifiques bassins de Marseille.

L'accroissement du mouvement d'échanges, qui, pour l'heure présente, ne tend pas malheureusement à se continuer, avait nécessité ces grands travaux, qui ont doté la ville, sur son front méridional, de ces nombreux bassins, découpés en pleine Méditerranée, et qui ont plus que quadruplé l'ancienne superficie de mouillage et de quais. Ils s'étendent depuis le fort insulaire de St-Jean jusqu'au cap Pinède, et sont au nombre de quatre, le bassin de la Joliette, du Lazaret, d'Arenc, de la Gare et National.

Nous sommes là près de la vieille cité que limitait l'ancien port au Sud, et que les nouveaux bassins bordent à l'Orient. Cette presqu'île où nous retrouvons ces vieux quartiers aux ruelles étroites et tortueuses, faites ainsi pour s'abriter de la chaleur et du mistral, mais sans souci de l'hygiène, était, à l'époque de la fondation de Marseille, plus étendue qu'aujourd'hui. Il parait certain que, depuis l'époque de César, les empiétements de la mer n'ont pas été moindres de 250 mètres.

« C'est là, dans ces rues étroites, horriblement malpropres, nauséabondes, que s'enfonçait, non sans quelque appréhension, le voyageur à la recherche de la couleur locale. Il n'en sortait pas toujours indemne. De temps en temps une fenêtre s'entrouvrait, et malheur à l'imprudent qui n'avait pas su se garer. Ce n'était pas dangereux, c'était pire. On raconte qu'un passant ainsi éclaboussé se plaignait un peu vivement et disait qu'il voudrait bien savoir qui l'avait arrangé de la sorte. Un voisin s'approche, flaire gravement la chose, et dit avec l'accent : « Cuisine au beurre mon bon, c'est le parisien du troisième ».

Nous les quittons sans aventure, mais non sans avoir remarqué quelques brunes à l'œil piquant et vif, et nous nous retrouvons, après avoir longé le quai du Port, à la Cannebière. Nous la parcourons, ainsi que la rue de Noailles, et trouvons à gauche le cours Belsunce : promenade animée et bruyante, ombragée par de superbes platanes, hauts et forts comme les beaux chênes de nos forêts du Nord. Ils s'entrecroisent par leurs branches supérieures et forment ainsi une véritable voûte de verdure qui protège contre les ardents rayons d'un soleil méridional.

La douceur du climat en hiver, en permettant au Marseillais d'être souvent dehors, l'ardente chaleur du jour en été, en l'obligeant à la sieste, ont pour résultat de le rendre matinal et de l'habituer à la vie au bel air. Aussi, dès les premières heures, il y a déjà sur ce cours une réelle animation.

A l'une de ses extrémités s'élève la statue de Monseigneur Belsunce. Elle lui fut érigée en souvenir du courage et de la résolution qu'il montra, pour ainsi dire seul, lors de cette épouvantable épidémie qui, en 1720, enleva à Marseille 40,000 personnes. L'inscription porte ces mots :

A
Mgr de Belsunce
pour perpétuer le souvenir de sa charité
et de son dévouement
pendant la peste qui désola Marseille
en 1720

Le prélat, la tête nue, porte le rochet et la mozette, et sur sa poitrine la croix d'or ; à son cou est une longue corde, signe de la pénitence. Les bras étendus et les mains dirigées vers la terre, le prélat lève les yeux au ciel, suppliant la miséricorde du Tout-Puissant de descendre sur cette ville désolée par le fléau. L'attitude est simple et noble, et l'on sent toute la sollicitude et tout le dévouement du pasteur pour le troupeau.

De ce point et dans la même direction l'on monte la rue d'Aix qui vous conduit à un arc de Triomphe qui, destiné à l'origine à rappeler le souvenir de la campagne d'Espagne du duc d'Angoulême, en 1823, porte aujourd'hui des sculptures rappelant les victoires du premier empire (Marengo, Austerlitz, Fleurus, Héliopolis).

Revenons vers la Cannebière, et rendons-nous par les allées de Meilhan, où nous admirerons encore les magnifiques platanes et les étalages multicolores au suave parfum des nombreuses bouquetières qui stationnent sous ces beaux ombrages, à l'un de ces travaux que l'art peut reconnaître comme l'un de ces chefs-d'œuvre ; j'ai nommé le Château-d'Eau (le palais des Arts de Longchamps), sis à l'extrémité du boulevard de ce nom.

« Je ne crois pas, dit un écrivain, que depuis le bosquet de la colonnade par Mansard, dans le parc de Versailles, et le garde-meuble de la place de la Concorde, par Gabriel, je ne crois pas, dis-je, que l'architecture moderne ait produit une œuvre aussi charmante et aussi parfaite.

» M. Henri Esperandieu, mort à peine âgé de 40 ans, (1874) a construit ce Château-d'Eau pour relier le musée des tableaux au muséum d'histoire naturelle. Barye a sculpté le tigre, la panthère et les deux lions qui gardent l'entrée du jardin. A M. Cavelier a été confié l'exécution du groupe principal qui représente la Durance ayant à ses côtés la Vigne et le Blé, ainsi que des trois frises qui se développent sur le front du monument et des musées. M. Lequesne a sculpté deux tritons qui sonnent de la conque à droite et à gauche, les génies qui portent des corbeilles de fruits sur les colonnades triomphales et les armes de la ville qui dominent le tout. Les griffons, les faunes, les termes et les médaillons sont dus à MM. Guillebert, Poitevin et Mancel. Tous ces travaux sont remarquables, mais fussent-ils médiocres, le monument n'en resterait pas moins admirable tant l'ordonnance en est belle et heureuse en proportion.

» Ce mélange de bâtiments dans le style Louis XIV et Louis XV, de sculptures et d'allégories, de fleurs et de colonnes et de terrasses à l'italienne qui se découpent sur le ciel bleu du Midi, forme en quelque sorte le trait-d'union entre l'art architectural français et italien, comme Marseille elle-même tient le milieu entre Paris et Rome. »

Du haut de la terrasse qui termine le monument la vue est magnifique. A droite vous apercevez de grandes chaînes de montagnes imposantes malgré leur nudité, et qui semblent émerger du sein même des flots; en face, la ville qui se déroule à vos pieds, et dont la bruyante activité vient frapper votre oreille et pour un instant suspendre votre admiration, puis le port, la mer, avec ses teintes azurées ; à gauche le roc imposant du fort de la Garde qui semble protéger la vierge immaculée qui la domine.

Derrière se trouve un assez grand jardin où vous voyez cultiver de nombreuses plantes méridionales, le citronnier, le palmier, l'oranger, l'eucalyptus sur lequel nous reviendrons lorsque nous irons visiter près Rome le couvent des PP. Trappistes de St-Paul aux trois fontaines, etc.

C'est dans ce jardin qui domine toute la ville que tombent, dans un large bassin, les eaux de la Durance qui traversent 156 kilomètres de conduit avant d'arriver à ce point. 20 kilomètres de ce long canal sont en souterrain, et traversent également de nombreux aqueducs dont un surtout, celui de Roquefavour, est un véritable travail d'art. La construction du canal de la Durance permet aujourd'hui de donner à Marseille 860,000 mètres cubes d'eau par jour, et à chaque habitant et par jour 2760 litres d'eau. C'était pour la ville une question de vie ou de mort. Cette eau est malheureusement trop chaude en été, trop froide en hiver, et trop chargée des sédiments en toutes saisons. Néanmoins elle est un grand bienfait pour la cité, elle la nettoie, l'assainit et renouvelle l'eau du port par le trop plein qui s'y épanche.

Percée de larges voies qui donnent un facile accès au mistral et lui permet de renouveler l'air, largement pourvue d'eau qui empêche la stagnation de ses eaux corrompues qui autrefois exhalaient la peste et la mort, Marseille n'a plus à redouter ces terribles épidémies, telles que celles de 1720. Elle n'offre plus de danger aux étrangers, qui pour se faire à l'air de Marseille « avaient toujours à subir un acclimatement dangereux ». Au temps du premier empire, la vie moyenne dépassait à peine vingt ans.

Revenons sur nos pas, et prenons le tramway. Ils sont fort nombreux, ont des lignes multiples et un parcours fort étendu. Nous gagnerons, par le boulevard Longchamps, le cours du Chapitre et les allées Meilhan, le cours St-Louis, qui débouche en face du cours Belsunce, et dont la continuation est la rue de Rome, et le cours du Prado, long de presque une lieue, admirable avenue de grands arbres qui unit la ville à la mer. La plage est assez belle, et c'est là que, dans les jours caniculaires, le Marseillais vient chercher dans l'onde amère un peu de revif pour lutter contre les chaleurs estivales. Une ligne de tramways qui relie le cours Belsunce à la mer facilite les communications. A gauche, et sur le bord de la mer, se trouvent de magniques dépendances pour leur service.

En prenant à droite, nous longerons la mer sur une longueur d'environ un kilomètre, et passerons devant l'établissement des bains du Roucas blanc.

C'était assez, ce me semble, pour Marseille d'avoir le commerce qui fait la fortune des nations, et il semblait qu'elle ne dût ou ne pût prétendre à rien autre. Mais l'eau va à la rivière, et le plus souvent la fortune conduit à la fortune. Donc, déjà si richement douée, Marseille a vu se fonder à sa porte un établissement d'eau minérale qui a la très rare fortune d'avoir dans ses murs un établissement de bains de mer.

L'installation balnéaire ne laisse rien à désirer, et prouve hautement en faveur de son auteur. D'immenses jetées qui protègent contre la grosse mer du large concourent à former deux bassins de 40,000 mètres de superficie. Il y a un terrain neutre où l'on peut se baigner en famille; et, partout, l'on jouit d'un sable fin et doux aux pieds.

Dans cette enceinte même, et à la base des rochers qui la limitent du côté de terre, jaillit d'une fissure du roc, et à quelques pas seulement du bord de la mer, une source saline chlorurée froide, et d'une température fixe de 22 degrés. Sa limpidité est parfaite et sa saveur franchement salée avec un arrière goût d'amertume. Elle renferme par litre 24 grammes de sels. Ce sont surtout des chlorures et des sulfates. Stimulante ou purgative, suivant les doses absorbées, qui varient de un demi à quatre verres, elle s'emploie également en bains. Il y a, en outre, à l'intérieur de l'établissement, une vaste piscine de cinq cents mètres carrés, où l'eau est sans cesse renouvelée, grâce au débit de la source qui est considérable (3000 litres par minute).

Eminemment tonique et reconstituante, à petite dose, elle convient merveilleusement aux tempéraments lymphatiques ou strumeux. Prise en plus grande quantité, elle devient altérante et résolutive, et convient encore dans les mêmes affections.

Le médecin a donc là des éléments véritablement précieux pour constituer une médication anti-strumeuse: le soleil du Midi, dont les chauds rayons peuvent redonner force et vigueur à des constitutions molles et lymphatiques, la facilité remarquable d'élever, d'abaisser, de modifier, dans le sens d'une indication opportune, le traitement minéral, bain ou douche d'eau de mer, d'eau minérale ou d'eau douce, etc. Cet établissement a la bonne fortune d'être à l'une des extrémités de l'admirable promenade de la Corniche qui longe, pendant sept kilomètres, toutes les sinuosités du littoral.

Je ne serai que vrai en proclamant comme l'une des beautés de la métropole du Midi cette route de la Corniche marseillaise. De ses courbes rentrantes ou saillantes, au panorama toujours changeant et toujours animé, on voit le spectacle attachant du golfe et de ses îles, de la mer avec ses horizons lointains, et de toutes ces bastides toujours gracieuses, souvent artistiques, et entourées de parcs élégants, avec leur végétation méridionale qui donne à beaucoup d'entre elles un cachet oriental. J'ai fait à pied, sans fatigue et sans lasser mon admiration, cette magnifique promenade qui ne s'effacera jamais de mon souvenir. (Une ligne de tramways longe la Corniche sur tout son parcours).

Arrivé à *Endoume* nous prendrons à droite pour faire l'ascension du fort de la Garde, qui contient dans son enceinte la chapelle de N.-D.-de-la-Garde. Le chemin est tortueux, malaisé, mais, du sommet, le panorama qui s'offre à vos yeux vous fait oublier vos fatigues. *Assueta vilescunt...* et habitué à la vue magnifique de la côte d'Ingouville, j'ai certes été moins vivement impressionné que ne l'eût été un habitant de la plaine. Cette réserve toute personnelle faite, mon admiration pour ce panorama grandiose.

Du balcon d'entrée de la chapelle vous découvrez à votre droite presque en entier Marseille avec ses toits rouges, le vieux port, et une grande partie des nouveaux bassins ; presque en face les trois îles qui par leur situation abritent le vieux port, et qui suivant un projet, doivent être réliées au cap Pinède par une large digue qui protégerait les bassins actuels, trop exposés au vent du large. De ces trois îles (Ratonneau, Pomègue, et If) sises dans le S. O. et distantes de 4 kilomètres, l'une d'elles, l'île d'If, ou mieux l'îlot, est célèbre par une ancienne forteresse dont François Ier ordonna la construction, et qui a souvent servi depuis de prison d'Etat, notamment à Mirabeau.

La chapelle, édifice de style byzantin, avec sa haute tour aux assises blanches et noires alternantes, que domine une énorme statue de la Vierge, est plutôt originale que jolie. Elle renferme une image miraculeuse et une foule d'ex-voto. Elle est due à Espérandieu, architecte Marseillais. Très belle signature au bas d'un édifice religieux.

S'il était possible de refaire l'histoire de Marseille avec les manuscrits de ses négociants et de ses marins, il serait, par contre, impossible de la retracer avec ses monuments anciens. Il est peu de villes qui, eu égard aux longs siècles qu'elle a vécus, ait aussi peu de vestige de sa grandeur passée. Le moyen-âge, la Renaissance, qui se développa si près d'elle, n'ont rien laissé à Marseille. Elle possède aujourd'hui le Château-d'Eau qui montrera aux générations futures le réveil des sentiments artistiques que la fièvre des affaires a toujours étouffés. La nouvelle cathédrale, presque en face du bassin de la Joliette, commencée en 1853, n'est pas encore achevée. Elle appartient au type byzantin, mais les échafaudages ne permettent pas de juger l'ensemble. Nous rappellerons pour mémoire l'Hôtel-de-Ville, édifice de style lourd, situé dans la vieille ville, et qui possède en façade un écusson dû au ciseau du sculpteur Puget, enfant de Marseille : « avec d'adorables petits génies portant les armes mutilées de la France »; enfin l'hôtel de la Préfecture, belle œuvre de maçonnerie, presqu'un monument, si l'étendue ou la quantité pouvait jamais primer la qualité.

Resserrée entre les collines et la mer, la vieille cité phocéenne n'a jamais eu de grand rôle politique, séparée qu'elle est par des obstacles fort sérieux de la vallée du Rhône dont elle expédie les denrées. Il était difficile de pénétrer chez elle, et protégée des invasions par ses défenses naturelles, elle a pu se livrer toute entière à l'exploitation, si je puis dire, de sa situation géographique. Elle a su en tirer un parti merveilleux, puisque, par le mouvement de son port et la valeur de ses échanges, Marseille est « la première place commerciale de France, et l'un des dix ou douze ports les plus importants de la terre ».

Par l'une de ses principales industries, celle du savon, Marseille occupe depuis plus d'un siècle le premier rang dans le monde, et fournit à elle seule près de la moitié de tout le savon qui se fait en France. Elle moud les blés importés des ports de l'Orient, tanne les peaux de chèvre qui lui arrivent de tous les ports de la Méditerrande, les expédie sur Paris d'où ils partent pour Turin où vous trouvez des gants de Turin à la marque des fabricants de la rue Vivienne (Paris), prépare des conserves, travaille le plomb qui lui arrive d'Espagne, etc., etc. Les Marseillais de l'antiquité fabriquaient des bijoux, des ornements en corail, et ce fut Marseille qui introduisit dans les Gaules l'usage des colliers et des bracelets en or dont la forme antique se retrouve dans quelques parures.

Sa véritable source de prospérité est bien due, ainsi que l'avaient compris et pratiqué ses premiers fondateurs, à sa situation, car, pour toutes richesses agricoles, Marseille ne cultivait que la vigne et l'olivier. C'est par la mer qu'elle communiquait avec les marchés de l'Italie, de l'Ibérie, de la Numidie, et c'est sur la mer qu'elle fondait ses colonies de Nice, Antibes, Monaco, qui ont vécu jusqu'à nous ; c'est aussi par la mer qu'elle communique avec l'Orient, servant de port de transit à tous les produits de l'Inde, de l'Asie, de l'Egypte, etc., qui iront trouver leur consommateur jusque dans les pays du Nord. Comme le dit très justement E. Reclus, Marseille n'est pas uniquement un port de France. Grâce, en effet, à la configuration de l'Europe occidentale, qui s'allonge dans l'Océan en forme de péninsule, la France entière est une isthme de grande largeur qu'empruntent les voyageurs et les marchandises pour éviter la longue circumnavigation de la presqu'île ibérique par le détroit de Gibraltar. Et alors Marseille devient un centre de convergence dont l'attraction se fait sentir jusque sur les côtes des contrées septentrionales de l'Europe.

Marseille conservera-t-elle sa prééminence commerciale, et la cité qui depuis 2600 ans a vu sans cesse sa prospérité s'accroître, n'a-t-elle pas à craindre le choc redoutable des circonstances ? La voie rapide de Calais à Brindisi, des ports importants Gênes, Naples, Trieste, l'ouverture du tunnel du Mont-Cenis, (bientôt celui de Saint-Gothard), lui font de nos jours une concurrence sérieuse. Malgré cela Marseille garde encore l'avantage pour l'expédition des voyageurs. Mais, assurément, cette suprématie ne lui restera pas, et dès que les chemins, dits encore de la Turquie d'Europe, seront terminés (et quoi qu'il arrive, ils le seront certainement un jour), et que des lignes continues rattacheront Paris, Berlin, Vienne, Salonique et Constantinople, le grand mouvement des voyageurs pour l'Orient se fera certainement par terre, et Marseille perdra presque en entier cette part de son commerce.

Si l'on ne regardait que de ce côté l'on pourrait prévoir la décadence de cette ville si prospère. Mais Marseille a devant elle sa terre promise, et elle pourra devoir un jour au sol qui vit naître ses premiers fondateurs la continuation de son développement commercial. L'Algérie, l'Afrique toute entière, qu'explorent tous les jours de hardis missionnaires, d'intrépides voyageurs, sont là, appelant intelligences et capitaux pour féconder son sol si riche en certaines contrées, et préparer un nouveau courant d'affaires qui donnera à la vieille cité phénicienne des jours de prospérité sans égal peut-être dans les fastes de son opulente histoire commerciale.

Voilà, du côté de l'Orient et du Midi, de légitimes espérances pour Marseille, mais elle peut rêver plus encore. Elle peut rêver un chemin d'eau frayé à ses navires de la Cannebière aux quais de la Gironde, de la Méditerranée à l'Océan. Elle verrait ainsi ses navires bravant la tempête et la guerre, également à l'abri du souffle du mistral et des canons de Gibraltar. Rêve encore à ce jour, dit L. Enault, mais qui demain... peut se réaliser. « Qu'y a-t-il d'impossible au siècle qui perce les Alpes et qui fait resplendir en six secondes la pensée de l'Europe aux yeux de l'Amérique avec une étincelle que tous les flots de l'Océan ne sauraient éteindre ».

Saluons ces jours prospères où la France, rendue à elle-même dans le règne de la paix et de la justice, ira dans un grand courant de colonisation française moissonner sur cette terre d'Afrique qu'ont conquis nos pères. Il faut au vieux Monde, s'il veut continuer l'accroissement de sa richesse, une terre nouvelle pour le débouché de ses produits. Les Amériques, celle du Nord surtout, tentent de plus en plus à se suffire à elles-mêmes, et c'est, on peut l'affirmer, le but incessant de leurs efforts. N'est-ce pas même une des causes qui produisent l'atonie commerciale actuelle ? Et non seulement elle tend chaque jour à se suffire à elle-même, mais encore à augmenter ses exportations. Or, avec la richesse de son sol, en tout produit, l'accroissement énorme de sa population, elle peut, un jour donné, reverser sur l'Europe ses produits commerciaux, et quelle serait alors notre situation économique ?

Elevons donc nos esprits à la hauteur des situations ; travaillons sans cesse dans cette pensée que nos arrière-neveux nous devront cet ombrage et qu'il est urgent de donner à notre France, avec la force morale qui naît du règne de la justice, la puissance commerciale qui naît du travail et de l'esprit de sacrifice.

Et que l'on n'objecte point que le Français n'a pas le tempérament colonisateur. Ce serait faire injure à cette qualité presque spéciale à la race française, la souplesse du génie.

L'histoire n'est-elle pas là pour dire que nous avons été les premiers à établir ces comptoirs de l'Inde qui furent perdus par des faits indépendants de notre tempérament national. Mais il ne faut pas méconnaître que le Français ne sait pas suffisamment agir par lui-même, et qu'il faut, pour l'entraîner, le courant de l'opinion. Qu'il se fasse donc, et de tous côtés, pour nous amener un jour à posséder cette terre féconde et vierge encore en tant d'endroits et qui peut être, non seulement pour Marseille mais pour la France, la source de prospérité sans précédents et qu'ainsi la fière cité Marseillaise qui a écrit quelque part :

Massilia phocensium filia, Romæ soror, Carthaginis terror, Athænarum æmula.

puisse changer cette inscription en cette autre :

Massilia phocensium filia, Parisii soror, Carthaginis amica, et orbis æmula. »

Le chemin de fer, de Marseille à la Ciotat, traverse tout d'abord des défilés rocheux, aux côtes arides et nues, et se tient éloigné de la mer. Après *Aubagne*, ville de 7000 âmes, qui a peu à peu déserté le pied de son vieux château ruiné pour s'étendre dans la plaine des deux côtés de la grande route, la voie se dirige au Sud, traverse par plusieurs tunnels les rochers sauvages d'*Ollioule* et atteint au bord de la mer la Ciotat.

LA CIOTAT. — L'ancienne citharista, colonie Marseillaise, fondée 150 ans avant notre ère, fut ruinée par l'invasion des Sarrazins. Rebâtie au VII⁰ siècle, elle eut, sous François I⁰ʳ, une grande prospérité. La révocation de l'édit de Nantes lui fut funeste et elle n'a jamais recouvré sa suprématie passée.

Sise au fond d'une anse dans le golfe de Leques, protégée par l'Ile Verte située à peu de distance, elle peut, dans son port, recevoir des frégates ou servir de mouillage dans son golfe à de nombreux vaisseaux.

Le chemin de fer domine la ville et le port. Il pouvait être neuf heures du matin. Le soleil s'était levé radieux, pas un nuage ne faisait ombre sur la voûte céleste dont la teinte azurée m'émerveilla. La mer, d'un bleu limpide, reflet du ciel, faisait mieux ressortir l'éclat de son sable doré « frange d'or de la mer » comme dit le poëte, et donnait à ses maisons aux toits rouges sises le long du port et qui se détachaient encore mieux, tranchant sur le fond grisâtre de ces hautes falaises qui dominent la ville et le port à l'ouest, un cachet particulier qui, à part la beauté d'ensemble de ce panorama, avait pour moi tout le charme d'une première impression. Plus près de moi, le sol rougeâtre et fertile de cette contrée où croissent la vigne, l'olivier, l'oranger, le citronnier, çà et là des bouquets de pins d'Italie « au dôme superbe et à la stature élancée » concouraient à l'harmonie de ce paysage méridional sous le plus beau ciel qu'il m'ait été de voir dans mon voyage.

Mais le temps passe rapide, et déjà nous sommes loin, n'ayant plus de ce gracieux tableau qu'un souvenir, mais ineffaçable.

Jusqu'à Toulon la voie s'écarte peu de la mer. A *Bandol*, dans un site charmant, au fond d'une petite baie, le chemin de fer, dans certains endroits, n'est éloigné du rivage que de 30 mètres à peine. C'est une particularité curieuse et pleine de charme de ce voyage d'avoir à contempler à la fois, et sur de longues étendues la Méditerranée ou l'Adriatique, et le continent; de voir la mer battre à vos pieds, recevant même en wagon ses embruns, et en même temps les doux parfums de l'oranger.

TOULON est situé au fond d'une baie; au pied d'une montagne nue et aride, le Faron qui la domine au Nord. Henri IV en fut le véritable fondateur, et la dota d'une enceinte fortifiée. Richelieu y fit construire un arsenal, et lorsque les vaisseaux de haut bord remplacèrent les galères, Louis XIV choisit Toulon comme port militaire, sur les conseils de Colbert et Vauban.

Toulon avait été livré aux Anglais. Un petit fort éloigné, mais dominant la rade devint, malgré les objections du général en chef Cartaux, le but des efforts de Bonaparte. Il pointait ses canons lui-même, couchait dit-on, à côté d'eux. Il parvint à s'en emparer, et put, de là, bombarder la flotte dans la rade. L'ennemi dut se retirer en emmenant avec lui la garnison.

Toulon n'a d'importance que comme place forte ; son mouvement d'échange commercial est peu important, malgré le chiffre de sa population. L'arsenal, bâti à la fin du XVIIe siècle, sur les plans de Vauban, est un prodigieux ensemble d'usines, de fabriques, etc. Il occupe une superficie de 270 hectares, sur une étendue de 8 kilomètres. Il n'a pas coûté moins de 160 millions, bien qu'une grande partie de la main-d'œuvre ait été fournie gratuitement par des milliers de forçats.

Par son armement, Toulon est une des places les plus formidables, mais aussi les plus coûteuses de l'Europe, car chaque nouvelle invention dans l'art de s'entre-détruire oblige à recommencer les travaux. Devenue place de guerre, et grand magasin d'approvisionnements pour la flotte, Toulon ne peut en même temps rivaliser avec Nice, Cannes et Menton, comme lieu de résidence pour les valétudinaires. Pourtant le climat n'y est pas moins doux qu'à Hyères et sur les côtes de la Ligurie (Reclus).

Au delà de Toulon, le chemin de fer quitte le bord de la mer et se dirige au Nord-Est à travers les montagnes des Mauves. En passant devant *La Pauline*, j'aperçois des cueilleurs de cerises (7 mai). Puis nous passons à *Les Arcs*, joli site, climat très doux, et nous arrivons à Fréjus.

FRÉJUS. — Fondée par les Phocéens, agrandie par J. César, *(Forum Julii)* embellie par Auguste, Fréjus comptait, dit-on, à cette époque 100,000 habitants. « Les vestiges de son port où séjourna la flotte d'Actium, et où les amiraux romains remisaient jusqu'à 200 vaisseaux, (les *Great-Estern* n'étaient pas encore connus) se retrouvent au milieu des jardins ». On y voit encore les restes d'un camp, d'un amphithéâtre et d'un aqueduc qui a près de 40 kilomètres, et présente en plusieurs endroits un double étage d'arcades. Il amenait à Fréjus les eaux de la Siagne, ou Siagnole. C'est une des ruines les plus considérables qui existe en France : on peut les suivre jusqu'à leur prise d'eau.

Située sur une petite éminence, son aspect est fort gracieux. Elle domine d'un côté le rivage, et de l'autre une grande plaine, où apparait la luxuriante végétation méridionale. A l'horizon, quelques montagnes plantées de pins maritimes et à leurs pieds de nombreux oliviers.

Nous cotoyons ensuite la mer dont l'écume argentée venait frapper mollement le sable si fin de ces belles plages de la Provence. A notre gauche, quelques vallons, où nous entrevoyons dans de charmantes échappées, l'oranger, le citronnier, le palmier, etc., qui, ici, ont leur racine en plein sol. Nous ne nous lassions pas d'admirer ce varié et délicieux spectacle que vous offre, grâce aux sinuosités multiples du rivage, cette région favorisée, lorsque, de loin, nous aperçûmes Cannes l'enchanteresse.

Bien qu'aussi ancienne que Fréjus, CANNES n'a pas comme cette dernière une longue page d'histoire. C'est, on peut le dire, une ville toute moderne. Une des plus charmantes et des plus saines résidences d'hiver, elle fut méconnue pendant longtemps. L'engouement, le bon ton firent un jour Nice, comme ils ont fait un jour, non loin de nous, Trouville-Deauville ; et il fut mal appris celui qui, assez fortuné pour prendre en cette contrée ses quartiers d'hiver, eût été les chercher ailleurs qu'à la cité frivole.

Il est impossible, en arrivant à Cannes, de ne pas être tout à la fois frappé et charmé de l'aspect de cette contrée. « Sous la double influence de la chaleur et de l'irrigation naturelle ou artificielle, la végétation y déploie des magnificences inconnues dans le centre et même dans le midi de la France. Non seulement les oliviers, les orangers, les caroubiers, les myrtes, les lauriers y acquièrent leur plein développement, mais encore on y rencontre une foule de plantes de la flore italienne ».

Les habitants de cette terre favorisée ont su habilement exploiter leur situation, et la ville de Grasse dont Cannes est devenu le port naturel, a pris et gardé sans difficulté, depuis le milou du XVIIIe siècle, la spécialité de la fabrication des essences et parfums.

En outre, sa plage, la plus belle de la Provence, plantée çà et là de charmantes villas, la transparence et l'éclat du ciel, le profil des horizons lointains des îles de Lérins pleines de souvenirs et de mystère, les suaves parfums des orangers qui embaument l'air, concourent à l'envi à captiver et à charmer sans réserves.

Mieux appréciée maintenant, Cannes, dont on soupçonnait hier encore à peine l'existence, peut être placée au premier rang des stations hivernales. Sa position topographique lui permet de jouir d'une douceur de climat presque printanière, et si, là aussi, l'hiver y refroidit parfois l'atmosphère, si le mistral s'y fait un peu sentir, et si le voisinage de la mer donne au fond de l'air un peu d'âpreté, on ne peut nier que Cannes, par la beauté de son site et de ses environs, par ses excellentes conditions de climat et d'hygiène, ne mérite sa haute renommée que le temps ne fera que justifier et accroître. Et, remarque le Dr James, Cannes est avant tout un séjour de malades. Point de théâtre, point de bal, la promenade est la véritable distraction de Cannes.

Plaçons-nous un instant à un autre point de vue et disons combien, pour ces constitutions lymphatiques qui se trouvent souvent si heureusement modifiées par les bains de mer, et souvent encore par les rayons ardents d'un soleil méridional, sont préférables ces contrées à nos rivages de l'Océan. Aucune de nos stations maritimes, avec leur été si court et leurs jours si rares de chaleur et de beau temps, ne saurait rivaliser avec cette mer si bien chauffée, avec son sable où pas un galet ne risque d'offenser le pied. Combien de fois, sur nos plages, la station ne se trouve-t-elle pas souvent réduite à quelques semaines, à quelques jours propices? Là, au contraire, vous avez au moins trois longs mois, avec un soleil constant et des jours sans pluie, qui vous permettront d'entreprendre, sans interruption forcée, un traitement prolongé.

En vue de Cannes, se trouve l'archipel des îles de Lérins qui comprend les îles Ste-Marguerite et Saint-Honorat. Ce fut au commencement du ve siècle qu'Honorat, de retour de l'Achaie où il avait perdu son frère Venance, choisit pour retraite l'île qui porte encore aujourd'hui son nom. Il y bâtit un monastère qui du vi^e au viiie siècle fut le plus célèbre de toute la chrétienté. Saint Amand, l'un de ses abbés au viiie siècle, comptait sous sa conduite jusqu'à 3,700 religieux.

Aussi avec quel accent poétique ils en parlent. « Lerins est arrosée des eaux célestes, s'écriait Vincent de Lérins ; elle est verdoyante et émaillée de fleurs ! tout y charme les yeux et l'odorat; elle est pour ses heureux habitants l'image du Paradis qu'ils posséderont un jour. » Mais le monastère eut à subir la cruelle invasion des Sarrazins, et il ne vit jamais refleurir son antique splendeur.

Richelieu fit bâtir dans la plus grande île, l'île Ste-Marguerite, une forteresse (1635). Elle servit de prison d'Etat, et est devenue célèbre par le séjour du personnage mystérieux, dit *l'homme au masque de fer*. Cette prison n'a pas aussi bien gardé son dernier captif, le maréchal Bazaine !

Le 15 février 1859, Mgr Chalandon, archevêque d'Aix et d'Arles, et Mgr Jordany, évêque de Fréjus, ont, au nom de la religion, repris possession de l'île d'Honorat. Grâce à leurs soins, un établissement religieux et agricole commence à fleurir dans cette île. Les siècles passés sont ainsi rattachés au siècle présent, et l'on entend de nouveau dans cette admirable solitude la cloche évoquant les religieux à la prière, et les mystérieuses forêts qui avaient fait donner à l'île le nom d'*Aigrette de la mer* couvrent encore de leur ombrage de pieux et paisibles habitants.

Rappelons encore comme souvenir historique que ce fut à quelque distance de Cannes que, le 5 Mars 1815, Napoléon, de retour de l'île d'Elbe, débarqua furtivement accompagné de quatre cents grenadiers de la vieille garde, et d'une centaine de lanciers, qui n'ayant pu embarquer leurs chevaux portaient avec eux le harnachement complet.

De Cannes à Menton la rive qui borde la Méditerranée présente dans sa végétation une physionomie hautement méridionale. Avec sa côte capricieusement festonnée de golfes en miniature, de promontoires, avec ses collines et ses vallons, elle n'offre à l'œil qu'une masse verdoyante, se mirant dans les eaux bleues de la mer. Nous y rencontrons successivement Antibes, Nice et Monaco.

Antibes, l'ancienne Antipolis des Grecs, petite place forte chargée naguère de surveiller la frontière, doit ses fortifications à Vauban. Son port est animé, et sa situation sur un promontoire lui permet de voir le golfe de Nice, à gauche ; le golfe Jouan à droite, et dans le lointain, au Nord, la chaîne des Alpes Maritimes.

La vieille cité grecque Νίκη (Victoire), fondée par des Phocéens venus de Marseille fut ainsi nommée, il y a près de vingt-deux siècles, en souvenir d'une bataille gagnée sur les indigènes ligures. Cette « Victoire » devait être dans la suite bien des fois disputée, et peu de villes ont été autant de fois perdues et reconquises. Ainsi elle fut reprise par les Français en 1542, 1706, 1744 et 1792. Enfin, en 1860 elle fut le prix de bien funestes succès.

NICE (Nizza) a, par un côté, gardé la preuve de ses occupations successives. En effet, le dialecte local, le Niçois, est un mélange de français, d'italien et de provençal. La fréquente incursion des français y avait laissé trace ; car, même avant cette dernière annexion, la langue française y était parlée beaucoup plus que dans beaucoup de petites villes de la Provence et du Languedoc.

Nice est inégalement divisée en deux par une colline rocheuse de forme ovale qui fut témoin de nombreux faits d'armes. Elle s'appelle le Mont-du-Château, ou la Promenade du Château. Bien qu'assez étendue, la vue n'offre rien de saillant. Elle est limitée à l'Ouest par le promontoire d'Antibes, et à l'Est par celui du Mont Boron. Ce dernier, tout près de Nice, masque la gracieuse baie de Villafranca. Les Alpes et le Mont Chauve, qui limitent l'horizon au Nord-Est, lui donnent un aspect plus grandiose.

Au pied de cette colline, sur le versant oriental, une ville distincte borde les quais d'un port, au double bassin, creusé dans les terres. Sur le versant occidental, la ville se trouve encore scindée en deux par le lit du Paillon. La véritable Nice occupe cet espace triangulaire, qui a pour limite le Paillon, la plage et la base Ouest du Mont-du-Château. C'est là où il faut pénétrer pour avoir la couleur locale. Mais on sort vite et avec plaisir de ces rues étroites et sombres où les larges pierres qui pavent les ruelles, comme dans la majorité des villes d'Italie, n'offrent pas toujours, lorsqu'elles sont rendues glissantes par l'humidité, un point d'appui à toute épreuve.

Au delà du Paillon, maigre filet d'eau qui coule sur un lit pierreux, et se change à certaines époques en un torrent, se trouvent les hôtels, les villas, que peuplent pendant l'hiver tous ces riches étrangers qui viennent y traiter et y trainer leur langueur physique ou morale, ce qui a fait dire de Nice qu'elle n'était « qu'une immense auberge exploitée par la population sédentaire ».

Ce courant d'eau qui, en Mai, eût permis de passer tout le ravin, à pied sec, est traversé par quatre grands ponts dont l'un est assez large pour qu'on ait pu y établir un jardin. Son aspect est d'autant plus maussade qu'il contraste avec tout ce qui l'entoure (ponts, quais, hôtels). Il serait à souhaiter de voir le cours du Paillon détourné en amont de Nice pour être déversé dans le port. Il nuit singulièrement à l'ensemble de ce quartier.

C'est aussi sur la rive droite du Paillon que s'étend, sur une longueur de 2 kilomètres, *la promenade des Anglais*, établie par eux de 1822 à 1824. Assurément Nice vaut mieux que Londres, et lorsque l'on est habitué aux brumes de la Tamise, on trouve facilement une promenade plus gaie que les quais de la noble Cité. Il ne faut rien moins que ces raisons pour justifier l'engouement anglais pour cette promenade, engouement qui, sans motif valable, s'est communiqué d'eux à tant d'autres. J'extrais de mes notes prises sur les lieux mêmes les lignes suivantes. « Promenade des Anglais, dimanche 6 mai, 4 h. soir : large route au bord de la mer. Vent agaçant, mer boueuse et sale, aucun site à noter à droite ou à gauche, arbres divers, petits, rabougris, brûlés par le vent, entre autres de malheureux palmiers aux larges palmettes grillées, belles maisons bordent cette route poudreuse, beaucoup de genre peut-être, mais peu de charme. » — Je crois que ce laconisme vaut mieux que de plus minutieuses descriptions. Voilà donc cette fameuse promenade des Anglais dont la réputation surfaite court le monde entier. Ah! sans doute, j'étais en Mai, et si, plus fortuné du sort, je pouvais, en janvier, venir admirer cette file interminable de voitures contenant chacune une personnalité marquante du monde des arts ou du sport, de la politique ou des boudoirs élégants, j'eusse trouvé sur mon carnet toute autre note? Est-ce cela? mais les Champs-Elysées parisiens offrent mieux encore. Ah! si au moins Nice possédait l'analogue de la Corniche marseillaise.

Mais Nice, me dira-t-on, a pour elle son heureuse situation orographique et son climat. Sans doute l'on ne saurait nier que les montagnes qui abritent au Nord le littoral de Nice et lui forment un si bel amphithéâtre de sommets, ne la garantissent des climats extrêmes. Pour des gens valides, il est incontestable que le climat Niçois sera plus agréable que celui des plaines de la Lombardie, ou de nos contrées septentrionales.

Ce n'est pas d'eux dont il s'agit ici, mais bien de ces infortunés qui, minés de cette implacable que les anglais nomment si bien la *consumptive,* viennent demander à Nice ce qui leur faut avant tout, un air calme et pur et à température *aussi invariable* que possible. Et que l'on ne vienne pas m'objecter que la chaleur moyenne de Nice est plus élevée que celle de Florence, égale à celle de Rome, que le thermomètre y descend rarement au-dessous de zéro; tout cela pour moi ne signifie rien, lorsque l'on sait ce fait qui est des plus redoutables pour les phthisiques, et en général, pour ceux qui ont l'appareil respiratoire malade: *l'extrême inconstance des vents,* et parfois *leur violence insupportable*. Il en résulte de fréquents, et parfois de brusques changements thermométriques qui sont cause de rechutes fréquentes et parfois lamentables. — Un vieux sergent-major, natif de la Provence, et qui de Toulon me suivit jusqu'à Nice me dit : « En hiver, il y a de très belles journées, dont il faut redouter encore les matinées et les soirées. A part ces jours qui ne sont pas en majorité, les malades sont obligés de rester dans leur chambre, souvent au coin du feu, ou de se promener dans leur voiture. »

« A la fin de l'hiver, dit E. Reclus, au commencement du printemps, quand le mistral souffle avec fureur, la poussssière noirâtre que l'air soulève en tourbillons ne le cède guère en intensité aux pluies de cendres des Volcans (*sic*). Le vent du Sud-Est, qui est le *Sirocco*, fatigue aussi, et par sa moite humidité, dispose à la langueur ». Ajoutons qu'autrefois les vents d'Orient apportaient les miasmes paludéens des bords du Var. Que de raisons pour justifier nos critiques. « La Provence est une coquette parfumée dont il faut se défier, avait dit Louis XIV ». Le mot est trois fois vrai pour Nice. Il s'aggrave encore par ce dicton d'un vieux médecin de la localité : « Quel est, lui demandait-on, le quartier qu'habitent les phthisiques ? — le cimetière, répliqua-t-il ».

Que les malheureux phthisiques qui, au seul mot de Nice, rêvent tout un nouvel Eden, méditent le mot si dur, soit-il, et que les médecins, se le tenant pour dit, n'envoient plus leurs phthisiques à Nice.

Nice ne renferme aucun monument digne d'être noté. Sans cesse en butte aux attaques de peuples rivaux, elle n'a pu voir chez elle les arts grandir et se développer. Elle est la patrie de Masséna et de Garibaldi.

En quittant Nice, la voie traverse le tunnel de Cimiès

et gagne la vallée du Paillon qu'il franchit, et atteint Villefranche: L'on traverse, après, un long tunnel de 1,490 mètres qui vous masque presque en entier la gracieuse baie de Villafranca. « Au delà, le chemin de fer passe de tunnel en tunnel au pied des rochers abrupts, qui portent Eza, ancien repaire de Sarrazins, quartier général d'où ils dévastaient les environs, et contourne la Tête-du-Chien, signalée au loin par la tour d'Auguste ».

Bâti sur la roche isolée, consacré par les Grecs à l'Hercule solitaire Μονεχος, Monaco était merveilleusement situé, pour être, avec son port suffisant pour recevoir les petits navires des anciens, soit une escale de commerce, soit un nid de pirates. Sa position isolée a permis à ses maîtres de garder une indépendance au moins apparente, et le prince de Monaco est souverain d'Europe. Il use tristement de son pouvoir, en donnant asile, au milieu des merveilleux jardins de Monte-Carlo, à une maison de jeu dont les villes voisines demandent en vain la suppression. Perché sur un promontoire, Monaco « parait un assemblage de ces petites maisons en bois peint que les enfants disposent et alignent sur un guéridon ».

Deux kilomètres environ séparent Monaco de *Monte-Carlo* où est construit avec beaucoup de goût et un grand luxe décoratif intérieurement ce Casino connu, on peut l'affirmer, des cinq parties du monde. La situation est fort belle, et les jardins où abondent les plantes méridionales sont très heureusement dessinés.

Ce dut être une superbe pomme aux vaillantes couleurs qui séduisit notre première Eve, et je ne puis admettre que pour une chute si grave, elle n'ait pas eu devant elle le plus beau des fruits.

Si la chute fut chez Eve facilitée par la beauté du

fruit, il faut avouer que ce satané Monte-Carlo a bien aussi toutes les séductions qui peuvent déterminer la chute : beauté des jardins, charme du site, richesse des salons, concerts remarquables, compagnie élégante, tout vous attire, tout est pour vous séduction. Puis, ventre saint gris, pour un coup-d'œil l'on n'est point damné, et l'on regarde, et l'on risque un ducat... et la pomme est croquée ! que de gens débutent ainsi fascinés.

Singulier type que ces banquiers aussi flegmatiques en face du tapis vert et de l'or qui roule, que la mégère tricotant les bas de son époux; raclant l'or, l'envoyant à chacun sans proférer un mot, faisant jouer la fameuse roulette ou retournant les cartes avec autant de laisser-aller qu'un beau joueur de besi en 1500 à quatre sous la partie.

Que dirai-je de ces joueurs graves, sombres, de tout sexe, de tout âge, hélas ! et souvent de toutes conditions, supputant, pointant, additionnant, que possède cette inepte passion du jeu ? rien assurément que n'ait dit moraliste, économiste, philosophe, si ce n'est qu'il faut bien peu comprendre le prix de l'argent pour le sacrifier ainsi, et que celui qui s'enrichit en entretenant de telles passions assume devant Dieu et la société une lourde responsabilité !

La voie se trouve resserrée de plus en plus entre la mer et les contre-forts des Alpes maritimes. Le pays devient plus accidenté et le contraste de rochers à l'aspect sauvage que l'on aperçoit çà et là fait mieux ressortir l'opulente végétation que l'on voit en approchant de Menton.

MENTON a été acheté par la France au prince de Monaco. Bâti au bord de la charmante sinuosité de la mer, dite golfe de la Paix, il est, dit E. Reclus « la perle de la France ». Mieux abrité que Nice, Menton est aussi plus charmant à cause de la végétation qui l'entoure : « Partout on aperçoit la verdure; près du rivage, celle des citronniers, des orangers, des arbres exotiques; plus haut celle des oliviers; plus haut encore, sur les pentes supérieures, celle des pins. Le climat local est si uniforme que dans certains hivers la température la plus basse est de + 8°, tandis qu'en été la chaleur, tempérée par la brise marine, est moins élevée qu'à Paris. » La végétation ne s'arrête jamais, le froid de l'hiver, et les chaleurs de l'été ne s'écartent pas assez pour arrêter dans les plantes « le mouvement continu de la vie ».

Enfin, ajoutons cette remarque, c'est que la vigueur du citronnier est le meilleur criterium de la température d'un pays « en effet, tandis que l'olivier résiste à un froid de — 10°, l'oranger à un froid de —8°, le citronnier meurt dès l'instant où le thermomètre descend à 4 degrés; d'où il résulte que les localités où ce dernier arbre prospère ont des hivers moins rigoureux que ceux où il ne peut vivre. A ce point de vue Menton l'emporte sur toutes les autres stations de la Provence ». Les bosquets de citronniers qui fournissent en moyenne 40,000,000 de fruits chaque année, fleurissent et mûrissent en toute saison. Ceux-ci fleurissent quatre ou cinq fois par an, produisant autant de récolte. Ils sont donc en travail toute l'année et semblent privés de cette sorte de sommeil hivernal qui règne pendant toute une saison sur la nature végétale. Ils ont donc besoin d'une température très soutenue.(1)

---

(1) Voici la température moyenne de Menton, basée sur vingt années d'observation.

Hiver 9° 80, printemps 15° 4, été 23° 82, automne 17° 36. — Le maximum de l'été peut être évalué à 28 degrés (Dr Farina).

La jonction de la chaine transversale de l'Apennin et des Alpes forme, pour l'abriter des vents, un système d'une puissance incomparablement supérieure à celui qui abrite Nice.

Je ne pouvais traverser ces stations hivernales sans leur consacrer quelques lignes, obéissant ainsi au poëte « utile dulci » Par ces quelques mots on peut voir que Cannes et Menton offrent des conditions climatériques à peu près égales, et que Nice reste beaucoup au-dessous de l'une et de l'autre.

Les vrais malades abandonneront donc pour toujours cette capricieuse cité. Menton est peut-être moins gai que Cannes; mais nous lui accorderions encore, au point de vue climatérique, la préférence.

Menton est le dernier village que l'on rencontre avant d'atteindre la frontière italienne. La voie court moins près du littoral. On aperçoit à gauche, les montagnes des Apennins couverts de neige, à droite la mer, et tout le long de très beaux citronniers. Puis l'on franchit le Pont Saint-Louis, formé d'une seule arche et audacieusement jeté au dessus d'un torrent qui sert de limite-frontière et l'on est en Italie: à *Vintimiglia*.

VINTIMILLE.— Tandis que le conducteur du train français de Paris-Lyon-Méditerranée que nous allons quitter annonce, en français, la station ; des agents du chemin de fer de la haute Italie (Strada ferrata alta Italia) S. F. A. I. annoncent d'une voix perçante : Vintimiglia.

Le Français ne sait pas comme l'Anglais emporter aux semelles de ses bottes la terre de la mère patrie, et lorsqu'il a franchi les bornes-limites de son pays, il le suit des yeux de si loin qu'il peut, et le quitte lui disant non pas adieu, mais au revoir.

Cet amour du sol, qui est plus développé dans la race

française que chez beaucoup d'autres, ne tient pas seulement à des conditions de climat, de bien-être, qui sont, terme moyen, plus satisfaisantes chez nous que dans d'autres contrées, mais encore à un mode propre à notre tempérament, la souplesse de caractère qui entraîne la qualité des défauts, c'est-à-dire la versatilité et la mobilité.

Et tandis que vous voyez le Saxon garder, quelque soit le climat, la contrée qu'il habite, toutes ses coutumes nationales, et toujours cette empreinte, si je puis dire, qui le fait distinguer en tous lieux du globle, le français, au contraire, s'assimile avec une promptitude et une facilité que lui seul possède à ce degré les coutumes du nouveau pays qu'il habite. Il le sait, et pour lui, changer de pays c'est oublier au moins, en fait, la mère patrie. Comme à tout cœur bien né la patrie est chère, et qu'il peut tout revendiquer à cet égard, il éprouve plus de répugnance que d'autres à quitter le sol natal.

Votre imagination peut se donner libre carrière lorsque vous parcourez les Mondes dans la douce quiétude d'une lecture attachante, et que vous vous représentez franchissant le poteau indicateur qui marque les limites d'une nation voisine.

Mais comme les fleuves mêlent sans fracas et sans bruit leurs eaux à celles de l'Océan, ainsi vous pénétrez d'un pays dans l'autre sans que rien ne vienne satisfaire les rêves de votre imagination.

En devait-il être ainsi autrefois? j'en doute. Et bien qu'entre deux provinces limitrophes de pays différents, il y ait eu toujours un air de parenté, comme il arrive dans les espèces botaniques ou zoologiques, lorsque l'on arrive à la limite des classifications, il me parait néanmoins difficile d'admettre qu'autrefois en pénétrant dans une nouvelle contrée, emporté par l'antique voiturin qui, dès les premiers bourgs, vous mettait en contact direct avec la population, le voyageur n'éprouvât pas ce charme de la nouveauté qui laissait plus vivaces les premières impressions.

Quel attrait soutenu pour la curiosité lorsque l'on voyait autrefois d'un pays à l'autre ces variétés considérables de costumes qui caractérisaient presque chaque contrée. Combien cet usage avait de raisons d'être : égayer la vie privée et publique par ces diversités parfois si gracieuses du vêtement, par ces richesses multiples du coloris qui contribuaient si bien à rehausser l'éclat des fêtes; et ne pas craindre de marquer par des signes sensibles les inégalités sociales, ce qui est si loin de nos idées démocratiques modernes. Et pourtant quoi de plus juste ? Sera-t-il jamais possible de faire naître les hommes égaux en force physique ou morale, égaux en intelligence ? Les prééminences sociales ne découleront-elles pas nécessairement de ces inégalités natives ?

La Belle Jardinière a envahi de ses costumes le monde entier, et je me rappelle toujours avec tristesse, car, pour moi, tout cela cache un ordre d'idées qui, à la fois, est plein d'enseignement et de graves périls, que pendant mon séjour à Rome, c'est à peine si j'ai vu une quinzaine de ces ravissants costumes dits Napolitains qui ajoutent tant de grâces et de charmes à la beauté d'une femme. A Naples, aux fêtes de la Pentecôte, je n'ai pas souvenance d'en avoir vu un sur les promenades publiques encombrées de voitures de toute catégorie. Partout la redingote égalitaire et l'habit bourgeois à 49 francs.

Donc nous sommes en Italie, et à part l'audition du langage, je m'en assurerai bien plus en étudiant le passé qu'en le demandant au présent, car si «l'Italie n'est pas la première par le pouvoir politique, si d'autres nations l'ont distancée pour l'industrie, le commerce, et même pour le mouvement littéraire et scientifique, elle reste toujours sans rivale pour la richesse en monuments de l'art », pour les souvenirs de toute espèce qu'y a laissés l'histoire.

Si deux gouttes d'eau se ressemblent, deux gendarmes, même de nationalité différente, ne diffèrent guère. Peu gracieux le pompon aux trois couleurs qui dominent le brasse carré italien, et en prêtant au comique, il nuit à l'effet martial. Peu militaire cette casquette droite américaine du douanier, à filigrane jaune.

La douane est fort polie et très réservée. C'est une question de flair, beaucoup plus que d'examen sérieux. L'on cote votre personne beaucoup plus que vos colis.

Je ne puis taire mon étonnement sur l'état lamentable de la gare de Vintimille. C'est, je pense, quelque grange que l'on aura étayée de ci, de là, et tapissée à l'intérieur de papier misérable. Il faut savoir, pour trouver un motif, toute la situation difficile des chemins italiens.

10, 11, 12 % crient diverses voix au timbre aigu et perçant. Il me semblait entendre ces joueurs de la Mora dont parle Toppfer. J'aperçois à la porte de la gare un groupe d'une dizaine d'hommes, vociférant à qui mieux mieux pour vous proposer l'échange de votre monnaie contre des espèces italiennes. Et quelles sont-elles ces espèces qui, contre les nôtres, or, et même billets, donnent la marge de 10 à 12 % de prime ? De misérables billets qui ont toutes les valeurs jusqu'à celles de cinq, de deux, de un franc, jusqu'à celles de de *dix sous !* Et comme le dit un écrivain : « d'un bout à l'autre de la péninsule, de Lombardie en Sicile, vous pouvez pousser vos investigations, scruter les poches, forcer les tiroirs, vous enquérir des recéleurs les plus adroits ; quelque perspicace soyez-vous, vous ne trouverez point en vos recherches, la plus minime monnaie, soit d'or, soit d'argent, si ce n'est celle que nous leur apportons ». L'Italien a voulu l'unité, il l'a dans la « débine ».

C'est un fait d'histoire que l'Italie n'a jamais rayonné d'un aussi vif éclat sur l'univers entier que lorsqu'elle était morcelée en petit états. Sans doute il faut convenir que les cités, les nations elles-mêmes ont leur heure de prospérité et de grandeur, et qu'ils la doivent à des causes multiples ; néanmoins, lorsque l'on a traversé l'Italie dans toute son étendue, et qu'il vous a été donné d'étudier et le sol et le peuple qui s'étend de Naples au cap *Sparti Vento*, qui habite la Sicile ou les plaines Lombardes, l'on reste convaincu des difficultés inouies qui peuvent surgir à un moment imprévu entre deux peuples dans une seule nation. Milan et Naples forment deux capitales aussi distinctes que le sont les individus qui les habitent.

Ces différences sont si tranchées qu'elles se reflètent jusque dans les travaux d'art, qui ont ici et là, côte à côte et dans un même genre de travail, leur cachet propre. Qui ne sait combien diffèrent les mosaïques romaines et florentines. Phénomène curieux de voir le Romain et le Toscan, si voisins pourtant, arriver dans les arts à des productions d'un cachet si distinct. Il y a là, porte à porte, presque deux écoles.

Que le lecteur me permette quelques considérations d'ordre géographique et ethnographique sur cette *unité italienne,* œuvre non des Italiens, mais d'un groupe d'Italiens et d'étrangers. Cette assertion qui, à quelques uns, pourrait paraître étrange est confirmée par cette remarque d'E. Reclus. « D'ailleurs, dit-il, le mouvement italien irrésistible qui a poussé le peuple vers l'unité politique n'avait point son origine dans les masses profondes, et des millions d'hommes, en Sicile, en Sardaigne, dans les Calabres, en Lombardie même, en sont encore à demander le sens des changements considérables qui se sont accomplis. »

Il faut, pour juger sainement une nation, voir surtout ses caractères de race, caractères qui font distinctes les nationalités, et exigent une diététique gouvernementale adéquate à chaque nationalité.

Ces caractères ne s'effaceront jamais, il faut donc. mettre au rang des utopies les plus fausses et les plus dangereuses, les idées de cosmopolitisme ou de répupublique universelle. Dieu les a marqués au front de l'homme en signes ineffaçables, pour faire les peuples distincts et pour entretenir l'amour de la patrie qui devient une chimère, une insanité pour le cosmopolitisme.

Or, qui contribue à faire les caractères des races? (je dis, contribue, et tiens à la valeur de ce mot). Quelque chose qui n'est pas de l'homme, qui ne dépend pas de l'homme : le sol qui l'a vu naître, le sol sur lequel il vit son existence, plus généralement, les conditions climatériques et telluriques qui s'imposent à lui. L'homme peut fouiller le sol et lui faire rapporter au centuple, il peut se gouverner comme il lui plaît, mais il ne peut en rien modifier les conditions cosmiques dont il subit l'influence et qui retentissent d'une manière si profonde sur son organisme, conditions cosmiques variables d'une zône à une autre, et qui résulte des lois immuables et sublimes de la mécanique céleste, œuvre de l'Eternel.

La lumière rend expansif et gai. C'est un fait d'observation qu'elle chasse l'hypocondrie et combat les passions tristes. Les ténèbres, au contraire, rendent taciturnes et tristes. Elles engendrent l'hypocondrie et amènent les pensées graves.

Si la terre est glacée, si la bise aiguë du Nord souffle avec violence, si le ciel bleu disparait sous les brumes sombres et épaisses, l'homme vivra retiré dans sa demeure. La vie publique n'aura pas au dehors une large expansion.

Si la terre est chaude, la brise tiède et embaumée, l'horizon sans nuages, le jour éclatant et vif, il devient si doux de jouir sans cesse de ce ciel si beau, de ces nuits si calmes et si belles, il fait si bon vivre dehors. Là, presque toute la vie s'écoulera sur le Forum.

Les premières influences cosmiques vous donnent la race du Nord, froide, grave, réservée; les secondes, la race méridionale, alerte, vive, criarde.

Mais le pays qui s'appelle l'Italie renferme-t-il de ces différences cosmiques assez prononcées pour qu'elles puissent avoir cette influence dont nous parlons. Oui, assurément, et les conditions climatériques et telluriques des Calabres ou des plaines Lombardes offrent, par leur dissemblance, tout ce que l'on peut désirer à cet égard. Quelle différence entre un Italien calabrais et un Italien piémontais; entre le sol de la Calabre et le sol de la Lombardie.

Aussi rien jusqu'à présent n'est venu infirmer cette assertion : « l'Italie est faite, mais les Italiens restent à faire. »

Ajoutons enfin à ces données générales quelques détails qui militent assurément peu en faveur de cette unité italienne qui a eu pour conséquence de violer tant de droits si respectables ou si sacrés. Ils sont d'E. Reclus, dont le témoignage ne saurait être suspect.

« La situation besoigneuse de l'Italie la met forcément beaucoup plus qu'elle ne voudrait se l'avouer sous la dépendance de l'étranger. Pour ménager et consolider son crédit, pour assurer les emprunts et le service de la dette, il lui faut nouer avec les capitalistes de l'Europe des relations qui ne sont pas toujours d'ordre purement financier. En outre, l'état défectueux des forces militaires et navales oblige le gouvernement italien à s'appuyer, suivant les circonstances, sur l'une ou l'autre puissance Européenne. C'est à des alliances qu'elle a dû de se constituer politiquement, et c'est encore en dehors de ses frontières qu'elle doit chercher un point d'appui. Jusqu'à maintenant, elle n'a jamais marché dans une fière indépendance. »

L'unité de l'italie, dit-il ailleurs, à eu pour conséquence de rendre la situation financière des plus embarrassées. Malgré l'aggravation des tarifs douaniers, les impôts sur la consommation, la loterie, la vente des biens de l'Eglise, « le Crédit National est fortement ébranlé, et le papier-monnaie n'a jamais été accepté qu'avec perte. » Il faudrait à l'Italie, pour avoir au moins la raison de la Force, à défaut de la raison du Droit, pour lui permettre d'être sûre de pouvoir triompher des difficultés qui peuvent surgir au dedans comme au dehors, des armées permanentes nombreuses. Mais pour cela il faut des sommes énormes que l'Italie ne peut se procurer, et « chaque année son déficit augmente, et chaque année le déficit varie de 120 à 500 millions. » (E. Reclus).

Et plus loin le même auteur ajoute : « Si Rome est redevenue capitale, c'est que l'Italie, par une sorte de superstition archéologique, cherche à prendre le nom de Rome pour symbole de sa puissance future (?). Mais quoi qu'on fasse ce n'est plus là qu'un centre artificiel de l'Italie. Ce n'est plus dans Rome, c'est dans l'ancienne Gaule cisalpine que se trouve désormais le vrai centre de la Péninsule. »

L'histoire, qui change sans cesse la valeur géographique relative des diverses contrées, a graduellement rejeté Rome en dehors du grand chemin des Nations.

« Ni la position géographique, ni les avantages du climat, n'assurent à Rome l'importance de grande capitale qu'elle ambitionne ; Rome n'est point la tête de la Péninsule. »

Et qu'arrive-t-il encore ? c'est que la population italienne, écrasée par le fisc, mécontente du service militaire qui lui est maintenant partout imposé, et qu'autrefois elle connaissait à peine, regrettant un passé qui au moins avait eu le bon côté de ne pas faire peser sur elle d'une manière aussi dure, la misère, n'a plus qu'une ressource, l'émigration.

« La *Gazette Officielle*, (n° 225, 27 Sept. 1876) en publiant une statistique partielle de l'émigration durant quatre années, avoue les chiffres suivants, relatifs au départ, à destination de la seule République Argentine: 1871, 8,170 ; 1872, 14,769 ; 1873, 26,878 ; 1874, 23,904 ; soit au total 82,851 ; si, aux chiffres qui précèdent, dit l'organe officiel, on ajoute les individus, dont la date du départ n'a pas été fixée exactement, on arrive à un chiffre dépassant 100,000.

« Il faut remarquer ici avec l'*Unita* (1er Octobre 1876) qu'il s'agit d'un courant d'émigration pour une seule contrée, car les Italiens se rendent dans beaucoup d'autres parties du Nouveau-Monde, et l'on peut calculer que depuis cette date *fatale* où Rome est devenue capitale du Royaume, 500,000 Italiens ont quitté leur patrie.»

Mais comment, disent quelques économistes, expliquer cette misère, ce désespoir, cette émigration, alors que l'Italien paie une moyenne d'impôts moins forte que certains autres peuples de l'Europe? L'apport de chaque individu serait, d'après le budget des recettes, d'environ 48 fr., tandis qu'en France, il est de 72 fr., en Angleterre de 58 fr. et en Belgique de 43.

« Quelle comparaison, dit Lallemand, (Association cath., 15 Août 1878, p. 237), peut-on établir entre une nation dont le chiffre des importations dépasse constamment celui des exportations, et la France ou l'Angleterre, pays commerçants, manufacturiers, agricoles, dont les produits ont un écoulement facile dans le monde entier, et dont le commerce se solde toujours par un excédant d'exportation... En Italie, il faut bien se rendre compte que les conditions climatériques, principalement dans le midi, ne permettent pas à l'homme de déployer la vigueur et l'énergie que l'on remarque chez les populations de nos contrées plus tempérées. Je voudrais voir ces austères censeurs du peuple romain, qui choisissent avec mille précautions l'époque la plus favorable pour voyager en Italie, obligés de se livrer à un travail quelque peu pénible, même en Mai ou en Juin, alors que les vents du Midi font, suivant une expression fort juste « *pleuvoir la torpeur* », et enlèvent à l'homme une partie de sa force et de son activité ».

Que conclure de cette remarque? C'est que l'Italie n'est pas un pays qui puisse supporter les charges qu'entraîne son unité, et en particulier celles que nécessite l'entretien d'armées permanentes, telles qu'il les faut aujourd'hui à notre époque dite de civilisation.

Les impôts du fisc pèsent lourdement sur les populations italiennes et déterminent en certaines contrées une misère véritable, effrayante!

Le service militaire rendu obligatoire pour tous est particulièrement pénible aux populations du centre et du Sud, qui, avant l'unité, ne le connaissaient à peu près point.

Autrefois les Petits-Etats avaient de faibles ressources, mais les charges étaient infiniment moindres. Aucuns ne connaissaient le luxe ruineux des grandes armées permanentes.

Que l'on compare donc aujourd'hui le prix des loyers, des denrées à Rome, et dans beaucoup d'autres villes italiennes, avec ce qu'il était avant l'Unité Italienne. On agit, dit-on, pour le peuple, mais ce qui est indiscutable, c'est que la vie lui devient de plus en plus difficile. Aussi émigre-t-il, et depuis sept ans, 500,000 Italiens ont quitté leur patrie!

Que l'Italie fasse un retour sur elle-même, se rendant compte de ce qu'elle peut et doit espérer. Elle sait autrefois ce que furent, bien qu'isolées, ces cités qu'on appelle Venise, Gênes, Pise et Florence. Elle peut, malgré les conditions nouvelles, attendre de nouveaux jours de grandeur et de prospérité, lorsqu'elle aura compris que les fils de son nom ont besoin pour retrouver ces temps meilleurs, de l'autonomie de leurs principaux Etats; autonomie qui permettra à chaque pays de se développer suivant son tempérament, ses aptitudes, les tendances de son caractère, ses traditions, ses coutumes nationales, etc., mais avec cette assurance de se retrouver unis tous ensemble, si le nom Italien était un jour insulté.

Je ne puis qu'effleurer ici ces questions pleines d'intérêt et d'enseignement. Mais tout homme qui écrit doit partout et toujours être pénétré de ce sentiment, que tous ses travaux, que tous ses labeurs doivent servir la Vérité. Or jamais la force n'aura raison quand elle primera le droit, elle est destinée à le servir et à le défendre, mais jamais à l'opprimer. Tout homme qui est pénétré de ces principes qui sont la Vérité doit saisir toutes circonstances d'élever la voix lorsqu'il sait que quelque part la force opprime le droit et la justice.

Mais *paulo minora canamus*, et reprenons la route qui de Vintimille conduit à Gênes. Les voyageurs pour San Remo, Albenga, Savona, Voltri, Genova, nous crie un petit homme agitant diaboliquement sa sonnette ; et chacun de se hâter pour trouver une bonne place.

La voie ferrée continue, jusqu'à Gênes et après cette ville jusqu'à Spezzia, son trajet pittoresque, resserrée entre la rive du couchant, *Riviera di Ponente*, les derniers contreforts des Alpes maritimes, et les premiers de la chaine des Appennins. Leur puissance est telle qu'ils forment de véritables montagnes, et c'est à peine s'ils laissent à la Ligurie le sol nécessaire pour sa culture.

La pauvreté des ruisseaux, l'âpreté des ravins donnent à cette région un caractère particulier. A peine voit-on quelques prairies naturelles. « Si le travail de l'agriculteur et l'art du jardinier n'avaient transformé ces déclivités et ces étroites vallées de la Ligurie, les Appennins n'auraient eu d'autre verdure que celle des pins et des broussailles.

« Comme la terre, la mer elle-même est naturellement infertile: elle n'a que peu de poissons, à cause du manque presque absolu de bas fonds, d'ilots et de forêts d'algues : les falaises du bord descendent abruptement jusqu'à des profondeurs de plusieurs centaines de mètres... Cette infertilité des terres et des mers a les mêmes conséquences économiques. De toutes les parties de la Péninsule, la Ligurie est celle qui envoie à l'étranger le plus grand nombre d'émigrants...

« Mais si la terre et les eaux de la côte Ligure sont

également avares de produits naturels, elles ont le privilège inappréciable de la beauté pittoresque. » (E. R.)

Le chemin de fer qui s'est ouvert de force un passage à travers les promontoires par les galeries et les tranchées n'a pas moins de 33 kilomètres entre Vintimille et Gênes, sur un espace de 152 kilomètres.

Le paysage est des plus variés. L'on voit ici la plage, garnie de tamaris aux fleurs roses, et le flot qui déferle vient tout à côté de la voie « tracer un ourlet d'écume ».

De l'extrémité des caps, on suit du regard les ondulations rythmiques de la côte. Les villes, les villages, les vieilles tours, les maisons de plaisance, etc., varient à l'infini les profils changeants des paysages.

Sur cette rive du couchant sont de nombreuses villes dont le climat, la beauté pittoresque ou l'activité industrielle ont donné à quelques unes leur fortune, à d'autres leur réputation ; parmi les principales citons :

Vintimille, distante de la gare d'environ 1 kilomètre : Localité considérable, pittoresquement située au pied d'une montagne, dominée par toutes sortes de fortifications, actuellement forteresse frontière du royaume d'Italie ;

Bordighera entourée de palmiers dont les rameaux font l'objet d'un commerce important, approvisionne de palmes Rome et la plupart des villes d'Italie pour la solennité du dimanche des rameaux, mais dont les fruits arrivent rarement à maturité. L'excellence de son climat en fait la rivale de

San Remo, station charmante, et l'une des mieux abritées du littoral ligurien. Le vent du Nord-Est ou *vent Grec*, comme on l'appelle, est le seul qui s'y fasse quelquefois sentir. Son climat calmant convient parfaitement aux affections pulmonaires, à forme éréthique ;

Porto Maurizzio, que ses vastes jardins d'oliviers ont fait surnommer « la fontaine d'huile », quoique les olivettes de San Remo soient encore plus abondantes ; et dont le site n'a d'égale que celui de cette dernière ville ;

Albenga, qui n'a pour elle que son antiquité, et dont le climat est peu salubre à cause des miasmes qui s'élèvent des limons laissés sur les lits de cailloux par les torrents débordés ;

Savona, ville la plus importante entre Vintimille et Gênes. Elle possède un port jadis comblé par les Génois qui ne voulaient aucune concurrence et fabrique des terres cuites et des poteries ;

Voltri, ville importante par ses filatures et ses fonderies ;

Sestri di Ponente qui possède les plus grands chantiers de construction navale de l'Italie.

Saint Pierre d'Arène, ville qui est, à bien dire, un faubourg manufacturier de Gênes.

Puis l'on franchit un long souterrain qu'on appelle le tunnel de la Lanterne et l'on est à *Genova !*

GÊNES. — Gênes la superbe ! encore faut-il s'entendre. Ces qualificatifs pompeux dont sont décorés nombre de villes italiennes et que s'en vont répétant maints touristes conteurs, prêtent à tout le moins à la désillusion, et je l'ai dit déjà, toute désillusion est maussade.

Gênes, superbe? par son site incomparable, ses monuments sans rivaux ou sans exemple ? ou encore par le tempérament altier et dominateur de ses fils ? Devant l'examen de ces questions prises une à une, ou toutes ensemble, l'épithète paraît bien superbe. Est-ce pour ses seuls édifices que cet adjectif peut être réclamé. Je ne l'estime pas.

Est-ce pour ses fils ? Les Génois, nous disent les historiens, passaient jadis pour être violents et faux, avides de luxe et de pouvoir ; et les pages de leur histoire confirment trop cette assertion. Et faut-il encore écouter ce proverbe : « une mer sans poisson, des montagnes sans forêts, des hommes sans foi, Donne senza vergogna, voilà Gênes ! »

Est-ce pour son site ? Vous connaissez, lecteur, ce gâteau feuilleté en forme de cornet que les marchands débitent, criant : « V'là le plaisir mesdames... » Eh ! bien Gênes est sise dans un cornet semblable. La baie relativement étroite en forme la base, et les montagnes les parois élevées. En bas, vous êtes à l'étroit, et l'encombrement maritime et commercial le prouve assurément ; en haut le sol manque pour construire les maisons et beaucoup sont superposées d'une manière assez peu gracieuse. En outre, cet adossement de la montagne rend à Gênes les jardins à peu près inconnus, et certains quartiers difficilement accessibles. Son climat n'est pas hospitalier, car si l'air n'y est point souillé par des émanations marécageuses, les vents violents du large viennent s'y engouffrer comme dans une sorte d'entonnoir, entraînant avec eux toute leur humidité. Le nombre des jours de pluie y dépasse le tiers de l'année.

Mais Gênes a ses palais de marbre, son Campo-Santo (le cimetière de Staglieno), ses grands hommes, son site particulier, etc., sans doute ; mais tout cela ne justifie pas, sans restrictions permises à la critique, la *Superbe* épithète.

Cette ville a pour moi un cachet original mais non Superbe. L'ensemble fait défaut, je crois que beaucoup de touristes partageront cette impression.

Les pierres ne sont pas tout dans une ville, disons

donc, avant d'en vanter les heureuses harmonies, quelques mots des Génois.

« Fondée par les Ligures au VIIIe siècle avant notre ère, nous dit Louis Enault, Gênes fut conquise par les Romains cinq cents ans plus tard et incorporée à cette belle province de la Gaule Cisalpine. Les Carthaginois la ruinèrent de fond en comble pendant la seconde guerre Punique. Les romains la rétablirent et la gardèrent aussi longtemps qu'ils gardèrent le reste du monde. On sait comment tomba ce grand colosse qui avait si longtemps caché ses pieds d'argile, et comment les barbares, ce déluge d'hommes si longtemps comprimé, reflua sur la ville éternelle.

Plus tard, Gênes tomba au pouvoir des Lombards. « Quand ceux-ci furent à leur tour domptés par la main toute puissante de Charlemagne, l'antique capitale des Ligures se soumit au grand empereur d'Occident. »

Mais les descendants de ce souverain maître de l'Europe se trouvèrent impuissants à conserver ce que l'illustre monarque croyait avoir conquis pour eux.

Gênes se déclara indépendante, et elle resta dans cette ère de tumultueuse liberté où elle s'agita pendant huit siècles avec autant de gloire que de malheur. Ce n'est qu'une lamentable suite de crimes et de bouleversements, d'usurpations aristocratiques et de séditions populaires, de déchirements intérieurs et d'invasions étrangères.

Enfin André Doria, au XVIe siècle, lui donna une constitution qui dura 270 ans. Elle vécut jusqu'en 1797, époque où les Génois l'altérèrent pour former ce qu'on appela dès lors la République Ligurienne. Le Congrès de Vienne l'incorpora en 1815 au royaume de Sardaigne.

Toutes ces agitations, toutes ces querelles, toutes ces violences n'avaient pas empêché Gênes d'atteindre au plus haut degré de prospérité commerciale, et d'ériger des monuments admirables qui attestent son goût pour les beaux arts.

C'était, il est vrai, à des architectes, à des sculpteurs et à des peintres étrangers que Gênes dut ses splendeurs ; mais elle était riche, elle commandait, elle payait... et elle avait. (L. Enault).

Gênes est bruyante et tout y trahit le mouvement commercial, l'activité, le travail. Les rues, vous frappent par leurs pavés en larges dalles de la Spezzia. L'absence de trottoirs est commune à un grand nombre. C'est là au reste un fait commun en Italie et qui ne présente pas aux piétons inhabitués toute sécurité avec le va-et-vient nombreux des voitures de toutes sortes. Par les temps humides, le pavé devient très glissant. Aussi est-il rayé dans divers sens pour rompre la trop grande égalité de sa surface.

Je quittai dès l'aube mon hôtel, longeai la *Strada Carlo Alberto* qui suit elle-même les quais, me trouvai aux alentours de la Bourse, dans les quartiers les plus populeux et les plus marchands de Gênes, et aperçus le port à ma droite. Formant hémicycle, protégé par ses deux môles, *Molo Vecchio*, et *Molo Nuovo*, il n'offre, a-t-on dit, et avec une certaine justesse, que le spectacle d'une grande activité dans une grande saleté.

Si, continuant votre route sous de belles arcades qui longent la rue elle-même, vous montez sur la jetée du *Molo Vecchio*, le port vous apparaît sous un jour plus favorable. Néanmoins l'encombrement est extrême. L'anse qui forme le port ne peut aucunement s'agrandir. Nous sommes loin de nos magnifiques bassins de Marseille ou du Havre. De là vous jugez assez bien de l'ensemble de la ville sise en amphithéâtre. L'effet est plus original que gracieux. Notre côte d'Ingouville moins mouvementée flatte davantage le regard. Vu du large, il est possible que les montagnes qui servent de gradins et de ceinture à la ville donnent au coup-d'œil un aspect plus grandiose. Mais mon temps était compté, et je refusai de nombreux offres de service des bateliers coiffés du traditionnel bonnet rouge.

Je revins sur mes pas, échangeai 200 livres françaises contre 221 italiennes, mais en papier (ce qui m'amenait à cette réflexion qu'avec 10,000 fr. de rente française, on aurait ici, au bas mot, 11,000 fr. de rente, monnaie italienne), flânai tout le long de la rue des Orfèvres où abondent les magasins de ces jolies ouvrages en filigrane d'or et d'argent qui font une spécialité de luxe charmant à Gênes, et me dirigeai vers la cathédrale (Il duomo).

La cathédrale de St-Laurent date du xie siècle. Le perron a assez grand air, avec ses marches ornées de deux lions farouches. « L'extérieur tout revêtu de marbre blanc et noir, disposé par bandes alternées, est d'un aspect singulier, plus joli que beau ». Cette église en forme de croix, surmontée d'une coupole, avec des voûtes en berceau, a trois nefs et vingt colonnes corinthiennes surmontées d'une deuxième colonnade. L'église renferme plusieurs tableaux du martyre de son patron, entre autres une fresque de Teverone. Elle possède, en outre, une châsse d'argent ciselé contenant les reliques de St-Jean Baptiste, le précurseur, apportées de Mirra à Gênes en 1397. Elle est sise dans la chapelle dite de St-Jean Baptiste, sous un édicule que supportent quatre colonnes de porphyre.

Continuant la *Strada Carlo Alberto*, vous arrivez bientôt à la *Piazza Nuova*. Sur cette place se trouve l'église des Jésuites (chiese Santo Ambrogio) et le palais Ducal (Palazzo Ducale).

L'église des Jésuites, à coupole, est surchargée de mosaïques de marbre, de dorures et de peintures. Malgré cela, l'impression est très favorable : au-dessus du maître-autel une circoncision par *Rubens*.

Le Palais Ducal, actuellement l'hôtel de la police, était l'ancienne résidence des doges. Il est entièrement bâti en marbre blanc. Il fut construit au XIIIe siècle.

Tournant à gauche, nous trouvons à quelques pas la *Piazza Carlo Felice*, où se trouve le théâtre *Carlo Felice*, dont l'architecture extérieure ne signifie rien, mais qui, intérieurement, est un des plus beaux de l'Italie.

Continuant la Strada Carlo Felice, nous arrivons à la place de la *Fontane Amoroso*.

C'est à partir de cette place que commencent ces larges et magnifiques voies, véritable boulevard de Gênes, qui s'appellent *Via Nuova*, *Via Nuovissima*, *Via Balbi*, et que bordent ces hôtels incomparables qui ont suffi jusqu'à ce jour à conserver à Gênes son épithète.

Sur cette place s'élève le Palais Spinola. En pénétrant dans la Via Nuova, nous trouvons : à droite, le Palais Tursi, aujourd'hui le *Municipio* ou Hôtel-de-Ville ; à gauche, le Palais *Brignole-Sale*, vulgairement appelé le Palais rouge, à cause de la couleur de sa façade, véritable musée dont chaque salle possède des trésors, et plusieurs autres encore dans la Via Nuovissima. Ils renferment presque tous des objets d'art ou de curiosité. Heureux ceux qui ne sont point obligés de compter les heures dans leur voyage, et qui, pour une bonne main, voient s'ouvrir presque toutes les salles de ces Palais.

A l'issue de cette rue, se trouve à droite l'église des Capucins de *Santa Annunziata*. Il est impossible de n'être pas frappé, en visitant cette église, du luxe décoratif si cher aux Italiens, mais d'un goût douteux. Leurs églises ne sauraient être admirées sans réserves. Souvent la matière est plus précieuse que l'art, et la profusion des ornements, en donnant à la maison de Dieu un aspect trop théâtral, nuit souvent aussi à l'impression religieuse.

Ainsi, ces douze colonnes cannelées de marbre blanc et incrustées de rouge, ce plafond, ces caissons dorés, cette coupole richement décorée de dorures, de couleurs, de peinture, étonnent tout d'abord plus qu'elles ne vous émerveillent.

Elle fut érigée en 1437 et construite en croix, avec un portail à colonnes de marbre. La façade inachevée se compose d'un vilain assemblage de briques.

Plus loin, dans la Via Balbi, se trouve l'Université, magnifique bâtiment avec un vestibule orné de superbes lions de marbre; en face le palais Royal, (l'ancien Palazzo Durazzo appartient aux princes de Savoie depuis 1815); puis le Palazzo della Scala, ainsi nommé à cause de son imposant escalier de marbre blanc, et qui est le véritable Palazzo Marcello Durazzo; enfin le Palais Balbi, qui date du XVIIe siècle, et qui contient de nombreux tableaux.

En quittant la Via Balbi, inclinons sur la gauche, et nous arrivons sur la place de l'*Acqua-Verde* où se trouve la statue de Christophe-Colomb.

« Il ne me paraît pas que Gênes ait fait là un chef-d'œuvre pour honorer l'illustre compatriote auquel elle refusa si énergiquement son appui au XVe siècle; puis l'emplacement est mal choisi: la place de l'Acqua-Verde est étroite et dominée par une colline sur laquelle s'étagent de très hautes maisons qui nuisent beaucoup à l'effet de la statue en la dominant de hauteur. Le nom de Christophe Colomb est si grand, qu'il exige quelque chose de profondément artistique, ou bien les yeux et le cœur restent également non satisfaits. » (Mᵐᵉ Bucaille.)

La statue est banale, Colomb a l'air de regarder le lever du soleil, et la jeune Amérique de vendre des fruits. Au pied du monolithe qui supporte Colomb, sont placées quatre statues allégoriques : la Religion, qui donna au cœur chrétien de Colomb tant de consolations à ses heures d'épreuve; la Science, qui l'inspira si heureusement; la Force, qu'il sut employer avec autant de douceur que d'énergie; et la Sagesse, qui lui fut si nécessaire au milieu de ses adversités. Ces quatre allégories ont été fort heureusement choisies. Des bas-reliefs représentent des scènes de l'histoire de Colomb.

La Gare se trouve sur cette même place ; et nul qui vient à Gênes ne peut ainsi ignorer l'hommage public rendu au pacifique conquérant; tous saluent en passant cet homme véritablement illustre, qui eut l'honneur d'inaugurer l'histoire moderne par la découverte du Nouveau Monde.

Longeons la Gare à gauche, et en quelques minutes nous arriverons au palais Doria. Ce palais que le peuple appelle encore le palais du prince André, ou encore du « père de la Patrie, *padre della patria* » fut construit par le doge André Doria, mort en 1560 à l'âge de 95 ans. Les meilleurs maîtres du grand siècle des arts furent appelés par le prince généreux pour le décorer. Au premier étage, dans une loggia donnant sur le port sont les portraits de tous les princes de la famille Doria. Mais le temps détruit tout, et les dégradations de ce noble palais, aujourd'hui à peu près abandonné, font un sombre contraste avec ses antiques splendeurs.

Sa position est pourtant des plus heureuses: « Situé à

l'extrémité de la courbe que décrit le rivage, mais assez loin de la muraille qui emprisonne la ville pour jouir des plus vastes perspectives, il semble voir Gênes à ses pieds ; le port déroule devant ses fenêtres le tableau mouvant de cette activité fiévreuse que le commerce apporte partout avec lui, et plus loin la Méditerranée développe ses horizons lointains. Ajoutez de magnifiques jardins, chose presque aussi rare à Gênes qu'à Venise, et vous comprendrez l'admiration qu'il inspire. » (L. Enault).

Revenons sur nos pas, et reprenons la longue Strada Carlo Alberto, laissant à droite l'Arsenal de la Marine, et le bassin de guerre (darsena reale), le seul, au reste, qui existe à Gênes, et dirigeons-nous vers la douane (dogana) qui occupe les bâtiments de l'ancienne banque Saint Georges et près duquel se trouve notre hôtel.

Vous êtes là au centre du quartier commerçant, et Dieu sait le tapage produit par les nombreuses voitures qui le sillonnent, et qu'amortissent à peine nos volets intérieurs et extérieurs soigneusement fermés.

Mais le sommeil du touriste qui se dit qu'il n'est pas uniquement là pour s'amuser, mais aussi pour s'instruire, ressemble beaucoup au sommeil du juste, et mon repos comme le sien fut sans trouble.

Cette activité me rappelait au reste que, dès l'époque romaine, Gênes voyait ses marins parcourir la mer Tirrhénienne, qu'au moyen-âge son pavillon flottait dans toutes les mers connues, qu'elle disputa un instant le commerce de l'Orient à Venise, que ses négociants furent assez riches pour devenir les banquiers des rois, et qu'enfin malgré ses dissensions intestines, ses guerres, Gênes, grâce à l'immémorable banque Saint Georges, « institution aussi politique que commerciale, véritable compagnie des Indes au moyen-âge qui vendait des peuples et possédait des royaumes » Gênes, dis-je, put bâtir ces palais, ces colonnades de marbre, ces jardins suspendus qui l'ont fait appeler la « Superbe, » et j'admirais ces Génois qui n'ont pas renié leurs aïeux qui ont droit pourtant encore de leur répéter la fière devise : *Excelsior*.

La percée des Alpes au St-Gothard peut être pour Gênes l'ère d'une prospérité sans précédents. Ne l'oubliez pas, surtout vous fils des phocéens ; et toi France, va évangéliser cette terre arabe qui n'attend que tes bras, mais que tu ne posséderas jamais et que tu ne fructifieras jamais complétement, si tu ne montres pas la croix à l'arabe farouche et si tu ne domptes pas par la charité évangélique cette nature irascible et vindicative.

L'Angleterre protestante a pu dompter l'Indou, la France catholique peut seule soumettre l'Arabe. Ne serait-ce pas retourner à ces temps les plus glorieux de la patrie où le monde admirait les *Gesta Dei per Francos !*

Un violent coryza gagné à Nice !... qui l'eût dit... me força au repos, et je dus, à mon vif regret, quitter Gênes sans avoir le plaisir de visiter le cimetière de Staglieno, la villa Pallavicini, et la délicieuse promenade de l'Acqua Sola. Après vingt-quatre heures de repos, je repris plus dispos la route de Pise.

Si de Nice à Gênes la voie ferrée suit les contours des côtes, de Gênes à Spezzia la côte Ligure ne lui offre pour ainsi dire plus cette ressource. Ici la chaîne des Apennins semble émerger du sein même des flots, tant elle est voisine de la rive du Levant (Riviera di Levante), et tant sont puissants les contreforts qui se détachent çà et là de la chaîne principale. En quelques endroits l'Apennin semble suspendu à pic sur la mer. Et ce sont ces massifs que le railway doit franchir.

Aussi, bien que cette rive du Levant ait ses golfes ravissants et ses sites faits pour séduire un peintre, votre admiration est arrêtée à chaque minute par de longs et fatigants tunnels. En certains endroits il a fallu même construire des ponts pour les relier les uns aux autres, et la mer vient battre sous vos pieds. Il ventait frais, ce jour là, et les embruns venaient jusque dans le wagon. On se dit qu'il ne faudrait peut-être pas un fort caprice de la Méditerranée pour tout détruire avec quelques vagues.

Mais l'oreille est assourdie et l'œil obscurci par la fumée ; et l'on trouve avec plaisir les diverses stations qui sont pour vous comme un temps de repos.

Sur la rive du Levant, les villes du littoral se relient les unes aux autres comme les perles d'un collier:

Albaro et ses charmants palais ;

Quarto, d'où partit l'expédition qui enleva la Sicile aux Bourbons ;

Nervi, lieu d'asile pour les phthisiques, s'avance en un long faubourg, continuation de Gênes, vers les villes de Recco et Caniogli.

Puis l'on traverse « le promontoire cailloutcux de Porto-Fino, ou port des Dauphins, ainsi nommé des eaux du golfe.

A l'est du cap, *Rapallo* l'industrieuse ;

Chiavari, la commerçante ;

Lavagna, aux célèbres carrières d'ardoises grises ;

Enfin *Sestri di Levante*, la ville des pêcheurs, d'où l'on découvre peu après le beau golfe de la Spezzia, tout bordé de forts, de chantiers, d'arsenaux et de constructions diverses.

Spezzia est une station navale importante et précieuse

par son golfe. Comme débouché commercial, le port n'a qu'un rôle tout-à-fait secondaire parmi ceux de l'Italie.

Après *Arcola*, reconnaissable à son campanile, on passe, après un assez long tunnel, la *Magra*, qui fut désignée par les Romains comme la limite de l'Italie jusqu'à l'époque d'Auguste. (Elle forme également la limite entre la Ligure et l'Etrurie.) La Magra se jette dans la mer à

Sarzana, qui eut des fortunes et des maîtres bien divers.

C'est d'*Avenza* que l'on peut se rendre aux célèbres carrières de marbre de Carrare (carrière). Ses beaux marbres blancs sont livrés aux statuaires. Le prix du mètre cube s'élève jusqu'à 2,000 francs.

Massa, que nous gagnons ensuite, jouit d'un climat très doux dans une contrée charmante. Elle possède également des carrières de marbre considérables et qui le cèdent, dit-on, à peine à celles de Carrare. Ils sont surtout plus commerçants.

Nous venons de pénétrer dans la Toscane, ayant à notre droite la rive que nous suivions encore de très près, et nous laissons à gauche les Alpes Apuanes ou de Massa Carrare qui se dirigent vers le Sud-Est. Le terrain s'aplanit, et nous jouissons à notre aise de la vue de cette contrée fertile, très verte, où l'olivier, le citronnier font notre admiration. L'oranger pourtant n'y est point cultivé.

Nous brûlons *Pietra Santa*, célèbre par le siège qu'elle soutint en 1482, contre les Florentins, *Vareggio*, ville recherchée par ses bains de mer; laissons au loin et derrière nous les Alpes Assuanes et les premières chaînes des Alpes Toscanes, puis traversons une contrée marécageuse baignée par le Serchio. L'uniformité en est rompue par de nombreux bouquets de bois taillis parmi lesquels s'élèvent çà et là de beaux pins maritimes au dôme en ombrelle. Sous leur ombrage s'abritent des troupeaux de chevaux et de bœufs à demi-sauvages, qui se sauvent effarés à notre approche. Enfin nous traversons le Serchio, et nous sommes au milieu de cette vaste plaine humide où se trouve l'antique cité *Pisa!*

PISE. — *Pise-la-Morte!* En parcourant cette noble cité dont le grand air vous frappe, ces rues larges et droites, qu'aucun bruit ne distrait, si ce n'est celui que fait en passant le touriste voyageur, l'esprit éprouve je ne sais quelle amère tristesse, lorsqu'involontairement vous vous souvenez du passé, et que le présent glacial vous apparaît dans tout son réalisme. Avoir été tant et être réduit à si peu! Et puis un jour? le temps fera son œuvre, les siècles viendront, et Pise n'aura plus peut-être ce qui la sauve encore de l'oubli! Peuples, qu'êtes-vous donc dans le temps, et, humanité que serais-tu ici bas, si tu n'avais l'espoir de l'éternité devant Dieu!

« Grecque d'origine, romaine par la conquête, gouvernée au nom des empereurs d'Allemagne par des comtes et des marquis, puis république indépendante, riche et célèbre, Pise tomba sous les coups de trois rivales jalouses qui s'allièrent contre elle: Gênes, Lucques et Florence. Depuis les premières années du XVIe siècle, où elle perdit pour toujours une indépendance qu'elle avait tant de fois reconquise, ses destinées se confondirent avec celles de la Toscane ». (L. Enault).

Si Pise fut grande par le commerce et par la guerre elle ne le fut pas moins par l'art, et les quatre monuments qui forment ensemble une huitième merveille, sont les témoins de son goût parfait dans les beaux-arts. Ses longues relations avec l'Orient permirent à ses architectes d'aller puiser de fortes inspirations dans la Grèce, et plus tard ses sculpteurs occupèrent une place importante dans la renaissance italienne.

En quittant la gare, vous trouvez une petite place, où divers hôtels ou restaurants vous offriront un abri, car trois ou quatre heures suffisent, à Pise, au plus une demi-journée. A son extrémité, et directement en face de la gare, la *Via del Carmine* vous conduit jusqu'à l'Arno, au cours rapide et aux eaux limoneuses et jaunâtres que vous traversez sur le Ponte di Mezzo. Vous tournez ensuite à gauche longeant le quai, jusqu'à ce que vous arriviez à la Via Santa Maria qui aboutit directement à la place du Dome.

Lorsque vous quittez cette rue, et que vous apercevez dans un premier coup d'œil la Tour Penchée à droite, la Cathédrale au centre et le Baptistère à gauche vers le fond de cette place, si morne, si silencieuse, si déserte, votre admiration est suspendue par l'impression pénible que vous produit cette solitude. Auprès de chefs-d'œuvre qui respirent tant de vie, tant de génie, on voudrait voir la vie circuler, et le voyageur est seul à animer pour quelques instants ces lieux déserts.

La Cathédrale (il Duomo) est un monument considérable. Il mesure environ 100 mètres. Les bas-côtés et l'abside sont revêtus extérieurement de marbre alternativement blanc et noir, selon le goût du temps ; mais ces parties sont assez détériorées dans leur ensemble ; les lignes ont perdu leur aplomb, et la façade s'incline sur sa base. Cette façade énorme, et qui est d'un effet merveilleux, est divisée en cinq ordres superposés : elle a cinquante huit colonnes et quatre galeries ouvertes. Un grand nombre de ces colonnes et de leurs chapiteaux sont d'origine romaine ou grecque, et ont été apportées à Pise comme trophées de guerre. Trois portes de bronze donnent accès dans l'Eglise.

Les anciennes furent détruites par l'incendie de 1596, qui endommagea si gravement l'édifice, sauf une seule qui se trouve dans le bas-côté Sud. Elle représente vingt-quatre sujets bibliques. Celles qui existent aujourd'hui furent exécutées en 1602 sur les dessins de Jean de Bologne. Le style de la cathédrale est romano-byzantin.

Si l'extérieur mérite et captive toute votre attention, l'intérieur vous saisit bien davantage. La vue de ces cinq nefs dont les vingt-quatre colonnes d'ordre corinthien sont reliées entre elles, non par un entablement, mais bien selon l'usage des bas siècles de l'architecture, par des arcades au-dessus desquelles s'élève une galerie (1) (triforium) à colonnes plus nombreuses et plus petites, destinées aux femmes, selon les rites primitifs ; la vue, dis-je, de ces cinq nefs, ménage à la perspective des effets magiques sous l'influence d'une lumière heureusement distribuée. En admirant ce transept à trois nefs, ce plafond doré à caissons, cette mosaïque immense de la demi coupole (le Christ entre la Vierge et St-Jean Baptiste) vous trouvez sur vos lèvres ce mot, vulgaire dans son expression, mais plein de force « que c'est beau ! » Oui, cela est beau, et de la plus haute perfection. Si cela commande encore votre admiration, de quel spectacle durent jouir les Pisans lorsqu'en l'an 1103, (2) ils virent leur Dome (dû à Buschetto et terminé par Rainaldo,

---

(1) Cette galerie est séparée des arcs inférieurs par un architrave dont les longues lignes horizontales rappellent la disposition des édifices antiques.

(2 L'édifice avait été commencé en 1067.

entièrement achevé, et resplendissant de tout l'éclat de sa jeunesse.

Assurément nul qui voit tous ces monuments splendides que possède l'Italie ne saurait rester indifférent devant leur incomparable beauté ; mais tous ces édifices ont subi l'outrage du temps, et comme les hommes ils portent aussi leurs rides ineffaçables. Les réparer, c'est bien souvent en détruire l'harmonie. Mais comme ils devaient être beaux lorsqu'eux aussi avaient leur vingt ans ! Et Hugo a osé appeler « Noir » ces siècles qui virent édifier de pareils chefs-d'œuvre ! Ils laissent à tout jamais derrière eux nos édifices modernes, voire nos palais industriels. Et nul n'osera dénier qu'ils avaient l'âme grande et élevée les peuples qui savaient ainsi aimer et apprécier les beaux arts.

Ah ! c'est que si tous ne savaient pas lire les caractères alphabétiques, tous savaient et comprenaient l'unique livre nécessaire, et que le cœur, réchauffé à son contact, avait toute vive la foi chrétienne qui a suscité tant de chefs-d'œuvre, enfanté tant d'hommes illustres. Ce fut un acte de foi qui amena la construction de ce superbe édifice. Il fut érigé en mémoire de la victoire remportée par les Pisans en Sicile sur les Sarrazins (1663) et dédié par eux à la Ste-Vierge. L'homme édifie aujourd'hui mais avec sa raison, et il fait petit, froid, mesquin. Autrefois l'homme édifiait mais avec sa foi, et il faisait vigoureux, grand et sublime.

L'intérieur de l'église renferme des trésors que nos milliards modernes pourraient à peine payer : ainsi la composition de douze autels, de la nef et des bas-côtés attribués à Michel-Ange, les lions et les évangélistes de la chaire de Nicolas Pisano, — les lions m'ont arrêté par la vivante expression de leur figure — le maître-autel et la balustrade en marbre du chœur, incrustés de lapislazuli — les deux statues et le beau crucifix en bronze de Jean de Bologne — enfin dans le transept droit un bénitier surmonté d'une madone exécutée d'après un modèle de Michel-Ange. Le groupe supporté sur une petite colonne de marbre au milieu d'un immense bénitier en marbre blanc peut avoir 60 centimètres de hauteur. Je détachai avec regret mes yeux de cette suave composition, où l'on sent se confondre le regard divin de l'enfant-Dieu et le sourire angélique de la Vierge-mère.

La tradition nous rappelle un souvenir : elle attache à la grande lampe de bronze suspendue dans la nef un intérêt historique ; on prétend que ses oscillations mirent Galilée sur la voie de la théorie du pendule.

Je m'agenouillai quelques instants, (l'élévation de l'âme est au reste facile, dans cet édifice si profondément religieux) j'admirai une dernière fois, sans doute, cet intérieur d'un ensemble si merveilleux, et je me dirigeai vers le Baptistère.

J'ai dit plus haut que c'est à la foi chrétienne que nous devons, en Italie, ces édifices qui attirent tant d'étrangers et des cinq parties du monde ; c'est encore à ce sentiment que nous devons ces constructions séparées qui sont parfois à elles seules des chefs-d'œuvre, et qui s'appellent le Baptistère (*Il battisterio*), le Campanile (*Il Campanile*).

Il parut à nos pères que s'il était nécessaire d'avoir un asile pour la prière, ils devaient en élever un spécial pour l'accomplissement de ce grand acte qui nous fait enfant de Dieu, effaçant la tache originelle. L'enfant ne devait approcher du tabernacle que l'âme délivrée de toute souillure. Mais si le baptême est un acte aussi solennel, il fallait pour sa célébration un monument qui fût digne de la célébration du sacrement.

Et c'est ainsi que nous voyons ces baptistères qui sont parfois de vrais bijoux d'architecture.

Si le baptême est l'acte premier de la vie du chrétien, la cloche qui chaque jour lui rappelle la présence du lieu saint ne doit-elle pas aussi avoir son monument et être élevée bien haut dans les airs, pour porter ses glas funèbres ou joyeux, mais toujours pleins d'enseignement?

Assurément, et nous voyons cette messagère avoir son castel qui, par la hardiesse de sa construction ou la beauté de ses proportions, défie bien des monuments.

Le *Baptistère*, de forme circulaire, fut commencé en 1153, en style romain-toscan. Il ne fut achevé que longtemps après. On croit même qu'il ne fut terminé que vers la fin du XIVe siècle, ce qui expliquerait l'emploi des formes ogivales au-dessus des deux ordres superposés de colonnes corinthiennes, supportant des arcades en plein cintre. Le Baptistère est en marbre comme le Dome, quatre portes y donnent accès. Les colonnes et les chapiteaux de l'intérieur sont pour la plupart antique, et ornés de sujets mythologiques. Au milieu se trouvent les fonts octogones avec de belles rosettes de marbre sur un soubassement, et une chaire exagone d'un travail exquis, l'un des monuments les plus importants de l'art au moyen-âge. Elle est supportée par sept colonnes posant sur des lions et autres figures, à l'imitation des constructions byzantines et des sarcophages, et décorée de bas-reliefs par Nicolas Pisano.

Le guide qui vous accompagne jette plusieurs notes aux voûtes du Baptistère, et aussitôt un écho répond sur un ton fort doux et harmonieux. Rend-il également harmonieux les cris du Nouveau-Né? *that is the question*.

Le Campanile n'est autre que la célèbre Tour-Penchée: les Pisans doivent être fiers du clocher de leur village.

Commencé en 1174, il fut terminé en 1350. De forme cylindrique, la Tour Penchée a huit étages de colonnes superposées ; cent sept colonnes, 54 mètres de hauteur et 16 de diamètre.

Cette inclinaison de la tour n'est-elle que le résultat d'un accident, ou a-t-elle été voulue par ses auteurs Bonamo de Pise et Guillaume d'Innsprück? On peut ici répéter le mot: « Hippocrate dit : oui, et Galien dit: non. »

Les architectes Bomano et Guillaume ont-ils conçu le plan d'une tour penchée, ou bien lors de la construction et arrivé au 4ᵉ étage, le sol a-t-il fléchi ? Pour ma part j'incline vers la première hypothèse, cet affaissement du sol se faisant d'une manière si parfaitement égale, et s'arrêtant juste à un point déterminé, sans avoir *jamais depuis* subi le moindre travail, me paraît bien hypothétique. Quel est donc l'architecte qui, de nos jours, ayant à construire une tour de 54 mètres de hauteur, et la voyant, à 27 de hauteur, s'incliner par le travail du sol dont il est, dans les terrains mouvants comme celui de Pise, bien difficile de prévoir la limite, ne s'arrêterait pas quelque peu inquiet, et poursuivrait son œuvre, même en corrigeant les effets de cette inclinaison, et y mettrait ensuite sans crainte sept cloches dont l'une pèse à elle seule 12,000 kilog.

Je ferai encore cette remarque que l'inclinaison, si inclinaison il y a eu, s'est produite sous la pesanteur des quatre premiers étages seulement, puisque la construction des quatre derniers indique très clairement que l'on a cherché à corriger l'effet de l'inclinaison de la base et que *jamais depuis*, aucun tassement ne s'est produit. C'eût été, je le répète, singulièrement téméraire de se fier à un sol qui n'eût pu supporter sans fléchir une tour de 27 mètres.

En outre, il me paraît inadmissible que sur une étendue de 16 mètres, et les fondations ont une base évidemment plus large, il y ait eu un tassement aussi parfaitement régulier, et sans que la moindre lézarde visible se fût produite dans cette partie inférieure du Campanile.

Pour moi donc, les architectes avaient conçu penchée la Tour de Pise, et ils l'ont faite ainsi. Tout avait été par eux calculé dans ce but, et le fait accidentel de la pression du sol n'est pas venu les surprendre.

Ils l'ont bâtie jusqu'au niveau du 4me étage, suivant une inclinaison modérée qui leur a permis de faire égale la hauteur de chaque étage. Arrivé là, ils ont, en donnant à des colonnes plus de hauteur d'un côté que de l'autre, en fortifiant les murs par des barres de fer, et en leur donnant une assise particulière, ramené le plus possible la plateforme à la ligne horizontale. On s'aperçoit très bien de cette inclinaison en montant les 294 marches qui conduisent au sommet. L'effet est même très singulier, vous vous sentez sensiblement attiré vers le côté incliné, surtout quand vous êtes arrivé au niveau des deux derniers étages — je noterai ce fait dont je cherche encore l'explication, c'est qu'il n'est permis de monter qu'à une société de trois personnes, jamais à un homme seul ?? — Redoute-t-on les drames de la colonne de Juillet ?

C'est du haut de cette tour, d'où l'on jouit du magnifique panorama qui se déroule depuis les cîmes ondoyantes et bleuâtres des Apennins jusqu'à à la mer, que Galilée (de Pise) surprit le secret du mouvement du monde. Peut-être sans cette inclinaison n'aurait-il pas songé à ces magnifiques expériences sur la gravitation. Ce campanile est léger et gracieux, et les gravures ne rendent que très imparfaitement cet ensemble.

Le Campo Santo (nom générique des cimetières italiens) fut construit par Jean de Pise, architecte et sculpteur, fils du célèbre Nicolas de Pise. Commencé en 1278, il ne fut pas terminé avant 1464. De forme rectangulaire, mesurant environ 150 mètres de large sur 50 de long, son intérieur présente une vaste cour à ciel ouvert environnée de portiques avec 62 arcades à jour. En regard de ces arcades donnant sur la cour, les murs pleins sont ornés de peintures qui ont souffert des influences atmosphériques. Ce sont ces fresques fameuses qui ont valu au Campo Santo sa célébrité et qui, pour quelques unes encore, sont, en dépit de l'action du temps, très remarquables. Le Campo Santo n'est pas moins riche en sculpture qu'en peinture. L'on y trouve réunis les débris de toutes les civilisations, et il ne déplaît pas de voir les œuvres de l'homme, mutilées et abolies par le temps, venir y chercher la paix avec les cendres de l'homme lui-même. (L. Enault).

Les restes de ceux qui reposent dans ce lieu funèbre que le pas du touriste vient seul troubler sont mêlées à la Terre Sainte qu'y fit apporter de Jérusalem, sur 53 galères, l'archevêque de Jérusalem.

Pise, outre ses beaux quais, quelques larges et belles rues, possède treize places. Sur l'une d'elles, la *Piazza de Cavalieri* se trouvait la Tour dé de la Faim, célèbre par le supplice d'Ugolin et de ses fils. Elle fut démolie au XVIe siècle. Le Tercet du Dante semble plus terrible encore que le supplice du misérable.

« Quand je fus réveillé avant l'aurore, j'entendis mes enfants qui étaient avec moi, pleurer en dormant et demander du pain. Déjà ils étaient réveillés, et l'heure approchait où l'on nous apportait notre nourriture, quand j'entendis clouer la porte de l'horrible tour; alors je regardai mes enfants sans prononcer un mot.

Mon cœur était devenu de pierre. Je ne pleurais pas....
Ils pleuraient, eux !... Le jour se leva de nouveau sur
le monde; quand un faible rayon se fut glissé dans la
prison douloureuse et que j'eus reconnu mon propre
aspect sur leur visage, je me mordis les deux mains
de douleur, et mes enfants croyant que c'était de faim,
se levèrent tout à coup en disant: « O père, il nous
sera moins douloureux si tu manges de nous; tu nous
as vêtu de ces misérables chairs, tu peux nous en dépouiller.... »

» Le quatrième jour Gaddo se jetta étendu à mes pieds,
en disant: « Tu ne m'aides pas, mon père! » Là, il
mourut, je les vis tomber tous les trois, un à un, entre
le cinquième et le sixième jour, et je me suis déjà
aveuglé à les chercher l'un après l'autre, à tâtons, et je
les appelai pendant trois jours, alors qu'ils étaient déjà
morts... Puis la faim l'emporta....

» Ah! Pise! opprobre de notre belle Italie..... quand
il serait vrai que le comte Ugolin eût livré tes forteresses,
devais-tu attacher les fils à la même croix que leur
père! Nouvelle Thèbes, tu n'as pas épargné l'âge tendre
de l'innocence.!... »

Et Pise est morte ! Mais quand Pise n'aurait pas eu
ses guerres intestines, à souffrir de la concurrence de
Gênes, quand les Génois n'auraient pas anéanti sa
flotte, Pise ne pouvait éviter la décadence. De même
que le Pô prolonge son embouchure et augmente l'étendue de ses deltas par l'apport incessant des matériaux
qu'il entraîne, et menace le golfe Vénitien; ainsi l'Arno
par ses apports incessants, s'est-il prolongé, depuis
les beaux temps de la république Pisane, de 5 kilomètres dans la mer. Les versants des montagnes que ne
retiennent plus ni forêt, ni broussailles, se changent, sous
l'influence des pluies, en une véritable pâte semi-fluide

qui s'écoule lentement, puis que les rivières emportent dans leur cours. Tel est le résultat des déboisements.

« D'après Strabbon, Pise se trouvait de son temps à vingt stades olympiques de son littoral (environ 3700 mètres), tandis qu'elle en est actuellement trois fois plus distante. »

Située dans une vaste plaine entre les deux rives de l'Arno, entourée de montagnes et de collines qui, par la courbe qu'elles décrivent, lui forment un rempart naturel contre les vents du N. E. et du S. O., Pise jouit d'une atmosphère tiède, humide, souvent mélangée de brouillards. Son climat est doux, sédatif mais aussi déprimant. Il convient aux phthisies à forme éréthique ou hypersthénique. Il serait nuisible aux phthisiques forme torpide ou hyposthénique.

Cette action déprimante du climat retentit sur la population qui n'a pas la vivacité de l'Italie méridionale, des Napolitains par exemple, son tempérament est essentiellement lymphatique, et la situation topographique de cette ville en rend compte aisément.

Pise possède de nombreuses églises, qui ne manqueraient pas d'intéresser l'heureux touriste qui aurait le loisir de les visiter; plusieurs palais dont quelques uns ont leur histoire, une université qui fondée au XIIe siècle, a joui d'une grande célébrité, une bibliothèque qui renferme plus de 30,000 volumes et de rares manuscrits; enfin, près la porte de Lucques, des restes de Bains Romains. Ce sont sans doute eux que visita Montaigne dans son voyage en Italie, qu'on pourrait plutôt appeler la chasse aux Eaux Minérales ; et dont il parle ainsi: « Le 27 juillet 1581, dit-il, nous partîmes de bonne heure et fûmes longtemps à trouver la plaine où nous rencontrâmes, au pied d'un monticule, ce qu'on nomme les *bains de Pise*. Il y en a plusieurs, avec une inscription en marbre que je ne pus pas bien lire, ce sont des vers latins rimés qui font foi de la vertu des eaux. Le plus grand, le plus honnête de ces bains est carré, ses escaliers sont de marbre. Il a trente pas de longueur de chaque côté. »

De Pise, deux routes conduisent à Florence, l'une passe par Lucques et Pistoie, l'autre par Empoli.

C'est la première que nous avons suivie pour nous rendre à Florence. La voie traverse une plaine bien cultivée qui s'étend entre l'Arno et le Serchio, puis on atteint *Bagni di Santo Guiliano*, au sud des Monts Pisans et qui possède des sources d'une température de 22° à 32° R.

Après Rigoli, la voie décrit une grande courbe à l'Est, en contournant en demi-cercle le *Monte S. Guiliano*, qui empêche Pise et Lucques de se voir, comme le dit Dante.

Cette dernière ville, qui eut aussi ses jours de grandeur, est encore importante : « La ville est bien bâtie, dit Baedeker, et renferme beaucoup d'églises et de belles maisons, particularité qui la rend intéressante pour les architectes. Elle possède aussi bien des ouvrages importants de sculpture et de peinture. Au commencement du xive siècle, c'était la seule ville d'Italie qui fût adonnée à la culture de la soie. Cette industrie, venue de Sicile, où les Normands l'avaient apportée de Grèce, y est encore d'une grande importance, bien que Lucques possède une foule d'autres industries, ce qui lui a fait donner le nom de « *Lucca l'industriosa.* »

Lucques soutient encore sa réputation grâce aux bains de Lucques, distants de la ville même d'environ 20 kilomètres, et qui attirent un grand nombre de familles italiennes et étrangères. C'est aux pieds même des Appennins que se trouve l'établissement thermal dont les eaux appartiennent aux groupes des salines sulfatées chaudes. Leur température varie de 31° à 56° C.; leur minéralisation est très faible : 2 gr. 637 de sels alcalins, à base de chaux et de magnésie. Aussi leur efficacité est-elle discutée. Et, rapporte le Dr James, l'un des médecins de ces thermes put lui dire : « Lucques possède trois grands agents thérapeutiques : la promenade, le casino et les bains. » A combien de villes d'eaux pourrait s'appliquer ce malicieux propos. Pour Lucques, la persistance des baigneurs à la fréquenter prouverait, au contraire, en sa faveur. Lorsque Montaigne s'y rendit, il y avait déjà, nous dit-il, « trente ou quarante maisons tout à fait bien accomplies, » et ce n'est pas sur un ouï-dire qu'il fait cette observation car il ajoute : « Je les reconnus quasi toutes avant de faire marché. » Des eaux qui possèdent une thermalité de 56° peuvent être très efficaces.

De Lucques à Florence, la contrée reste charmante. « Des villas gracieuses sont éparses sur les pentes des Apennins Toscans au milieu de la verdure ; des maisons de métayer décorées de fresques naïves se montrent parmi les vignes, entre les groupes de cyprès taillés en fer de lance ; les plus riches cultures occupent tout l'espace labourable; les trembles, les maronniers tout à fait dignes de leur réputation européenne agitent leur feuillage au-dessus des eaux courantes.

C'est au milieu de ces plaines fertiles que se trouve l'antique Pistoya (Pistorium), ville fortifiée et qui a des pages historiques si sanglantes. Ce fut d'abord dans son voisinage que périt Catilina. Au moyen-âge elle fut le foyer des luttes les plus sanglantes des Guelfes et des Gibelins.

De cette station part une ligne de chemin de fer qui se dirige vers Bologne, traversant ainsi presque en ligne directe les Apennins de la Toscane. C'est un travail presque gigantesque que l'on a dû faire pour l'établissement de cette ligne. Le panorama dépasse encore la beauté des travaux. Le trajet, aller et retour, peut facilement s'effectuer dans une journée, et l'on ne regrettera pas assurément l'emploi de son temps.

Le chemin de fer passe ensuite aux pieds des Apennins, qui doivent à leur altitude (2000 mètres), un aspect tout à fait Alpin. Ils sont revêtus de neige, dans leur partie supérieure, pendant plus de la moitié de l'année, et l'on voit çà et là des cimes encore blanchies (12 Mai 1877).

La forme abrupte qu'affectent les rochers calcaires de la Crête des Appennins contribuent à l'apparence grandiose de ces monts. Entre le haut Arno et le versant de la Romagne, les paturages, les bosquets, les forêts du « champ Maldule », ou Camaldule, nom depuis donné à nombre de couvents, sont vantés comme étant parmi les beaux sites de la belle Italie.

Certains de leurs vallons, même, ont été chantés par les poètes ; Milton a dit les délices de Vallombreuse ; et d'autres ont chanté les bois admirables qui recouvrent le versant du Prato, dont la ville du même nom jouit d'une certaine réputation pour ses ouvrages de paille et son excellent pain, ses usines métallurgiques et ses riches carrières de serpentine. Sa cathédrale du XIIe siècle, en style gothique-toscan est, dit-on, fort remarquable ; pendant tout le moyen-âge elle partagea la destinée de Florence dont elle n'est distante que de dix huit kilomètres.

FLORENCE (*Firenze*) est une des villes les plus considérables par les hommes remarquables dont s'honore l'Italie, les merveilles qu'elle renferme, ses souvenirs historiques, et l'une de celles qui peuvent supporter sans en souffrir ces épithètes que la tradition nous a livrés parfois d'une manière si prodigue: Florence « la belle » Florence « la ville des Fleurs. »

Certaines qualités de race se retrouvent dans ses ancêtres les plus éloignés : « Ce furent les Etrusques, ancêtres des Toscans, qui furent dans les arts les initiateurs de Rome ; les égouts de Tarquin, le plus ancien monument de la « Ville Eternelle, » l'enceinte dite de Servius Tullius, la prison Mamertime sont leur ouvrage. » (E. R.)

Mais si le peuple Etrusque semblait d'instinct posséder le goût des œuvres architecturales, il présentait, d'autre part, des goûts moins nobles. « Ils étaient, semble-t-il, dit E. Reclus, une nation de cuisiniers et de mangeurs tandis que leurs descendants sont plutôt un peuple sobre. Le type actuel est celui d'hommes aimables, gracieux, spirituels, artistes, faciles à émouvoir, tandis qu'à en juger par leur nécropoles ceux-ci avaient quelque chose de dur. » Les vicissitudes de l'histoire, les influences diverses des civilisations et des cultes ont rendu bien différents les Toscans des Etrusques. Relevons néanmoins ce trait en passant, c'est que l'Italien est resté gourmet, et que chez lui la recherche des mets sucrés est un art véritable. L'on sait combien sont répandus les artistes pâtissiers italiens.

Florence doit son origine aux Etrusques. Ce fut plus tard une simple colonie romaine, qui peut-être à l'aspect de la quantité de fleurs qu'elle trouva, croissant à l'entour, lui donna son nom gracieux de « Ville des fleurs. » Cette cité est moderne en comparaison de tant d'autres villes italiennes. Quoique peu importante à l'époque de l'invasion d'Attila, elle subit, à cette époque, tous les revers des autres cités italiennes. Elle fut rebâtie par Charlemagne, et son histoire commence réellement. Si dans l'antiquité, l'Italie c'était Rome ; au moyen-âge, le centre de la vie intellectuelle se trouve à Florence. C'est elle qui donna l'essor à la langue et à la littérature italienne ainsi qu'aux beaux-arts.

Pendant trois siècles, du XIe au XIVe, elle fut le théâtre des luttes acharnées des Guelfes et des Gibelins, puis en 1428, Jean de Médicis établit à Florence les fondements de cette puissante maison qui dura jusqu'en 1737, s'éteignant en la personne de Jean Gaston. Ce fut aussi l'époque de l'apogée des arts à Florence.

L'empereur Charles VI la donna ensuite à François de Lorraine, dont les descendants gouvernèrent Florence, après diverses épreuves dues à la révolution, jusqu'en 1859.

Si la république florentine fut illustrée par ses hommes d'état ou de négoce, elle rappelle avec non moins d'orgueil que Dante Alhghieri y vit le jour en 1265, que le peintre Giovanni Cimabue (1240) le véritable fondateur de cet art en Italie, et qu'enfin Leonard de Vinci naquit près de Florence (1452). Du XIIIe au XVI siècle, Florence fut comme le rendez-vous des artistes éminents, peintres, sculpteurs ou architectes, dont beaucoup de travaux, chefs-d'œuvre du moyen-âge ou de la Renaissance, peuvent être encore admirés dans cette belle cité, et eurent tant d'éclat. Ils attirent encore en Italie, et de toutes les parties du monde, des admirateurs des œuvres de ces génies qui attendent encore leurs égaux.

Située sur les deux rives de l'Arno qui la divise en deux parties inégales et dont les eaux jaunâtres et limoneuses sont moins abondantes que rapides, pittoresquement entourée des derniers versants des Apennins, Florence est une jolie ville à qui l'étroitesse des places et des rues donne un caractère un peu sombre. Quelques monuments fort beaux perdent beaucoup, trop resserrés par les constructions qui les entourent.

La Piazza Santa Maria Novella, sise à cinq minutes de la gare et qui sera notre point de départ, était autrefois le théâtre de jeux publics. En 1563, Come Ier y fonda, la veille de la St-Jean, la course des quadriges, comme du temps des Romains. Deux obélisques en marbre, de petite dimension, et reposant sur quatre tortues de bronze de Giam Bologna servaient de but.

C'est sur cette place que se trouve l'église qui a servi à la dénommer. La *Chiese Santa Maria Novella*, que Michel Ange surnommait sa fiancée, est du XIIIe siècle (1256). Elle fut construite sur le plan de deux Dominicains et achevée par eux. Six siècles de possession n'ont pas paru un titre suffisant de propriété, et le gouvernement Savoyard s'est emparé de leur bien. Quelques pères restent seuls pour le service religieux.

En entrant dans cette église on s'aperçoit, avec une très légère attention, que les arcs en ogive des nefs latérales vont en diminuant de dimension à mesure qu'ils approchent du maître-autel, artifice employé par les architectes pour augmenter leur grandeur apparente par un effet de perspective. Cette église renferme en grand nombre des fresques remarquables signées des premiers maîtres de l'école italienne : ainsi le chœur est entièrement peint à fresque par *Domenio Ghirlandajo* (1490), maître de Michel Ange ; la chapelle de Strozzi possède des fresques (dans le transept de gauche) d'*André Orcagna* ; la chapelle du transept à droite, une grande madone de *Cimabue*, etc. La sacristie renferme des peintures du tabernacle de *Beato Angelico*. Le cloître (chiostro verde), ainsi nommé à cause des peintures en camaieu exécutées avec de la terre verte (1396-1479), possède sur la paroi orientale (à droite) une fresque qui captive l'attention: l'église militante et triomphante, des chiens noirs et blancs domptant des loups (signifiant la victoire des Dominicains, *Dominicanes,* sur les hérétiques), le pape et l'empereur sur le trône, entourés de conseillers et de personnages célèbres (Pétrarque, Laure, Boccace, Cimabue, etc., d'une authenticité douteuse) ; à l'ouest, le triomphe de St-Thomas d'Aquin en chaire, entouré d'anges, etc., On trouve à gauche le grand cloître, le plus grand de Florence, avec cinquante lunettes peintes à fresques. L'occupation des deux cloîtres par les soldats a contribué à la dégradation des fresques. N'est-ce donc pas assez du temps pour effacer ces chefs-d'œuvre sans que les hommes viennent y porter une main sacrilège.

Il n'y a que les sectaires ou les ignorants pour renouveller cette demande : à quoi servent les moines?¦ mais pour ceux qui ne veulent reconnaître comme utile que ce qui se touche, se pèse ou se mesure, ils pourraient s'adresser à la pharmacie des Dominicains de Santa Maria Novella, célèbre par ses produits parfumés et pharmaceutiques, et se rendre compte de la valeur de leurs produits et du nombre d'infortunés qu'il soulageaient avec les produits de leur officine.

Laissons derrière nous l'église, retraversons la place, et en suivant la *Via dei Fossi*, nous arrivons au Longol'Arno (quai de l'Arno), en face le *Ponte alla Carraja*, ainsi nommé parce qu'il était peut-être le plus fréquenté par les charriots. Ce quai est large et orné, de ce côté (rive droite), de belles maisons. Nous le suivrons jusqu'au *Ponte alle Grazie*, remontant le cours de l'Arno. Ce pont solide, qui a des maisons sur les piliers est le seul qui, jusqu'ici, ait résisté à toutes les crues de l'Arno. Prenons à gauche la *Via dei Benci*, qui nous conduit à la Piazza Santa Croce, sur laquelle se trouve l'église du même nom.

La place Santa Croce est une des plus grandes de la ville, et l'une de celles qui renferment le plus de souvenirs de l'histoire florentine. Elle est ornée d'une statue du Dante, érigée le 4 Mai 1865. Le piédestal est décoré de trois bas-reliefs représentant les trois parties de la divine comédie, l'Enfer, le Purgatoire, le Ciel.

A peine arrivé sur cette place, vous êtes saisi par l'aspect monumental de la façade de l'église, revêtue de marbre blanc et décorée d'un grand luxe d'ornements. Le temps était fort beau, et le soleil, par le reflet de ses rayons, rendait cette façade éclatante, ce qui augmentait la clarté de cette belle place. Je dois ajouter que l'ensemble m'a paru plus original que joli. Cette façade longtemps inachevée a été refaite sur les plans primitifs. Pie IX en posa la première pierre le 22 Août 1857, et l'inauguration eut lieu le 3 mai 1863. L'église, basilique à colonnes, en forme de croix, est du XIIIe siècle. Cette construction énorme (150 mètres de long sur 44 de large) produit un singulier effet. L'on s'y trouve presque perdu, et les nombreux monuments d'hommes célèbres qu'elle renferme, et qui en font le véritable *Panthéon de l'Italie*, lui donnent peut-être plus le cachet d'immenses galeries de musée que celui d'un édifice religieux.

Les amateurs de fresques et de sculptures ne négligeront pas de faire une ample provision de temps. La sacristie renferme également des objets précieux. Mon attention a été attirée par de magnifiques missels enluminés à la main. Une gravure de ce genre, représentant trois moines chantant, avait au moins vingt centimètres. Le coloris était des plus riches, et l'expression des physionomies vivante. De la sacristie, l'on se rend au cloître (cette église appartenait autrefois aux Franciscains) où l'on trouve également d'anciens monuments de familles illustres, et plusieurs fresques.

Retraversons la place, pour nous diriger par la rue du faubourg des Grecs (Borgo dei Greci) vers la Place de la Seigneurie (Piazza della Signoria) où nous trouvons le vieux Palais, la Loggia, et tout à côté la galerie des Uffizzi.

Sur l'emplacement où l'on voit aujourd'hui la Grande Fontaine (1575) avec Neptune et les Tritons, fut brûlé le moine Savonarole (1498). L'ensemble fait de cette fontaine un monument digne d'attention. Elle est trop rapprochée du vieux Palais et perd beaucoup dans son ensemble. La statue équestre de Cosme Ier sise à côté, rend plus sensible encore l'irrégularité et l'exiguité de cette place, qu'augmente encore la présence du vieux Palais (Palazzo Vecchio).

Au point de vue architectural, ce monument n'a rien sans doute à revendiquer. Néanmoins cette construction carrée, couronnée de ses créneaux, et dominée par l'antique tour *della Vacca*, dont la cloche donna souvent le signal du combat dans les guerres civiles qui ensantèrent Florence, possède assurément un caractère d'une haute originalité, et sa haute tour (286 pieds) avec sa lanterne gracieuse lui donne un aspect qui ne messied assurément point. Tout cela sans doute ressemble singulièrement à une forteresse, mais cet édifice, qui date de 1298, et qui fut tour à tour le siège du gouvernement de la république et la résidence du grand duc Cosme Ier, ne fut-il pas témoin de ces luttes incessantes où Florence trouva plus de douleur que de vraie gloire? Cet aspect guerrier qui aujourd'hui fait un contraste profond avec la vie publique qui coule active et animée à ses pieds a quelque chose qui plaît par ce contraste même. Nul aussi ne peut comprendre tout d'abord pourquoi ce palais occupe l'angle septentrional de la place, aulieu de se trouver au milieu : le gouvernement défendit, à son auteur, *Arnolfo di Lapo*, de bâtir sur l'emplacement des maisons de la famille degli Uberti rasées jusque dans leurs fondements (1250) ; on voulut aussi enclaver dans les constructions l'antique tour *Della Vocca*, dont nous venons de parler. Or, les maisons occupaient le milieu de la place, et la tour l'angle septentrional. Quelques auteurs écrivent que le vieux palais fut décoré *plus tard* d'une haute tour. Cette version me paraît inexacte. La tour, en effet, n'occupe pas le milieu de l'édifice, mais est située à peu de distance du pignon Nord. Cela donne au monument un aspect particulier. Si la tour avait été faite après coup, pourquoi l'avoir mise ainsi de côté ?

Avant d'entrer dans la cour admirons deux statues colossales placées à côté de la porte d'entrée : le célèbre David, de Michel Ange (1504), et Hercule assommant Cacus, groupe de Bandinelli (1533). On entre par la porte principale dans une cour dont la décoration élégante forme un contraste agréable avec l'austérité de la façade. Les colonnes et les voûtes sont couvertes d'arabesques, restaurées en 1812, mais qui portent déjà des traces évidentes de l'action du temps. Au milieu est une fontaine de porphyre avec un groupe en bronze (un enfant avec un poisson). Quelle a été l'idée de l'artiste ? rompre la monotonie des lignes ; ou laisser moins vide le centre de cette cour, ou encore rappeler aux princes chargés de gouverner le peuple que leur dévouement pour lui doit, comme l'eau qui coule de cette fontaine, ne tarir jamais ?

Les deux étages supérieurs du Vieux Palais retiendront longtemps les amateurs de sculpture et de peinture, ou de souvenirs historiques : là, vous dira-t-on, était Savonarole, le fougueux moine, haranguant l'assemblée du peuple ; ici, Cosme de Médicis retenu prisonnier par Rinaldo degli Albizzi, et naguère la Chambre italienne des Députés qui eût mieux fait de n'y jamais entrer, et surtout de n'en jamais sortir !

A gauche, en sortant du palais, vous apercevez une assez vaste galerie à trois arcades qui ne manque pas de grandeur et d'élégance mais dont « les profils sont d'un style bâtard ». C'est la *Loggia dei Lanzi*, ou *Del Orcagna*, du nom de son architecte (1355), ou tout simplement la Loggia. Le premier nom rappelle qu'elle devint un corps-de-garde des lansquenets. Elle était destinée d'abord à la convocation du peuple : c'étaient les rostres de Florence. Ce lieu est devenu un véritable musée public, et l'on y peut à l'aise admirer des groupes de statues signées des premiers maîtres : Benvenuto Cellini, Jean de Bologne, etc. De ce dernier l'on admire l'enlèvement de la Sabine qui fait face à la place et dont la hardiesse du mouvement sait captiver l'attention des plus indifférents.

Tout à côté se trouve la célèbre galerie Degli Uffizi. Là se trouve une des plus riches collections de l'Italie, qui n'a d'égale, selon moi, que les galeries du Vatican. Je ne m'aventurerai pas dans l'énumération de ces trésors des beaux arts ; et, profane, à essayer quelques critiques. J'ai parcouru, et non visité, ces merveilleuses galeries. Avec le vulgaire j'ai su être admirateur, sans réserve, de la Vénus de Médicis, trouvée au XVIe siècle dans la villa d'Adrien, près de Tivoli, et ainsi nommée parce qu'elle fut transportée à Florence sous le règne de Cosme III de Médicis. D'après l'inscription elle serait de Cléomènes, fils d'Appollodore, d'Athènes. En face de ce chef-d'œuvre l'on comprend que, sans instruction, le beau soit compris de tous. La pureté des lignes, l'expression si douce, si suave, si candide de la figure vous laissent comprendre combien le nu peut avoir de pudeur. Mon sentiment ne saurait être le même pour la Vénus couchée, ou Vénus au petit chien, du Titien. Ici tout est lascif, et à part le talent du pinceau, vous cherchez en vain quelque sentiment qui ne soit pas bas. Les beaux arts, selon moi, ne doivent jamais être réalistes. Leur but doit être d'ennoblir et d'élever les sentiments. Ils doivent s'efforcer à idéaliser même les plus vulgaires. Cléomènes a fait une Vénus qui fera rêver une imagination tendre et pure ; le Titien éveillera tout d'abord quelques sentiments impudiques. Je ne vois nul avantage (j'y verrais de nombreux inconvénients) à faire de la beauté plastique sans chercher à y joindre la beauté morale. Le réalisme est un signe de décadence des mœurs et des peuples.

Par contre, de quel sentiment n'est-on pas pénétré, en voyant ce groupe angélique de Raphaël, la Sainte Famille, connue sous le nom de Vierge au chardonneret (Madonna del Cardellino). Quelle pureté de dessin, quelle douce et suave expression de physionomie, quelle netteté admirable dans la peinture! Au reste, l'admiration ne peut se suspendre, car dans cette même pièce, dite La Tribune (La Tribuna), vous trouvez la Fornarina, de Raphaël ; la Vierge du Guide, la Vierge adorant l'Enfant, du Corrège ; la Vierge et l'enfant du Perugin, etc. Lorsque vous sortez de ce petit salon, vous trouvez bien plates, si belles soient-elles, les autres peintures.

Regagnons la Piaza della Signoria pour nous rendre par la Via Calzajoli à la place du Dôme où se trouvent le Dôme, le Baptistère qui fait face au portail de la cathédrale et le campanile.

La cathédrale, *il Duomo*, ou la *cattedrale di Santa Maria dei Fiore* (Sainte Marie des fleurs) ainsi nommée des armes de la ville, (un lis rouge sur un champ blanc), fut commencée en 1294 par *Arnolfo di Lapo*, les Florentins ayant résolu d'élever dans leur ville un monument qui supassât en grandeur et en beauté tout ce qui avait paru en Italie. Les travaux non interrompus durèrent 160 ans. C'est une des œuvres imposantes du gothique Italien. Sauf la façade encore inachevée, tout l'édifice est revêtu de marbres de couleur, admirablement distribués et d'une grande sobriété de décoration.

Lorsque vous pénétrez dans cette église, vous êtes frappé à la vue de ses colossales dimensions. L'étendue des ogives de la nef attirent toute votre attention. Le chœur ne se trouve point au fond de l'église, mais sous la coupole. L'idée de la coupole au milieu de l'église était dans les plans d'Arnolfo, mais ce fut Philippe Brunelleschi qui l'édifia (1421-1436). Ce ne fut pas sans peine qu'il put exécuter ses plans; quand il les proposa, dit un historien, on le crut fou, on l'injuria: il proposait, en effet, d'élever à 300 pieds, sans arc-boutants et se soutenant par elle-même, une coupole de 130 pieds de diamètre, composée de deux coupoles inscrites l'une dans l'autre, et cela sans échafaudage en charpente pour cintrer ses voûtes, et sans armature de fer. Mais l'homme de génie triompha de la routine et de la stupidité humaine, et Brunelleschi put voir la coupole entièrement élevée. Il ne restait plus à édifier que la lanterne qui ne fut pas exécutée d'après les dessins qu'il en avait laissés. Le diamètre extérieur du dôme à sa naissance est de 160 pieds, la hauteur du sommet de la croix au-dessus du sol de l'église est de 330 pieds. — La coupole de Brunelleschi dépasse celle de St-Pierre de Rome de 4 *braccia* en hauteur, et de la même quantité en circonférence, et quoique souvent foudroyée, elle s'est maintenue, sans avoir besoin, comme celle-ci, d'être ultérieurement cerclée de fer.

Les fenêtres trop étroites éclairent mal l'intérieur, et si ce demi jour convient au style gothique, il est insuffisant pour admirer les nombreux chefs-d'œuvre que cette église renferme. Nous signalerons seulement une *Pieta* (Christ au tombeau) groupe en marbre non terminé de *Michel-Ange* qui la destinait à son tombeau. Elle est placée derrière le maître-autel.

Les Italiens désignent sous le vocable de *Pieta* un autel spécialement consacré à honorer les dernières scènes de la passion du Sauveur. Les sujets sont différents : tantôt le Christ sur la croix, tantôt le Christ au tombeau, ou descendu de la croix, etc. Les chapelles spécialement consacrées à ce culte pieux sont richement ornées et toujours l'objet d'une grande vénération. Dans cette vallée de larmes où l'homme peine tous ses jours pour mourir ensuite, où trouverait-il de plus fortes et de plus consolantes pensées qu'au pied de ces autels qui lui rappellent les douleurs et la mort du Sauveur.

Le baptistère, actuellement l'Eglise de Saint-Jean Baptiste, est peut-être le monument le plus ancien de Florence. Cet édifice octogone fut bâti avec les matériaux d'un ancien temple païen, vers le VIIe siècle. Le haut de la voûte était, dans le principe, ouvert comme au Panthéon. Il fut revêtu de marbre lors de l'érection de la cathédrale par Arnolfo, mais l'orifice supérieur ne fut fermé par une lanterne qu'en 1550. Ce monument est lourd. Extérieurement, il est loin d'égaler le baptistère de Pise. Mais il dépasse celui-ci par ses trois magnifiques portes de bronze et par ses décorations intérieures.

Michel Ange disait de la porte du côté Est qu'elle méritait d'être la porte du Paradis. Elle représente des scènes de l'ancien testament. L'une d'elles, celle du Nord, demanda vingt ans de travail à Ghiberti, son auteur. Elle contient l'histoire du Christ depuis l'Annonciation jusqu'à l'Ascension.

La coupole et les petits chœurs sont ornés de mosaïques remarquables, mais que l'on ne peut distinguer qu'avec un ciel clair. La mosaïque du pavé, avec le zodiaque et des inscriptions, est fort belle. Cette époque si décriée de nos jours voulait également la diffusion de l'enseignement. Le mot est littéral, elle le mettait à vos pieds.

Le campanile qui concourt à former cet admirable trio d'édifices remarquables qui ornent la place du Dôme, en est, selon moi, de beaucoup le plus beau. On trouvera ailleurs des baptistères et des cathédrales qui pourront rivaliser avec ces monuments et même les dépasser, on ne trouvera nulle part ailleurs en Italie un Campanile qui puisse être comparé au monument élevé par *Giotto* en 1334; comme édifice, c'est assurément un des plus beaux chefs-d'œuvre de l'Italie. Hardiesse, élégance, solidité, heureuse harmonie des marbres blancs, rouges et noirs dont il est entièrement revêtu, style gothique italien qui rend si doux à l'œil l'harmonie des lignes, sculptures admirables depuis la base jusqu'au sommet et dont les scènes philosophiques et religieuses prouvent que leur auteur a su tout à la fois soigner et la forme et le fond, tout contribue, je le répète, à faire de cet édifice une œuvre hors ligne et que l'on ne se lasse pas d'admirer. C'est un véritable bijou architectural. Une seule chose lui fait défaut, c'est l'emplacement. Les maisons l'enceignent presque de toutes parts, et c'est à peine si l'on peut, en un ou deux endroits, jouir aisément du coup d'œil d'ensemble.

Sa hauteur est de quatre-vingt-dix mètres. Quatre cent quatorze marches d'un pas facile vous conduisent au sommet d'où la vue embrasse au Nord, au Sud et à l'Est, les dernières pentes des Apennins Toscans, et à l'Ouest la vallée avec sa riche végétation. Ce panorama n'offre, à mon sens, rien de particulier.

La rue de Servi nous conduira, en passant devant le palais Riccardi, à la *Piazza della S. S. Annunziata*. Cette place est ornée de deux belles fontaines, et au milieu se trouve la statue du grand duc Ferdinand Ier.

Votre attention est promptement distraite par la façade de l'église de l'Annonciation. Le portique ou *atrium* qui est sis en avant de l'église renferme des fresques, dont quelques unes sont très remarquables et bien conservées, et diverses mosaïques assez belles.

L'église se compose d'une seule nef et d'un transept avec une coupole et une série de chapelles latérales. Les fresques, les dessins signés des premiers maîtres donneront aux amateurs matière à fructueux examen. Nous ne ferons que signaler le grand tableau du plafond, l'Annonciation, signé de Cirro Ferri (1670). Cette composition vaudrait à elle seule la visite de cette église qui a un cachet tout particulier.

Une porte du transept donne dans le cloître de l'Annonciade, ou des Servites (*Servi di Maria*). Tous les murs du cloître sont ornés de fresques que le temps, en certaines places, n'a guère épargnées. La porte du cloître qui donne dans le portique est surmontée, de ce côté, d'une fresque qui est un chef-d'œuvre d'*Andrea del Sarto*, et de la peinture florentine, la célèbre *Madonna del Sacco*.

La Via della Sapienza nous conduit à la place, au couvent et à l'église St-Marc. Le couvent de St-Marc, habité par les dominicains, a été rendu célèbre au point de vue politique et religieux par le moine réformateur, le fougueux Savonarole, et au point de vue artistique par deux autres moines, frà Beato Angelico et frà Bartoleméo della Porta. Des peintures de frà Angelico sont conservées dans diverses parties du couvent. Toutes les cellules ont des peintures murales religieuses, et l'on voit dans le réfectoire des Dominicains une Cène de D. Ghirlandajo. Que de titres au respect, d'une part, et à la reconnaissance, de l'autre ! En dépit de tout, les fils ont été chassés de la demeure de leur père, et les hôtes ne sont plus là pour animer ces lieux vénérés, et le couvent n'est plus qu'un froid musée !

La Via Cavour — est-ce par ironie ou par effet du hasard que ce nom est accolé au couvent de fra Angelico — nous dirigera vers l'église de *San Lorenzo*.

Cette église devrait s'appeler l'église des Médicis. Sur l'emplacement qu'elle occupe s'élevait l'église de St-Ambroise qui datait du IVᵉ siècle et qui fut incendiée en 1417. Brunelleschi persuada à Jean de Médicis, encore simple particulier, de la reconstruire sur un meilleur plan, ce qui fut fait avec les deniers des Médicis (1425). L'intérieur est décoré de tableaux et de statues. Sur le pavé, près du grand autel, est le tombeau de Cosme de Médicis, le père de la Patrie.

La *nouvelle sacristie*, chapelle carrée supportée par des pilastres corinthiens, fut construite par Michel Ange. Elle renferme les tombeaux des Médicis que Michel Ange décora de statues célèbres.

Nous n'avons pu visiter ni la chapelle des Médicis, ni la bibliothèque St-Laurent, mais leur importance, bien que nous n'écrivions que sur ce que nous avons vu, nous oblige à une mention. — La rue del Giglio nous ramène à la place Sᵗ Maria Novella, où nous allons goûter un repos justement mérité.

La nuit est bonne au touriste qui prend son rôle au

sérieux, et le lendemain, bien dispos, nous employâmes notre matinée à revoir. Combien l'on voudrait jouir de son temps pour n'être pas contraint de tout examiner presque à la vapeur. Je m'étais donné trois jours pour Florence, et comme cela est insuffisant ! Je revis donc encore et admirai de plus en plus, car maintenant je comprenais déjà mieux l'harmonie, les nobles proportions du chef-d'œuvre de Giotto pour ce qui était de l'œuvre matérielle. J'examinai avec soin les bas-reliefs de ce campanile merveilleux, et je restai pénétré de cette pensée que pour les hommes de cette époque qui savaient, avec un talent que nul n'a su dépasser, fouiller le marbre, la matière n'était jamais que le moyen qui aidait à exprimer l'idée philosophique ou la foi religieuse, flambeau qui éclairait alors leurs âmes vigoureuses et artistiques. La matière n'était en leurs mains que pour développer les plus nobles facultés de l'âme. Si ces siècles ont su se sauver de l'oubli, c'est que la pensée féconde et élevée dominait les hommes qui les ont vécus, c'est que la matière n'était vraiment pour eux qu'un accessoire, un prétexte pour exalter sans cesse l'idée. Le nôtre, où la matière domine et tend chaque jour à étouffer la partie immatérielle de l'homme, gardera-t-il dans l'avenir une égale mémoire ? Dans moins de cent ans, on se rira peut-être de nos systèmes actuels ; et toutes nos modernes inventions mécaniques, dont nous sommes parfois si follement orgueilleux, ne seront peut-être que jeu d'enfants, à côté des productions matérielles de l'avenir.

Les productions du moyen-âge étaient empreintes de spiritualisme et elles sont toujours pleines de beauté et de vigueur malgré les siècles, et nous nous passionnons encore en les admirant. Les productions de notre époque sont entachées de matérialisme, et elles vivront leurs époques, mais comme la matière, elles n'auront qu'un temps, et les siècles qui viendront se souviendront à peine, et nul, un jour peut-être, ne se passionnera devant nos œuvres.

Ce qui eût donné à notre siècle sa grandeur, ce trait qui l'eût fait admirer dans les âges c'eût été de savoir organiser le nouvel état social qu'amenaient les récentes découvertes des Colomb, Papin et Lavoisier, qu'avait voulues à cette heure la Providence. Avec les résultats de l'application de ces forces qu'il avait plu à Dieu de laisser découvrir à l'homme, il était besoin d'un remaniement général de l'état social. Et notre époque eût été capable de ce grand œuvre que les modifications nouvelles rendaient absolument nécessaires si elle eût su rester, dans la famille et dans la société, stricte observatrice des lois chrétiennes.

C'eut été, je le répète, son grand œuvre, et elle continue, ce semble, à ne pas vouloir diriger ses efforts de ce côté, et l'état de malaise général qui pèse sur le monde prouve qu'il n'est pas dans sa voie, qui même ici-bas est l'ordre et l'harmonie.

Je me disais toutes ces choses, me rendant à la *Tribune*, où je restais de nouveau en admiration devant ces Vierges sublimes de Raphaël, et me répétais que si la foi religieuse n'eût pas fécondé ces génies, la terre italienne n'aurait pas ces chefs-d'œuvre uniques, au monde, et que si le naturalisme, qui est la plaie de notre époque, avait étreint ces âmes au lieu du sentiment chrétien qui les vivifiait, non, assurément toutes ces productions, chefs-d'œuvre des beaux-arts, n'eussent pas éclos sous le ciseau d'un Michel Ange ou le pinceau d'un Raphaël. Les beaux-arts qui sont la manifestation sensible de la plus haute conception de l'âme humaine ne sauraient prendre leur plein essor sans le sentiment religieux et chrétien.

L'exaltation du sentiment divin n'est assurément pas ce qui préoccupe les petits ou les grands du jour à notre époque, et les chefs-d'œuvre artistiques se cherchent et se comptent, et « la grande peinture, la peinture de style, la peinture historique ou religieuse donne des signes évidents de décadence, et cède peu à peu le pas à la peinture de genre, à la peinture anecdotique, à la peinture d'imitation proprement dite ». On a des faiseurs, mais on cherche les artistes. Les œuvres d'art ont eu leur apogée avec celle du sentiment chrétien, et depuis (l'histoire nous en montre chaque siècle la décadence visible) l'art s'est allangui. Après avoir visité l'Italie, c'est un jugement que tout homme impartial est forcé de reconnaître parfaitement fondé.

Après quelques heures de repos, je me dirigeai vers le Ponte Vecchio pour aller vsiter le Palais Pitti et le jardin Boboli (Giordino di Boboli). Ce pont est entièrement garni de maisons et d'ateliers d'orfèvres. Une rue qui lui fait suite nous mène directement à la Piazza Pitti qui fait face au palais du même nom.

Ce palais dut son origine à un simple commerçant, Luca Pitti, qui voulait se bâtir une habitation plus belle que le palais du gouvernement. Ce n'était peut-être pas très difficile car l'architecture du vieux palais n'avait rien de remarquable. Mais les Pitti étaient puissamment riches et jaloux de l'influence naissante des Médicis. Ils voulurent rivaliser par leur faste. Sans s'en douter assurément, Luca Pitti édifiait pour ses rivaux, et en 1549, les Médicis y établirent leur résidence. Limité d'abord à la façade actuelle, il fut plus tard orné des deux ailes latérales. Presque en même temps Eléonore, épouse du grand duc Cosme, fit tracer la cour de l'*Ammanati* où l'on pénètre par la grande porte au milieu de la façade, et où l'on voit au fond une grotte ayant seize colonnes doriques et cinq statues, et le jardin Boboli qui s'élève sur le versant de la colline.

Le lecteur approuvera mon silence sur l'appréciation des œuvres d'art que renferme le palais Pitti, lorsque je lui aurai dit qu'il ne contient pas moins de cinq cents tableaux, dont pas un presque n'est inférieur, disent les chroniqueurs, et dont un très grand nombre sont des œuvres hors ligne. Un mot pourtant sur ce qui m'a le plus frappé et que je n'ai vu que là, en pareille proportion et en aussi grande beauté; je veux parler des mosaïques admirables qui se voient dans ces galeries merveilleuses. Il y a là en effet des tables de toutes formes, et presque de toutes dimensions, avec des incrustations qui vous étonnent par les délicates harmonies des couleurs. Le plancher d'une de ces salles est lui-même une immense mosaïque. En d'autres lieux les chefs-d'œuvre de la statuaire et de la peinture se retrouvent, mais ce palais seul renferme une collection aussi variée que splendide de mosaïques.

Tout en gardant le silence sur la peinture, je veux rappeler que c'est dans la salle de Mars que se trouve une des œuvres les plus célèbres, non pas seulement de Raphaël, mais de la peinture italienne et de l'art tout entier; j'ai nommé la Vierge à la Chaise (Madonna della Seggiola). Au reste les œuvres signées des Rubens, Perugin, Léonard de Vinci, Van Dyck, Fra Bartolemmeo, etc., etc., abondent. Il y a quatorze salles, il faudrait au moins quatorze jours pour les visiter.

Derrière le palais Pitti, qui est un monument assez lourd, s'étend le jardin Boboli. La situation élevée de ce jardin permet de jouir d'une très belle vue d'ensemble sur Florence. Nous ne nous y arrêterons pas davantage et regagnerons le long Arno que nous quitterons au Ponte alla Carraja, prenant sur notre gauche pour nous rendre à la Piazza del Carmine.

Sur cette place s'élève l'église *del Carmine*, à qui, dit Valéry, quelques pieds de murs peints à fresques suffiront pour la faire vivre à jamais dans les fastes de l'art. Dans ce sanctuaire vénérable sont venus étudier tour à tour pour créer leurs chefs-d'œuvre, Pérugin, Raphael, Léonard de Vinci, Michel Ange. Mais au bout d'une pareille journée l'on a une véritable pléthore de tableaux, et l'œil fatigué, l'intelligence émoussée, trop tendue, demandent grâce. Je retraversai le pont des « Carrioles » et regagnai promptement la Piazza Santa Maria Novella.

La ville des fleurs, comme au beau temps de la liberté républicaine, a toujours dans son travail d'abondantes sources de revenus : soieries, chapeaux de paille, mosaïques, porcelaine de pierres dures, et tous objets qui demandent du goût et de la dextérité de la main. Mais, tout cela ne ferait de Florence qu'une grande ville commerciale, comparable à d'autres cités italiennes, et ne sauraient autrement attirer l'attention ; si « la belle » n'avait ses trésors que le temps rend chaque jour plus chers.

Le climat laisse à désirer, souvent les vents se succèdent fréquemment par de brusques alternatives, amenant des changements sensibles de température. Pendant l'été, la chaleur est accablante; « *il caldo di Firenze* » est passée en proverbe dans toute l'Italie. Donc, sauf pendant l'été, le climat est très variable. Il ne saurait convenir aux phthisiques et aux valétudinaires à qui est nécessaire avant tout l'égalité de la température et qui doivent éviter également l'excès de la chaleur.

Mais d'une manière générale, la Toscane est l'un des

pays les plus sains et les plus agréables à habiter : « Bien abritée des vents froids du Nord-Est par la muraille des Apennins, elle est tournée vers la mer tyrrhénienne d'où lui viennent les vents tièdes et humides d'origine tropicale, mais la part de pluie qu'elle reçoit n'a rien d'excessif, grâce à l'écran que lui forment les montagnes de la Corse et de la Sardaigne, et à l'heureuse répartition des petits massifs de culture en avant de la chaîne des Apennins. »

La richesse du sol l'emporte encore sans conteste sur les avantages du climat. Dans cette contrée de l'Italie, qui n'en forme que la treizième partie, se trouve près du quart des fontaines thermales et médicinales de la Péninsule et des îles adjacentes, et parmi elles les fameux Bagni de Lucca dont nous avons parlé. Citons encore les salines naturelles de la Toscane, et l'un des produits qui forme l'un des plus beaux revenus de ce pays, l'acide borique, d'une si grande valeur commerciale pour les fabriques de faïence et les verreries de l'Angleterre.

La route qui nous amènera à Livourne par Empoli nous permettra de voir que, de ce côté, la Toscane est également riche par ses productions agricoles. La ligne principale suit la vallée de l'Arno, régulièrement jusqu'à *Empoli*. Cette petite ville animée, sise dans une contrée fertile, possède quelques œuvres remarquables, tant en peinture qu'en architecture, et a eu un rôle historique important. C'est d'Empoli que se détache au Sud vers Sienne l'embranchement qui relie Rome et Florence par Sienne et Orvieto. Trois lignes s'offrent donc au voyageur pour aller à Rome, par Livourne ou par Arezzo. J'ai pris la voie de Livourne, et nous continuerons notre récit suivant notre itinéraire, mais je déconseille cet itinéraire. Il faut aller à Rome par Sienne.

Vous trouverez ainsi sur votre route de grandes et belles choses et d'impérissables souvenirs. La route de Florence à Rome par Livourne est très monotone, surtout le trajet de Livourne à Rome par Civita Vecchia.

Après Empoli l'on gagne de plus en plus la plaine, apercevant dans le lointain la chaîne des Apennins Toscans. Nous passons à *Cascina* sur l'Arno, où les Pisans furent battus par les Florentins, laissant à droite à l'horizon les monts Pisans, et arrivons de nouveau à Pise. Nous n'avons que le temps de saluer une dernière fois le dôme et la Tour penchée, et vingt-cinq minutes après nous arrivons à *Livourne*, après avoir franchi une plaine étendue couverte de prairies, entrecoupées de canaux.

Au XIIIe siècle, ce n'était qu'un mouillage, au XVe qu'une escale habitée par quelques marins. Mais le port naturel de Pise s'ensabla, ne pouvant plus donner naissance qu'aux felouques et aux barquettes, et Livourne, favorisée par les Médicis, vit son importance rapidement s'accroître. Ils déclarèrent son port franc, et puis, Turcs, Anglais, Grecs, y affluèrent, apportant leur activité, leur intelligence, leurs capitaux. Elle a continué le développement progressif de son commerce, et c'est aujourd'hui l'un des ports les plus florissants de la Méditerranée.

Mais ce n'est assurément point la cité des souvenirs de l'histoire et de l'architecture. Le dieu Mercure ne laboure point le même champ que les Muses. La ville entièrement moderne est bien bâtie et admirablement pavée de ces larges dalles qui rendent beaucoup plus sourd le roulement des voitures, mais sont dangereuses pour les chevaux : ville commerçante, grande place, longue rue, constructions régulières édifiées sur un terrain marécageux qu'il a fallu consolider, tel est *Livorno*. Il a fallu, pour que son port puisse donner accès aux navires, creuser des bassins et des canaux. On a aussi tracé tout un réseau de lagunes, à côté d'îlots également artificiels et qui permettent aux navires de décharger au centre de la ville, et de mettre, par là, la mer en communication avec les canaux de l'intérieur. Un brise-lames construit en pleine mer signale au loin l'entrée du Port.

Nous allons maintenant entrer dans cette partie de l'Italie qui a eu le rôle historique de beaucoup le plus considérable, mais où, actuellement, « la population est clairsemée, et la quantité de travail annuel moins importante que dans toutes les autres régions de l'Italie.»

Après deux heures de route, à travers une contrée bien abandonnée et qui pourtant s'est déjà relevée depuis le commencement de ce siècle, nous arrivons à la *Corina*, au niveau des bornes rocheuses de Piombino. C'est non loin de cette ville, distante elle-même de 12 kilomètres de la station de Corina, que se trouve les débris de l'antique *Populonia*, la *Pupluna* des Etrusques. C'est qu'en effet, dans cette contrée des Maremmes que nous allons franchir, s'élevaient autrefois des cités importantes, attestées par leurs ruines éparses, et qui n'eussent certainement pu naître ni se développer si le climat local avait eu la terrible insalubrité qu'on lui connaît de nos jours.

Cette contrée de la basse Toscane a été celle où de tout temps l'homme a eu le plus à lutter contre l'intempérie du sol. Les hydrauliciens de la Toscane ont été à toutes les époques à la hauteur de la tâche difficile qu'ils avaient à remplir. Si leurs résultats n'ont pas toujours répondu à leurs efforts, il faut en accuser bien plus l'insouciance ou la négligence de certains gouvernements que leur incapacité en présence des conséquences terribles qu'amenait la présence de ces marécages.

Aussi on admet que les cités de l'Etrurie n'avaient point à souffrir de la mal'aria, à l'époque de prospérité des antiques cités tyrrhéniennes. En effet « les travaux de chemin de fer opérés dans les Maremmes, ont révélé l'existence d'un grand nombre de conduits souterrains qui drainaient le sol dans tous les sens ; la campagne était toute veinée de canaux d'écoulement. » (E. Reclus).

Cette région des Maremmes qui s'étend jusqu'à Orbetello, remplie de forêts et de marécages est la contrée la plus affectée de la mal'aria, en dépit de tous les travaux d'assainissement. Les terres non perméables retiennent les eaux qui se putrifient au soleil, pendant l'été, et empoisonnent l'air.

Bien qu'il reste assurément beaucoup à faire pour rendre habitables les Maremmes, on peut néanmoins espérer qu'avec les connaissances actuelles, les efforts seront couronnés de succès. Il faut colmater, drainer et surtout reboiser ; et disons-le, ne craignant pas de trop le répéter, il faut acclimater l'eucalyptus. Le chemin de fer côtier de Pise à Rome facilitera les travaux. Les assèchements, les plantations ont déjà purifié l'air autour de maintes stations. Les environs de Piombino, jadis inhabitables, ont pu ainsi se repeupler graduellement.

Souhaitons que la crise financière qui pèse à l'état chronique sur le gouvernement italien ait son terme, et permette de favoriser les travaux que la science sait devoir faire, et qui promettent le succès, sans réserves, mais à la condition d'y mettre une persévérance obstinée et de ne pas craindre d'y consacrer dès le début des sommes considérables.

Les principales ressources du pays sont actuellement la fabrication du charbon de bois dans les forêts.

et, en hiver, l'élevage du bétail dans de vastes pâturages. Au mois de juin, toute la population s'enfuit dans les montagnes de la Toscane.

La voie longe le littoral : çà et là quelques belles échappées sur la mer. En passant à Follonica l'on découvre le promontoire de Piombino et à l'horizon le profil de l'île d'Elbe. Elle pénètre ensuite assez avant dans les terres, et arrivé à Orbetello, elle suit de nouveau le littoral. Cette petite ville, distante de la gare de 3 kilomètres, est sise au centre d'un lac d'eau salée de forme irrégulière. Les murs polygones du côté de la mer prouvent sa haute antiquité. « L'étang d'Orbetello est utilisé comme la lagune de Commachio : c'est un grand réservoir de pêche où les anguilles se prennent par centaines de milliers ». (E. Reclus).

On passe, peu après, l'ancienne frontière de la Toscane, puis on traverse les Maremmes romaines qui offrent peu d'intérêt. Nous laissons derrière nous Corneto, célèbre par ses tombeaux étranges découverts en 1823, et gagnons Civita Vecchia, actuellement le port de Rome, et autrefois des Romains, *Portus Trajani*.

Lorsqu'au sortir de Civita Vecchia, vous pénétrez dans ces vastes espaces qu'on appelle la campagne romaine, *agro romano*, je ne sais quel malaise vous saisit. Est-ce au milieu de ces solitudes que peut se trouver la « reine des arts » ?

« Ici point d'arbres, point d'habitations, çà et là seulement une chaumière, des pâtres décimés par la misère ou les maladies ». (L'abbé Lamurée in Rome, 1873). L'été, c'est le désert absolu, l'hiver seul voit le retour des pasteurs qui ont fui la chaleur et la redoutable mal'aria.

« Aux portes même de la capitale de l'Italie commence la solitude. Autour de la grande Rome, comme dans les Maremmes de l'ancienne Etrurie, la guerre, l'esclavage et la mauvaise administration ont changé en désert une contrée fertile qui devait nourrir des populations nombreuses. Les peintres célèbrent à l'envi la campagne romaine ; ils en admirent les mornes étendues, les ruines pittoresques entourées de broussailles, les pins solitaires aux branchages étalés, les mares où viennent s'abreuver les buflcs, et où se réflètent les nuages empourprés du soir ». (E. Reclus). Tels sont ces paysages magnifiques de grandeur et de tristesse, mais l'air y est mortel !

« La campagne de Rome qui s'étend, au Nord du Tibre, sur plus de 200,000 hectares, de la mer aux montagnes, était, il y a deux mille ans, un pays riche et cultivé : mais après avoir été labouré par les mains de l'homme libre, il fut livré aux mains des esclaves. Accaparé par les patrons qui s'y taillèrent de vastes domaines, ce terrain se couvrit de villas de plaisance, de parcs et de jardins qui s'étendaient des montagnes à la mer ; puis, lorsque leurs magnifiques demeures furent livrées aux flammes et que la population des travailleurs asservis fut dispersée, le pays se trouva du même coup transformé en désert...

« Depuis, le marais n'a cessé d'envahir les bas-fonds, et les collines elles-mêmes se sont couvertes d'une atmosphère de miasmes. La mal'aria produite par les sporules d'eau douce (?) qui empoisonnent l'atmosphère, et que les vents d'ouest empêchent de s'échapper vers la mer, a fini par franchir les murs de Rome, et décime la population des faubourgs. » (E. Reclus).

Après avoir traversé cette contrée que vous voudriez voir riche et belle, pour former comme un parc d'honneur à l'incomparable cité, vous arrivez à *Magliano*. Bientôt le chemin de fer court dans le voisinage du Tibre, et vos yeux ne suffisent plus. Vous

apercevez à droite, dans le lointain, les monts Albains, à gauche les montagnes sub-apennines de la Sabine, puis d'assez nombreux édifices, et quelques unes des collines de Rome. La Ligne franchit ensuite le Tibre sur un pont de fer, d'où l'on découvre les murs d'enceinte. La voie passe sous l'aqueduc de l'acqua félice, franchit le mur de la ville, et peu après on entre dans la Gare, sise vis à vis des Thermes de Dioclétien. On est à Rome,
ROMA !

Qui resterait indifférent en entendant ce nom? qui n'a eu l'ardent désir de visiter cette ville qui, grâce aux longues pages de son émouvante histoire, reste encore la cité la plus attachante de l'univers? Son peuple a connu toutes les vicissitudes qu'un peuple peut connaître. Nul n'eut plus d'éclat, nul plus de honte, nul plus de générosité, nul plus de bassesse, nul plus de puissance, nul plus de faiblesse, nul ne fut plus cruel, nul plus magnanime; nul plus héroïque, nul plus infâme, et malgré cette inégalité dans sa fortune, il n'a cessé de dominer le monde. Si on le méprisait beaucoup, on le craignait davantage encore, car tous redoutaient la puissance de son épée et le génie de ses hommes d'état.

Mais les lieux comme les peuples sont prédestinés, et ce centre de la puissance et de l'autorité devait perpétuer l'une et l'autre à travers les siècles. Lorsque le colosse romain sera brisé, Rome restera la dominatrice du monde par la puissance et l'autorité de la parole, qui tient, dans sa plénitude, toute la Vérité de Pierre, disciple et vicaire du Christ.

Les Césars y triomphèrent ; l'égoïsme, la débauche, la luxure, l'avilissement des hommes, rien ne manqua ; mais la Croix triompha; l'Evangile remporta la victoire, et l'amour, l'austérité, le sacrifice vinrent effacer tous les crimes et toutes les hontes. Le sang de l'Agneau et celui de milliers de martyrs, furent l'holocauste expiatoire du passé.

Qui parcourrait indifférent, ces rues, ces places, ces carrefours où, à chaque pas, vous rencontrez une arcade, une colonne brisée, une pierre, qui vous rappelle un fait, une date de l'histoire de Rome ? qui passerait indifférent devant ces ruines de la puissance romaine, devant les monuments grandioses de la Rome catholique édifiés sur les débris de la Rome païenne ; que dis-je ? édifiés de ces débris mêmes ? Les colonnes qui soutenaient les boudoirs des Césars ou les temples des Dieux, soutiennent aujourd'hui la maison du Seigneur. O peuple, bourreau de tant de martyrs, qui t'eût dit que tes mains travaillaient pour les temples du vrai Dieu !

Ici le Colysée, là St-Pierre ; ici les débris des palais des Césars ; là plein de vie, tout ruisselant de chefs-d'œuvre inimitables, le palais des Papes ; ici vécut Néron, là Pie IX ! O nations, l'amour ne vaut-il pas mieux que la haine, et les lois du Christ ne valent-elles pas mieux que celles des Césars ! Avec celles-ci l'esclavage, avec l'autre la liberté. Les pages sanglantes de l'histoire sont là.

Si le savant, l'artiste ou le catholique s'émeuvent au seul nom de Rome, et si le touriste ne sait pas rester indifférent en apercevant pour la première fois la « Ville éternelle » ; il ne faut pas craindre d'affirmer « que ce n'est point à sa première entrée dans Rome que le voyageur découvre ce que cette ville, véritablement exceptionnelle, renferme d'admirable et de grand.

« Comme bien d'autres, nous y sommes entré, l'âme remplie de souvenirs historiques. L'antiquité et le moyen-âge se dressaient devant nos yeux. Nous nous imaginions que nous allions rencontrer du premier pas les grandes œuvres des Empereurs et des Papes... A peine avions-nous quitté la gare des Thermes de Dioclétien que tous ces rêves de grandeur s'évanouissaient l'un après l'autre ».

Ces paroles du chanoine de Bleser sont absolument vraies. A peine débarqué, vous traversez des rues étroites, tortueuses, des places irrégulières ou des quartiers peu fréquentées, et vous distinguez à peine quelque antique monastère perdu ou oublié, ou quelque palais jadis somptueux. Mais bientôt le voyageur se fait à cet ensemble de la ville qui n'a rien de nos modernes babylones ; son attention est attirée par quelque monument et bientôt, à son insu, « il se prendra d'admiration et d'amour pour l'antique ville des Papes », et les souvenirs grandiront et deviendront ineffaçables. (1)

---

(1) Que le lecteur me permette, ne fût-ce que comme antithèse, de rappeler quelques souvenirs classiques.

Selon Denys d'Halicarnasse, les Grecs furent les fondateurs de Rome. Aux Sicules dont la première origine est encore incertaine s'unirent les peuples de l'Arcadie ou Aborigènes sous la conduite d'Enotre, et ensuite d'Itale, descendant d'Enotre, d'où est venu le nom d'Italie. Les Pelasges vinrent de la Thessalie pour s'unir aux Aborigènes et se rendirent maître du Latium — appelé aujourd'hui *campagna romana* — Janus, leur roi, établit sa résidence sur le mont Janicule. Evandre, avec ses Arcades de Péloponèse, se joint à eux et fixe sa résidence sur le mont Palatin. Puis d'autres Grecs envahissent l'Italie, et un de leurs chefs, Latinus, donne son nom aux peuples qui s'apelleront Latini.

Enfin Enée se sauve de l'incendie de Troyes, se réfugie avec ses compagnons en Italie, et à la mort de Latinus, l'autorité royale lui est dévolue. Procas, l'un de ses descendants, ayant deux fils, Numitor et Amulius, céda le royaume à l'aîné Numitor. Amulius déposa son frère, fit assassiner son neveu Ergeste, et renferma dans les Vestales sa nièce Rhéa Silvia. Mais celle-ci accoucha de deux enfants. Amulius la fait enfermer dans un souterrain et ordonne de jetter les enfants dans le Tibre. Le fleuve avait débordé, et les enfants, placés dans le premier endroit que l'on trouva

Lorsque le voyageur arrive, une des premières choses qui frappent son regard, ce sont les lourdes murailles qui enceignent Rome. Ces murs, construits en briques, hauts de près de 17 mètres, ont une longueur d'environ 22 kilomètres. Servius Tullius (535 ans avant J.-C.) entoura Rome d'une enceinte militaire, faite de pierres carrées de tuf lithoïde sans ciment, et flanquée çà et là de tours carrées. Aurélien (271 ans après J.-C.), pour mettre à l'abri des incursions des barbares les faubourgs qui s'étaient beaucoup étendus, les entoura d'une nouvelle enceinte. Ces remparts et les 300 tours, célébrés par Clodius, furent achevés vers 404. Ce fut peine inutile, les Goths, les Vandales, les Hérules renversèrent ces frêles défenses et vinrent demander, dans Rome

---

inondé, furent sauvés lorsque le fleuve eut retiré ses eaux. C'est que dans le principe le sol de la Rome ancienne présentait un aspect bien différent de celui d'aujourd'hui. Il était couvert de marais et de forêts épaisses. Le Tibre, vaquant en liberté, usurpait des terrains maintenant assainis. De ces marais, communiquant avec le Tibre dans les inondations, le plus grand s'appelait Vélabre.

Le Vélabre se divisait en grand et en petit. Le plus vaste inondait le terrain situé entre le Palatin et l'Aventin, où fut ensuite le cirque Maxime. Pour aller de l'une à l'autre de ces collines il fallait passer la barque, et pour le trajet, selon Varron, on payait un centime. — Le petit Vélabre, uni à l'autre, s'étendait entre l'Aventin et le Capitolin, et baignait le lieu où fut ensuite le forum Romain.

Les enfants furent donc déposés au pied du mont Palatin, au bord du marais Vélabre, à l'endroit où l'on voit l'église de St-Théodore. « La fable dit qu'une louve venant des monts environnants se désaltérer, émue par les cris des enfants, leur donna le lait sous un figuier, qui, depuis cette époque, est devenu célèbre. Il semble plus vraisemblable que Faustule, berger des troupeaux du roi, ayant vu les enfants, les recueillit et les fit allaiter par sa femme Laurence qui, par ses vices, était surnommée la Louve : d'où l'origine de la fable. — Faustule imposa aux jumeaux les noms de Romulus et de Remus, et révéla un jour, aux deux

même, vengeance de tous les crimes dont le Peuple-Roi s'était rendu coupable pendant dix siècles. Elles furent depuis réparées par divers papes, notamment par Benoît XIV, en 1749 ; de là « ces différents appareils que l'on remarque dans cette enceinte à laquelle tant de siècles ont apporté leur pierre. »

Rome n'est plus la ville aux sept collines depuis qu'elle a dépassé l'enceinte de Servius Tullius. Dix collines au moins, bien distinctes, s'élèvent dans les murs de la Rome actuelle. Parmi les premières, sept surtout lui ont fait donner le nom de la ville aux sept montagnes. Ce sont : le Capitolin, le Palatin, le Quirinal, le Cœlius, l'Aventin, le Viminal et l'Esquilin. Le Pincius, le Vatican et le Janicule ont été élevés plus tard. Nous

---

frères, le secret de leur origine. Romulus, désirant venger sa mère, tua Amulius et restitua le trône d'Albe à son aïeul Numitor.

Mais la vie de la cour de leur aïeul n'était point conforme à leur goût, et Romulus et Rémus résolurent de bâtir une nouvelle ville sur le Mont Palatin, au pied duquel ils avaient été exposés. Quel nom donneraient-ils à cette nouvelle cité ? Ils consultèrent le vol des oiseaux. Rémus vit six vautours sur le Mont Aventin ; mais peu après, Romulus en vit douze, sur le Palatin. Nul ne veut céder, une querelle s'engage, et Romulus reste maître du champ. C'était le 21 avril 3253 de la création du monde, et 751 ans avant J.-C. La ville avait un nom, et son fondateur Romulus trace les limites de la nouvelle cité autour du Mont Palatin avec une charrue, afin de préciser les lieux les plus propres à bâtir les fondements de la cité romaine.

Il m'a paru intéressant de rappeler les origines premières les plus accréditées de l'antique capitale du monde, qui s'accrut si rapidement qu'au temps de la république et des empereurs elle comptait alors plus d'un million et demi d'habitants. Les invasions des barbares accélérèrent sa ruine, et elle a eu depuis un sort tout autre. Pendant la captivité des papes à Avignon, sa population était tombée à 17,000 habitants. Sous Léon X, elle s'était relevée jusqu'à 60,000. Aujourd'hui sa population est de 218,000 habitants.

ne parlerons pas des autres éminences qui sont des amas de graviers et de débris accumulés sur le sol, et que nous n'avons pas eu occasion de visiter.

Il convient d'ajouter qu'aujourd'hui, sauf les monts Pincius, Janicule et Quirinal, tous ceux que nous venons d'énumérer ont des hauteurs insignifiantes. Des débris de toutes sortes ont comblé les vallées qui séparaient autrefois ces hauteurs et ont mis beaucoup d'entre elles presque sur le même plan.

En entretenant le lecteur des monuments que nous irons visiter sur chacun de ces monts, nous redirons brièvement quelques mots de leur histoire.

Aussitôt débarqué, je me rendis à la place Barberini où j'eus la bonne fortune de trouver une chambre située sur cette place fort animée, ce qui me permit d'examiner à loisir la gracieuse fontaine des Tritones qui en est, au reste, l'unique ornement.

L'ordre que nous allons suivre pour la description des divers monuments nous est dicté par l'itinéraire que nous avons suivi à Rome.

Un chevrier se chargera, chaque matin, de sonner non de la trompe mais du chalumeau, et grâce à ce romain obligeant, qui au petit lever me charmait de ses mélodies, je pus, en neuf jours, parcourir Rome, et voir même plusieurs fois ses principaux monuments. Assurément je ne dis point ceci pour les érudits ou les artistes. Pour eux le temps du séjour ne saurait se mesurer car ils trouveront toujours à glaner sur cette terre si riche en souvenirs, si riche en chefs-d'œuvre du passé et du présent. Si, pour moi qui ne peux revendiquer aucun de ces titres, neuf jours m'ont suffi, ce fut un peu grâce au chevrier qui vint chaque jour, dès cinq heures du matin, me rendre le sommeil impossible; et c'est surtout grâce à ce travail que je dois de posséder aujourd'hui des souvenirs ineffaçables.

La place Barberini, de forme trapezoïde, est sise sur l'emplacement du cirque de Flora, vis-à-vis du palais des princes de ce nom. Urbain VIII ordonna au Bernin la fontaine *del Tritone* dont la simplicité du dessin, très finement conçu, fait son plus grand mérite. Quatre dauphins soutiennent une conque, où siège un énorme Triton qui, d'un bras vigoureux, porte à la bouche une grande coquille de mer dans laquelle il souffle, et d'où jaillit un magnifique jet d'eau, qui retombe en poussière que les caprices du vent chassent souvent au loin.

J'étais à peine sur la place qu'une nuée... de moustiques ?... non, de cochers, me harcèlent faisant claquer leur fouet, invitation des automédons de ce pays. C'est à qui s'emparera de votre personne. Si vous dédaignez leurs offres, ils iront parfois jusqu'à mettre leur carriole sur votre passage, et vous pourrez entendre cette épithète qui, à leurs yeux, en dit long sans doute : Soldat ! Ces offres obséquieuses ne se renouvellent pas une fois, mais vingt fois par jour. Le cocher italien a le flair du touriste, et il spécule ou sur son ignorance de l'italien ou des tarifs, et fonde toujours un secret espoir sur *la bonne main* de l'étranger. Combien de touristes généreux gâtent le métier ? C'est égal, ils dépassent assurément les limites du tolérable. Et, fait à remarquer, à Florence vous commencez à goûter cette importunité ; à Rome cela s'aggrave, à Naples c'est intolérable. Il ne leur faudra rien moins qu'une exposition universelle pour leur apprendre le calme superbe et le dédain de nos outrecuidants cochers parisiens. Mal pour mal, je déclare préférer le cocher lutétien au cocher romain ou napolitain.

Sur cette même place, et vers son angle Nord-Est, se

trouve la place des Capucins, plantée de grands ormes, et au fond de laquelle se trouve l'église de *Sainte-Marie de la Conception* ou des Capucins. Elle renferme quelques peintures et fresques assez remarquables, et sous la pierre, devant les marches du chœur repose son fondateur, le cardinal Barberini (1624). Elle porte cette inscription : « *hic jacet pulvis, cinis et nihil.* »

Cette épitaphe prélude excellemment au tableau qui va suivre. En sortant du chœur on descend par un étroit escalier au cimetière des Pères capucins. Ce cimetière est formé « de vastes caveaux, dont les voûtes et les parois sont ornés d'ossements humains qui forment des dessins, des rosaces, des guirlandes et même des lustres suspendues. Le pourtour des caveaux est garni de *tibias* rangés avec symétrie et forment, de distance en distance, des niches spacieuses ou des *loculi* semblables à ceux des catacombes. » Il y aurait là matière à étude pour des décors de drame ou d'opéra. Combien serait utile aux puissants du jour quelques heures de méditation dans ce lugubre séjour.

La *place d'Espagne* longue, étroite et très irrégulière, est ornée, à l'une de ses extrémités, de la colonne de l'*Immacolata*, érigée par Pie IX en souvenir de la proclamation du dogme de l'immaculée conception, et inaugurée par Sa Sainteté le 8 septembre 1857. On a dissimulé la faiblesse de la partie inférieure de la colonne de marbre cipolin et trouvée derrière le palais de Monte Citorio, au moyen de gracieux rinceaux et d'arabesques en bronze. Sur le piédestal sont placées quatre statues de prophètes, ouvrage médiocre. Au centre, une fontaine nommée *Barcaccia*, parce qu'elle a la forme d'une barque (sans prétention, mais non de mauvais goût comme le disent quelques critiques) jette ses eaux dans un vaste bassin au niveau du sol. Les eaux jaillissent d'une vasque placée dans la nacelle inclinée. De cette fontaine l'on jouit de la belle perspective du long escalier conduisant à la terrasse de l'église de la *Trinita de Monti*. On doit ce bel escalier à Etienne Gouffier, ambassadeur de France, mort à Rome en 1660.

La Trinité des Monts mérite notre attention parce qu'elle fut bâtie par un français, Charles VIII, roi de France, et restaurée par Louis XVIII, après les dégradations dont elle fut l'objet à l'époque de la révolution française, et parce qu'une de ses fresques, représentant Marie, à l'âge de treize ans, occupée à filer dans les parois du temple, fut honorée de la prière de Pie IX qui, visitant cette église (20 octobre 1846), daigna s'arrêter quelques instants en méditation devant la modeste madone qui présidait aux travaux et aux réunions des religieuses du Sacré-Cœur, gardiennes du Couvent. Ce vaste corridor fut transformé en un sanctuaire qui est devenu, depuis cette époque, presque un lieu de pélerinage.

L'Obélisque qui s'élève devant l'église est une imitation de celui de la place du Peuple, il se trouvait autrefois dans les jardins de Salluste. Nous quittons la place de la Trinité des Monts pour prendre l'allée des Chênes qui passe devant l'Académie française de peinture, l'ancienne villa Médicis, et dont les jardins bien ombragés touchent au Pincio.

Le *Monte Pincio*, la « *collis hortorum* » des anciens fut le théâtre des orgies de Messaline, femme de Claude. La promenade actuelle a été créée pendant la domination de Napoléon Ier. C'est le Longchamp de Rome. De la terrasse on jouit d'une magnifique vue. Outre sa situation et les bosquets qu'entourent de belles allées, ornées çà et là de bustes d'italiens célèbres, cette promenade est d'autant plus appréciée qu'elle est la seule de ce genre à Rome. J'y ai remarqué un mouvement d'horlogerie dont le moteur est l'eau. Deux spathes d'arum reçoivent alternativement un filet d'eau. Lorsque la spathe est remplie, elle cède sous le poids, l'eau s'épanche, et elle remonte, tandis que la spathe du coté opposé s'étant remplie pendant ce temps se déverse à son tour. Ce mouvement alternatif fait mouvoir l'échappement. L'ensemble de l'horloge, qui est un bouquet de fleurs en métal, est encadré dans une vitrine.

Des rampes douces, interrompues par des terrasses décorées de statues et de colonnes rostrales vous conduisent à la place du Peuple.

Place du Peuple (piazza del Popolo). Après la place St-Pierre, c'est assurément la plus belle de Rome, et la plus régulière. De forme elliptique elle est décorée au centre d'un obélisque de granit rouge élevé sur un soubassement et présentant à chaque angle des lions égyptiens qui lancent l'eau dans les vasques. Auguste l'avait fait venir d'Héliopolis après la défaite d'Antoine. Sixte Quint le fit transférer, en 1589, à la place qu'il occupe. Le monolithe seul a vingt-quatre mètres de hauteur. Chaque hémycicle est ornée d'une fontaine dessinée suivant les plans de Valadier, qui dessina lui-même la place sous le pontificat de Pie VII.

Sur cette place, côté Nord, donne la porte du Peuple, construite par Vignole en 1561, et la façade intérieure, par le Bernin, pour l'entrée de la reine Christine de Suède (1655). Elle est ornée de deux immenses statues de St-Pierre et de St-Paul. C'était, avant le chemin de fer, la principale entrée de Rome, et assurément elle pouvait donner de la Ville Eternelle une toute autre idée que celle que peut en concevoir le voyageur qui descend au therme de Dioclétien, si surtout il descendait ensuite cette magnifique voie du Corso qui avec les rues *Ripetta* et *Bambuino* aboutissent à cette place.

Sur la pente du Pincio se trouvait le tombeau des Domitius, où fut enterré Néron. Suivant cette idée qui a fait ériger à Rome tant d'églises, au lieu même où le sol avait été souillé par les cérémonies impures du paganisme, le pape Pascal II voulut sanctifier ce lieu, devenu tristement fameux par cette sépulture, en y érigeant une chapelle (1099). Elle fut remplacée, en 1227, par une église bâtie à l'aide d'aumônes offertes en abondance par le peuple romain, effrayé des esprits malfaisants qui, dit-on, infestaient ces lieux, d'où le nom de *Sainte-Marie du Peuple*. — Elle fut rebâtie en 1471 par Sixte IV. C'est dans le couvent des Augustins, attenant à l'église, que Luther habita, lors de son voyage à Rome, et qu'il célébra les saints mystères pour la dernière fois.

On chercherait en vain les qualités d'un monument dans cette église, mais si l'architecture n'a rien qui captive votre attention, les trésors artistiques qu'elle renferme en font une des églises les plus intéressantes de Rome: les fresques et les peintures du Pinturrichio, qui a particulièrement travaillé à sa décoration, les seize colonnes de jaspe de Sicile, les marbres les plus rares de la chapelle des *Cibo*, les quatre belles colonnes de marbre gris noirâtre du maître-autel, et qui entourent une image miraculeuse de la Ste-Vierge, attribuée à St-Luc, les tombeaux de deux cardinaux, regardés comme les meilleurs modèles d'ornements modernes que possède Rome, tant par la pureté du dessin que par le fini de l'exécution, enfin la chapelle Chigi, bâtie et dessinée par Raphaël, donnent à cette église un intérêt de premier ordre.

Sur cette même place, faisant face à la Porte du Peuple, se

trouvent à gauche l'église de *Santa-Maria-de-Miracoli*, et à droite, séparée de la première par le Corso, l'église de *Santa-Maria-di-Monte-Santo*, avec des coupoles et un portique. L'absence complète de nef produit un singulier effet. Ces deux églises ne sont formées que par une seule rotonde.

En descendant la *Via Ripetta*, nous apercevons à gauche le mausolée d'Auguste. Ce magnifique monument, tout revêtu de marbre blanc, avait la forme d'une haute tour à trois étages concentriques élevée sur un soubassement carré, et surmontée de la statue d'Auguste, en airain. Deux obélisques, l'un vers le fleuve, l'autre vers la via Flaminenne (le Corso), se dressaient à côté de ce monument. Ils ornent aujourd'hui la place de Monte Cavallo, près le Quirinal, et celle de Ste-Marie Majeure. De ce magnifique monument il ne reste que peu de chose, les maisons qui l'entourent le masquant en partie.

Un peu plus bas, à droite, on atteint le port de la Ripetta, si tant est que l'on puisse donner ce nom à cette partie de la rive du Tibre où viennent s'attacher quelques barques. Ce fleuve, au cours irrégulier et capricieux, aux crues soudaines, dont nous voyons à nos pieds couler les eaux troubles et jaunes, de l'argile qu'il a délayé dans son passage à travers les plaines de l'Ombrie, roule ici avec toute sa puissance. Il prend sa source dans les Apennins en Toscane et doit son nom à *Tiberin,* roi d'Albe qui s'y noya (avant, il s'appelait *Albula*). Il entre dans Rome près la Porte du Peuple, coupe la ville en deux parties d'étendue fort inégale. On sait les inondations terribles qui sont un des fléaux de Rome. Plusieurs fois on a vu les eaux du Tibre dans la ville même. En 1598, ces eaux atteignirent la boule qui termine les colonnes du port de Ripetta. La navigation qui, autrefois y était assez active, est maintenant insignifiante.

Je signalerai en passant un fait assez curieux du Tibre. Pendant la sécheresse, ses eaux se maintiennent à un niveau de beaucoup supérieur à celui qui répondrait à la faible quantité de pluie tombée dans le bassin. Jamais leur débit d'étiage n'est inférieur à la moitié du débit moyen. Pour expliquer cette pérennité du Tibre, il faut admettre que pendant la saison des sécheresses le fleuve est alimenté par les émissaires des réservoirs souterrains où se sont accumulées les eaux de l'hiver.

Les ingénieurs admettent que la quantité d'eau qu'ils fournissent annuellement au Tibre est égale à celle que renfermerait un bassin de 63 kilomètres carrés sur une profondeur moyenne de 100 mètres. (E. R.)

L'empereur Ælius Adrianus s'était fait bâtir, de son vivant, un magnifique mausolée. Il voulu le relier à la rive gauche du Tibre et fit construire un pont qui longtemps s'appela Pont Elien, ou Adrien ; et actuellement le *Ponte S. Angelo*, soit depuis l'époque où Boniface IV fit construire au sommet du Mausolée la chapelle *anto Angelo internubes* (855), que remplaça beaucoup plus tard une statue de l'archange St-Michel, soit depuis celle où Clément IX (1688) ordonna au Bernin d'entourer ce pont d'une nouvelle balustrade en travertin (1) garni de grilles en fer et d'ériger sur les contreforts les dix statues en marbre qu'on y voit aujourd'hui. Elles représentent des anges qui portent dans leurs mains

---

(1) Travertin, ou pierre Tiburtine — pierre très employée dans les constructions des monuments Romains. La couleur du Travertin, quand on le tire de la carrière, est blanche, mais après un certain temps elle tourne au jaune, et prend une teinte rougeâtre, que l'on rencontre dans maints édifices, même relativement modernes.

les emblêmes de la passion du sauveur. Une seule est du Bernin, les autres sont de ses élèves. Elles ont été souvent critiquées, et j'y joindrai mon mot en disant qu'elles ont l'air trop échevelées. Assurément le dessin n'en est pas heureux, elles sont trop mouvementées.

Ce n'était pas assez pour les empereurs d'étaler leur faste aux yeux de leur peuple durant leur vie, ils voulaient encore que leurs cendres, « ce dernier débris de l'homme » servissent leur orgueil et fussent l'occasion de perpétuer dans les masses le souvenir de leur grandeur. Adrien voulut qu'on lui érigeât un tombeau qui surpasserait en magnificence tout ce qu'il avait rencontré dans ses voyages en Grèce et en Orient. Il était, nous disent les historiens, tout revêtu de plaques de marbres de Paros, orné de festons et de bucranes ; aux quatre angles des groupes d'hommes et de chevaux, le tout en bronze doré; des mosaïques pavaient le chemin qui menait aux chambres sépulcrales ; enfin, au sommet était la statue d'Adrien, dont la tête serait dans la salle ronde du Vatican. Ce lieu de sépulture des empereurs, dont il ne reste aujourd'hui qu'une tour massive, semblait prédestiné, et l'histoire nous dit le nombre des victimes qui y trouvèrent la mort, sinon la sépulture, soit par suite de guerres, soit par suite de meurtres, depuis l'époque où Honorius en fit une forteresse, le faisant ainsi rentrer dans sa ligne de défense de la ville de Rome.

Une peste terrible ravageait Rome en l'an 590. Le pape Saint-Grégoire-le-Grand, fit, nu-pieds et couvert d'un sac, une procession publique. S'acheminant vers la basilique St-Pierre, il vit dans les airs, en face du mausolée d'Adrien, un ange remettre son épée dans le fourreau. En mémoire de cette apparition et en actions de grâces de la fin du fléau, Boniface IV construisit, au sommet du Mausolée, la chapelle S. *Angelo inter Nubes* dont nous avons déjà dit un mot. Le Mausolée d'Adrien découronné de sa colonnade supérieure devint, sous le nom populaire de Château Saint-Ange, la forteresse papale, où se trouvait autrefois le parc de l'artillerie de l'armée pontificale. Maintenant le canon du fort est muet, et les peuples ne reçoivent plus la bénédiction papale *Urbi et Orbi*.

Si sceptique ou si indifférent soit-on, il me paraît difficile en approchant du *Monte Vaticano* de n'être pas saisi d'une légitime émotion. Sur cette montagne les devins (Vates) tenaient « quelque débit de mensonge » et amusaient le peuple idolâtre de leurs oracles (vaticinia) ; Néron égayait ses loisirs et éclairait les jeux du cirque en brûlant vifs des chrétiens enduits de poix enflammée ; sur cette montagne « un fleuve du sang de ces nobles victimes a coulé » pour apaiser l'ire du Peuple-Roi ; sur cette montagne Pierre apprit aux foules la vérité et y fut enseveli après son martyre ; de cette montagne enfin, Pierre parle toujours, et les haines, les persécutions, les guerres, les spoliations n'ont rien ôté à sa majesté et à sa puissance ; « La vérité s'est installée sur les ruines de l'erreur ; et St-Pierre, par sa mort, marqua et sanctifia le Sinaï de la loi nouvelle. » (Delloye). Aujourd'hui encore « portæ inferi non prævalebunt ; » et Satan a dû s'arrêter devant les portes de bronze !

Il y a pourtant quelque chose qui nuit singulièrement à l'effet grandiose de la place et de la basilique St-Pierre, c'est l'absence d'une large voie pour y donner accès. Tout ce quartier du Bourg présente des rues étroites, et aucunes ne font directement face à la place. Les expropriations eussent été vraiment utiles. Quel imposant coup d'œil si l'on eût pu, dès la place du Plébicite, admirer ce magnifique panorama qu'offre dans leur ensemble la place et la basilique! Comme aussi l'effet eut été plus imposant si les galeries du Bernin n'eussent pas été circonvenues d'aussi près par les maisons qui les entourent! On voudrait voir un immense espace libre autour de ce splendide ensemble.

Lorsque quittant le *Borgo Nuovo*, arrivant sur la place *Rusticucci*, qui forme pour ainsi dire l'entrée de la place St-Pierré, vous vous trouvez en face de ces colonnades et de la façade de la basilique, votre premier sentiment n'est pas celui de l'étonnement. Cet ensemble a un cachet tel et si unique, on peut le dire, que les gravures vous ont, depuis longtemps, fait connaître la *Piazza San Pietro*, et qu'en la voyant en réalité il vous semble que vous ne faites que renouer connaissance, et le « c'est bien cela » arrive aussitôt sur vos lèvres.

Cette place est enveloppée, sur les côtés, par une colonnade colossale d'un ordre se rapprochant du dorique, formée par quatre rangs de colonnes : on y voit trois allées : celle du milieu est assez large pour que deux voitures y passent de front. On compte deux cent quatre-vingt quatre colonnes. La balustrade qui les surmonte et qui atteint soixante et un pieds de hauteur supporte cent quatre-vingt douze statues de saints, de douze pieds de hauteur. Deux fontaines de Charles Maderne jettent une magnifique gerbe d'eau qui provient du lac Braccioni. Entre ces fontaines et l'obélisque est une pierre en marbre blanc, de forme ronde, placée dans l'axe des colonnes. On ne voit plus alors qu'un seul rang des colonnes, au lieu de quatre. C'est le centre de la circonférence que chaque hémicycle décrit. Lorsque vous quittez cet endroit, en marchant doucement, les colonnes semblent se multiplier magiquement.

Au centre de la place elliptique se dresse un superbe obélisque, sans hiéroglyphe, de granit siénitique; s'il n'est pas le plus grand, il est le plus estimé, car il est le seul qu'on ait trouvé dans sa position primitive, et par suite intact. Transporté d'Egypte (Héliopolis) à Rome par ordre de l'empereur Cajus Caligula, il fut dressé dans le cirque de Néron, près de l'endroit où est maintenant la sacristie de St-Pierre. Sixte-Quint résolut de le transporter à la place qu'il occupe. Ce fut un événement dans les annales Romaines. Le monolithe pesait 326,784 kil. d'après les calculs de Fontana, l'architecte, à qui avait été confiée l'érection de l'obélisque. Il fut glissé sur des rouleaux jusqu'à son emplacement. On raconte que Fontana n'avait pas calculé exactement l'allongement des cordes sous l'influence d'un pareil poids, et qu'à un moment donné, le monolithe, resté suspendu dans les airs, devenait immobile. La foule était immense, disent les historiens, l'anxiété des spectateurs profonde, le silence de l'attente s'était emparé de cette foule, lorsqu'un marin, nommé Bresca (de St-Remo), rompit le silence en s'écriant: « de l'eau aux cordes, *Acqua alle fune* ». On obéit aussitôt, les cordes se tendirent, et l'obélisque s'abaissa doucement vers sa base et demeura immobile. L'enthousiasme fut sans bornes, et l'heureux Fontana, promené en triomphe dans les rues de Rome, acclamé par la population toute entière. Sur sa demande, Bresca reçut, du pape, comme récompense, l'autorisation de fournir, ainsi que tous ses descendants, la ville de Rome de palmes pour la fête des Rameaux. C'est de Bordighera, dont était originaire la famille de Bresca, que viennent ces palmes. — Quelques historiens disent que le feu prit aux cordes, et que le matelot Bresca brava la défense qui avait été faite de faire entendre une parole, sous peine de mort, criant: « de l'eau aux cordes ». Cette dernière version ne me parait pas vraisemblable, ni pour la peine de mort prononcée, ni pour le feu qui eût pris aux cordes (1).

La croix domine l'antique aiguille (ὀβελίσκος) des Pharaons, et au pied du monument on lit ces superbes paroles :

Ecce Crux Domini — fugile — partes adversœ — vicit leo — de tribu Juda.

Et sur l'autre côté qui fait face à Saint-Pierre :

Christus vincit — Christus regnat — Christus imperat — Christus ab omni malo plebem suam defendat.

Tout ceci eut lieu en Septembre 1586.

A la place elliptique en succède une autre de forme trapézoïde, plus petite, qui s'élargit à mesure qu'on approche de la basilique, ce qui produit ce singulier effet que, pendant un moment, la basilique semble s'éloigner de vous à mesure que l'on en approche.

La colonnade du Bernin se continue des deux côtés, en formant deux galeries. A l'extrémité de la colonnade de droite se trouve l'entrée du *vatican* où se tiennent les Suisses, derrière la porte de bronze (portone di bronzo) entrée du palais papal. — Deux d'entre eux montent la garde, quelques autres sont là pour le service et... c'est tout ce qui reste de cette puissance qu'avait voulu le plus grand génie des rois. O ! Charles, malgré dix siècles, tes cendres ne vont-elles pas soulever la pierre du tombeau ? Mais pourquoi, en vérité ! les éloquentes pages de ta glorieuse histoire ne sont-elles pas tout à la fois un enseignement sans conteste et une accusation sans

---

(1) L'allongement des cordes sous un pareil poids est indiscutable. Fontana n'en avait pas fait le calcul exact ; l'eau projetée eut pour résultat d'en opérer le retrait et de faciliter l'ascension du monolithe. — Quant à la peine de mort, on se perdrait en conjectures sur la raison d'une pareille version.

réplique. Princes de la terre, vous êtes étonnés quand vos peuples frémissent et méditent des projets insensés et sanguinaires, ou quand vers vous leurs armes se dirigent, mais comme Charlemagne soyez donc avant tout grand par le droit et la justice, et vos peuples eux-mêmes apprendront de vous à respecter l'un et à aimer l'autre. Alors, comme un Saint-Louis, vous pourrez, et sans garde près de vous, rendre la justice sous les chênes de vos parcs royaux. C'est du sommet des montagnes que découlent les premières gouttes d'eau qui font les ruisseaux et les fleuves: l'eau sera limpide dans la vallée si du sommet à la base elle ne trouve rien qui la souille. — Le peuple est dans le vallon, et il reflétera toujours les doctrines qui viennent de la montagne.

La basilique Vaticane n'est pas moins mémorable par les souvenirs qu'elle rappelle que par le faste qu'elle déploie. Les grottes des potiers qui, au dire de Juvénal, exerçaient leur industrie sur le Mont Vatican devinrent la nécropole des premiers chrétiens. Après son martyr, St-Pierre fut déposé dans les grottes vaticanes. L'an 90, Anaclet, successeur de Pierre, lui érigea dans ces mêmes grottes un modeste oratoire. En 324, Constantin prit une pioche, ouvrit le sol, puis porta sur ses épaules douze paniers pleins de terre en l'honneur des douze apôtres, et les jeta dans l'endroit où l'on devait placer la première pierre de la basilique qui devait remplacer le modeste oratoire d'Anaclet. La basilique impériale dura onze siècles et demi.

De 1450, sous le pontificat de Nicolas V, jusqu'à 1606, sous celui de Paul V, la construction de cet édifice eut des fortunes bien diverses. Bramante voulut donner à la basilique la forme d'une croix grecque avec une immense coupole au centre, et des voûtes majestueuses au-dessus des bras de la croix. Les architectes se succèdent et ramènent tour à tour le plan de la basilique, tantôt à une croix grecque, tantôt à une croix latine. A 72 ans, le vieux Michel Ange prend la direction des travaux, et termine en quinze jours son plan qui transformait la basilique en croix grecque et faisait supporter le dôme par d'énormes murs au lieu de l'appuyer sur des colonnes. La façade devait consister en un portique analogue à celui du Panthéon. Puis il meurt à 89 ans, sans avoir pu achever son œuvre. Charles Maderne vient et transforme cette basilique grecque en croix latine. Il allonge la nef de trois travées masquées par une énorme façade, sans caractère religieux. La dédicace du temple eut lieu sous Urbain VIII, le 18 Novembre 1626. 176 années s'étaient donc écoulées pour la construction de la basilique. A la fin du XVIIe siècle, les frais se montaient à 250,000,000 de francs. L'entretien annuel exige une somme d'environ 160,000 francs.

Nous sommes au pied du vaste escalier à trois rampes, en marbre blanc, qui conduit au portique. Deux statues colossales placées par Pie IX sont aux angles; (St-Pierre et St-Paul). La façade qui, vue de l'obélisque, nous paraissait de moyenne dimension, se découvre de là dans tout son imposant aspect. Elle se compose de huit colonnes corinthiennes et de quatre pilastres supportant un attique, qui est lui même surmonté de treize statues (N. S. et les apôtres). Dans la galerie supérieure est la *Loggia* d'où le St-Père donnait à Pâques la bénédiction papale, *Urbi et Orbi*.

Cinq portes donnent entrée sous le magnifique portique de Ch. Maderne ; aux extrémités du vestibule, les statues équestres de Constantin le Grand, à droite ; et de Charlemagne, à gauche. Cet atrium aux nobles proportions renferme la célèbre mosaïque de la *Navicella* placée au-dessus de la porte d'entrée du milieu. Elle fait face à la porte de bronze de la basilique — Une barque contient onze apôtres dont les attitudes diverses expriment l'effroi : St-Pierre marche sur les vagues étendant les mains vers J.-C. qui le soutient. Cinq portes donnent également entrée dans la basilique ; l'une, la *Porta Sancta*, ou du Jubilé, n'est ouverte qu'à l'année sainte.

Comme la ville elle-même, St-Pierre ne subjugue pas au premier abord. D'après la renommée de cet édifice, il vous semble qu'aussitôt sous ses voûtes, votre admiration sera puissamment saisie ; il n'en est rien. A première vue, vous êtes étonné de ces proportions gigantesques, mais elles demandent une sorte d'accoutumance pour en apprécier tout l'effet grandiose. En effet, le génie des architectes qui ont successivement concouru à la construction de cet édifice a été surtout de savoir harmoniser les proportions de ce colossal monument. Ils y sont si bien parvenus que non-seulement on ne se rend pas compte tout d'abord de l'immensité de l'édifice, mais qu'aussi il vous paraît d'une simplicité remarquable. Toutes les lignes sont si habilement menées, les voûtes, les courbes, les angles, rentrants ou saillants, ont été si habilement coordonnés dans les détails et dans l'ensemble, que la hardiesse des dimensions ne vous saisit pas dès le premier coup-d'œil, tant les proportions sont admirablement gardées. L'architecture est à la fois simple et grandiose : n'est-ce pas le comble de l'art ?

Dans la pensée de Michel Ange l'édifice n'était pas destiné à saisir par le profil où l'heureuse harmonie des lignes, mais bien à mettre en relief la grandeur du monument qui eût été placée tout entière dans la gigantesque hauteur des parties. Aucune ligne de profondeur n'y eût été nécessaire. » En adoptant le plan d'une croix latine, on arrivait au premier effet, et avec la croix grecque on atteignait le second. Avec un peu d'attention on aperçoit assez aisément le défaut d'unité dans la construction, défaut d'unité qui tient aux idées différentes des architectes ; les uns voulant la croix grecque, les autres la croix latine. Au point de vue du style, on peut assurément regretter la prolongation de la nef — bras Est de la croix grecque — qui a dénaturé l'œuvre de Michel Ange. Disons pourtant que Ch. Maderne a su s'en tirer en architecte habile, et qu'il a augmenté ainsi assez notablement la dimension de la basilique, ce qui, au point de vue des cérémonies publiques, n'était point inutile.

Beaucoup d'auteurs ont exercé leur critique sur cet édifice grandiose, et je veux encore relater celle d'E. Reclus qui, pour être sévère, n'en renferme pas moins des idées justes. « Les juges ont beau dire que le génie de Bramante et de Michel Ange se fait sentir au point de ramener tout ce qui est ridicule ou mauvais aux simples proportions de l'insignifiance, on ne peut s'empêcher de remarques qui sortent du cadre de l'insignifiance.

« Le monument est rapetissé par la multiplicité des ornements, et chose plus grave encore, il ne répond, comme architecture, qu'à une phase transitoire et locale de l'histoire du catholicisme. Loin de représenter toute une époque avec sa foi, sa conception, une et cohérente des choses, il ramène, au contraire, à un âge de contradictions, où le paganisme de la renaissance et le christianisme du moyen-âge tâchent de se fondre en un néo-catholicisme pompeux qui caresse les sens et s'adapte de son mieux au goût et aux caprices du siècle. Sous les sombres nefs gothiques, l'impression est bien autrement profonde. »

Ces dernières paroles surtout me paraissent d'une critique judicieuse. On se demande pourquoi, en pénétrant sous ces voûtes, rien ne vous saisit au premier abord, c'est qu'outre les remarques faites précédemment, « le paganisme de la renaissance et le christianisme du moyen-âge tâchent de se fondre en un néo-catholicisme pompeux qui caresse les sens et s'adapte de son mieux au goût et aux caprices du siècle ; c'est que, sous les sombres nefs gothiques l'impression est bien autrement profonde ». Voilà pour nous la raison la plus vraie peut-être de cette indifférence relative que vous éprouvez en entrant dans la basilique. Vous pénétrez dans la maison de Dieu, et malgré vous, votre esprit voudrait être saisi d'un sentiment chrétien qui vous impressionnât vivement. Or, St-Pierre n'est pas religieux. Les souvenirs, les décorations de l'édifice, et plus encore, jadis les splendides cérémonies de la basilique Vaticane reveilleront votre foi, et votre âme chrétienne ne dira pas sans émotion le *Credo* des apôtres, à genoux devant la confession ; mais ce n'est pas le caractère religieux de l'église qui amène tous ces sentiments en votre âme. Pour ma part, je ne souscris pas à cette parole d'un des coryphées de la philosophie du siècle dernier. « Je crois sous le Dôme de St-Pierre ». Plus heureux, la grâce de Dieu nous a toujours soutenu, et notre foi ne s'est jamais éteinte ; mais si nous sommes resté longtemps en prières devant ces balustrades où tant de générations sont déjà venus implorer et prier, ce n'est assurément pas parce que, dominé par le recueillement que nous inspirait ce sanctuaire, nous nous sentions retenu comme malgré nous.

« C'est un sanctuaire qui est un musée » dit l'abbé Lamurée. Parole qu'il ne faudrait pas prendre à son sens littéral, mais qui renferme une grande part de vérité et qui peut justifier notre critique.

Mentionnons quelques-uns des chefs-d'œuvre que renferme ce colossal édifice qui mesure environ (car les chiffres des auteurs ne sont pas tous concordants), à l'intérieur 187 mètres, à l'extérieur 219 mètres; Hauteur de la grande nef 45 mètres, sa largeur 25 mètres. La base des pilastres a 4 mètres de largeur, et couvre environ 16 mètres carrés en superficie. La coupole jusqu'à la voute de la Panterne à 117 mètres de hauteur; le transept 137 mètres de long. La superficie carrée de l'édifice est de 21,192 mètres carrés; 40,000 personnes peuvent assister aux cérémonies.

Faisons le tour de la basilique en commençant par la droite. Michel-Ange avait 24 ans lorsqu'il sculpta le groupe qui décore la chapelle de la Pieta : la Ste-Vierge tenant sur ses genoux son divin fils qui a rendu le dernier soupir. « Si l'air de jeunesse de la Vierge étonne au premier abord, on doit ne pas oublier que Michel-Ange avait voulu faire ressortir la Ste-Virginité que Marie a toujours conservée. »

La chapelle du St-Sacrement, qui a environ 30 mètres de large sur 15 de profondeur, est fermée par une magnifique grille en fer. C'est ici, qu'après leur décès, sont exposés pendant trois jours les souverains pontifes. Son tabernacle en bronze, orné de pierres précieuses, est d'un admirable effet. A droite, on voit au niveau du sol le tombeau de Sixte IV, représenté étendu sur un lit funèbre. Les sujets décoratifs qui l'entourent sont remarquables.

Continuant notre visite, nous admirons ces magnifiques tombeaux des papes, où le ciseau de l'artiste a été à la hauteur de sa pensée, ces mosaïques qui ornent des chapelles dont la plus petite ferait l'ornement principal de beaucoup de nos églises, et nous arrivons à l'abside en face de la chaire de St-Pierre. Ce monument en bronze doré « renferme le siège curule en bois d'Egypte, orné de plaques d'ivoire, appartenant au sénateur Pudens qui, après avoir reçu St-Pierre dans sa maison, le lui donna, pour évangéliser les néophites venus chez lui, dans le but d'entendre la bonne nouvelle. » Son antiquité est incontestable et les travaux de M. de Rossi, qui ont paru dans son bulletin archéologique, ne saurait mettre en doute son authenticité. Quatre figures représentant deux docteurs de l'Eglise latine (St-Ambroise et St-Augustin) et deux de l'Eglise orientale (St-Athanase et St-Jean-Chrysostome) sont posées sur de larges piédestaux et soutiennent un trône magnifique qui renferme le siège dont nous venons de parler. Au-dessus de la chaire, deux anges portent la tiare pontificale entourée d'un nombre infini d'anges ; au milieu la colombe, symbole de l'Esprit-Saint, qui « couvre de ses ailes tutélaires le trône de Pierre ». Le Bernin a trop visé à l'effet aux dépens du sentiment artistique. C'est une critique que l'on peut adresser à bien des monuments dûs à cet artiste éminent qui, sous divers papes, a doté la ville de Rome de tant de chefs-d'œuvre. Beaucoup d'auteurs le jugent sévèrement, et l'on ne peut nier qu'il cherchait avant tout l'effet, et parfois, je le répète, au détriment du goût. Il avait la conception puissante, mais il ne savait pas perler ses œuvres.

Redescendant la nef latérale gauche nous verrons également de nombreux mausolées des papes. Le plus curieux, avant d'arriver au transept, est celui d'Alexandre VII. Au sommet la statue en bronze d'Alexandre VII ; au-dessous, la Charité, la Prudence, la Justice et la Vérité ; l'ange de la mort, représenté par un squelette de cuivre doré, soulève une draperie de marbre et présente au pontife un sablier. On retrouve cette hardiesse de dessin du Bernin qui fit là une de ses dernières œuvres. Rien n'est suave dans cette composition, l'idée est même singulière. Ce tombeau pourrait convenir à un rhéteur qui, dans ses discussions sans fin, oublie trop souvent le terme de la vie; mais le vicaire du Christ n'oublie pas cette parole : « Mon royaume n'est pas de ce monde. » Les tableaux, les mosaïques, les autels méritent l'attention la plus soutenue, et rien ne lasse, tant tout est véritablement remarquable.

La chapelle du chœur ou des chanoines de St-Pierre fermée par une grille de fer ornée de bronze doré, possède au-dessus de l'autel une mosaïque de l'Immaculée Conception. Le corps de St-Jean Chrysostome repose sous l'autel. Plus loin l'urne funéraire dans laquelle on dépose les restes du dernier pape défunt. On y lit aujourd'hui le nom de Pie IX de très haute, très vénérée et très sainte mémoire.

Si nous reprenons la grande nef, nous nous arrêterons devant ces bénitiers de grandeur extraordinaire qui sont un des objets qui restent le plus dans les souvenirs de ceux qui ont visité St-Pierre. Des anges en marbre blanc soutiennent deux coquilles en marbre jaune. Au premier coup-d'œil on les croirait de la taille de jeunes enfants ; mais approchez, et vous vous arrêterez stupéfaits de leurs dimensions ; ils ont en effet 7 à 9 pieds. Livoni et Moderati ont su garder les formes graciles de l'enfance ; et ces groupes, malgré leur énorme proportion, restent fort gracieux. De nombreuses statues sont adossées aux piliers de la nef (Vincent de Paul, Philippe de Néri, Ignace de Loyola, etc.).

A la hauteur du dernier pilier, sur un socle en marbre d'environ cinq pieds, repose une statue autour de laquelle règne une procession presque ininterrompue. C'est la statue en bronze de St-Pierre. La statue est médiocre et ceux qui l'entourent n'y viennent pas contempler un chef-d'œuvre. Mais si au point de vue de l'art, elle laisse froid, au point de vue chrétien, elle est pleine d'enseignements, pleine de consolation. St-Pierre assis tient d'une main les clefs, il est le gardien de la cité de Dieu, *civitas Dei* ; de l'autre il élève les doigts pour bénir. N'est-il pas ici-bas le représentant du Dieu qui est tout amour « *Deus charitas est.* » Et la suite est ininterrompue de ceux qui placent leur front sous la sandale de Pierre et leur lèvre sur le pouce de bronze (le pied est chaussé en cothurne) qui est littéralement usé par ce frottement des lèvres. Assurément « ce n'est pas au métal que s'adressent ces hommages, ils montent plus haut, ils s'élèvent jusqu'au type idéal de toute sainteté, de toute vertu, de toute perfection, jusqu'à Dieu. » (L'abbé Lamurée.) Presque tous les antiquaires romains croient que cette statue a été érigée au ve siècle par ordre de St-Léon. On fit fondre alors la statue de Jupiter Capitolin pour la transformer en statue de St-Pierre.

Nous voici sous la coupole de St-Pierre. C'est assurément la partie incomparablement la plus merveilleuse de la basilique, et comme le dit le Chanoine de Bleser, nous sommes au cœur de l'œuvre de Michel-Ange. La croix grecque devait encore en faire ressortir l'indicible majesté. Sous ce dôme, il est impossible de n'être pas saisi d'admiration, tout y est grand, harmonieux, imposant audelà de ce que peut dire le langage humain. Qu'il doit être beau d'entendre sous ces voûtes majestueuses ce chant superbe que les chrétiens seuls possèdent — car toutes les sectes, en dehors d'elle, ont été incapables d'en formuler un semblable — *Credo!* Je crois en J.-C. « *cujus regni non erit finis.* »

Au reste tout prête à faire de cette coupole, un chef-d'œuvre sans analogue ; ses quatre belles et colossales statues qui sont placées dans les immenses piliers qui soutiennent cette gigantesque construction (St-Longin tenant une lance, Ste-Hélène la Croix, Ste-Véronique le St Suaire, St-André); aux quatre angles de la coupole, et au-dessus des précédentes statues les quatre évangélistes en mosaïques (ils mesurent 7 mètres et la plume de St-Luc 6 pieds, 1 m. 90 environ). Puis dans la frise, sur un fonds en mosaïque d'or, on lit en caractères bleus de 7 pieds de hauteur l'inscription suivante : *Tu es Petrus, et super hanc petram œdifiabo ecclesiam meam et tibi dabo claves regni cœlorum*; puis, enfin dans la concavité de la coupole, les portraits d'évêques, de pontifes, Jésus, Marie, St-Jean-Baptiste, les douze apôtres, et différents chœurs d'Anges, de Chérubins, de Séraphins.

Au centre de la coupole est l'autel papal et la confession. Urbain VIII chargea le Bernin de la construction du baldaquin qui devait couvrir le maître-autel de la basilique, où le pape seul a le droit d'offrir le sacrifice. Il est tout en bronze doré et soutenu par quatre colonnes, toutes d'ordre composite, de la hauteur de 34 pieds. Elles soutiennent une draperie de bronze régulièrement découpée que couronne un globe surmonté d'une croix. La hauteur totale est de 86 pieds, soit près de 30 mètres.

Sous le maître-autel est la confession, lieu de sépulture du prince des apôtres. Paul V fit décorer par Ch. Maderne cette confession, partie de l'oratoire d'Anaclet. Elle est environnée d'une balustrade de marbres précieux sur laquelle brûlent 142 lampes toujours allumées. On ne les éteint que le vendredi Saint. Un double escalier descend dans la confession, où est enterré Pie VI. On y a placé sa statue en marbre, bel ouvrage de Canova. La basilique est pavée de très beaux marbres qui demandent à eux seuls des soins assidus.

Nous nous agenouillâmes une dernière fois près du

tombeau du prince des apôtres, où tant de générations sont déjà venues apporter l'hommage de leur foi, et nous quittâmes ce mausolée avec d'émouvants souvenirs, de grandes pensées et les sublimes espérances.

Bien que j'aie à deux reprises passé de longues heures dans les galeries du Vatican, je ne puis, l'espace faisant défaut, et bien plus encore les qualités de critique, entrer dans des considérations fort longues, relatives à ce palais des Papes, le plus grand du monde, comme Saint-Pierre est la plus grande église de l'univers. Ce palais, ou plutôt cette réunion de palais, est l'œuvre de 16 papes, depuis Nicolas V jusqu'à Pie IX. Si tous ne contribuèrent pas d'une égale manière à l'agrandir, il fut de la part de tous l'objet de soins vigilants. Tous donc, sans exception, furent les protecteurs des beaux-arts, et cependant on n'en continue pas moins à représenter les papes, les chefs visibles de l'Eglise de Dieu, comme des ennemis de la science et du beau, n'ayant d'autre souci que de ramener l'humanité au sein des plus épaisses ténèbres. Peuples du Nord, du Midi, de l'Orient ou de l'Occident, dont l'intelligence et le cœur se laissent aujourd'hui pervertir par des doctrines sataniques, parcourez donc ces huit grands escaliers, ces vingt cours, ces 4,222 salons, et osez nier après que ce ne soit pas une infâme calomnie que d'accuser l'Eglise de J.-C. d'ignorantisme. Devant tous ces chefs-d'œuvre amassés depuis des siècles, reconnaissez encore qu'elle défie toutes les nations pour son amour des beaux-arts, et non-seulement dans le genre sacré mais dans le genre profane. Car non-seulement vous y verrez les chefs-d'œuvre de Michel Ange, de Raphaël, du Pinturrichio, du Dominiquin, du Perrugin, du Poussin, du Corrège, du Titien, etc., etc., mais vous y trouverez les plus célèbres ouvrages de l'art antique, tout ce que de beau pouvait vanter la sculpture grecque et romaine, le plus parfait ensemble enfin de ce qui servait à décorer les forums, les cirques, les thermes, les tombeaux, les amphithéâtres, les temples et même les palais des empereurs romains.

Et osera-t-on écrire ou dire encore qu'il faut s'affranchir du joug de Rome, parce que Rome veut étouffer l'essor des intelligences ! mais dans ces murs n'allez-vous pas trouver encore les immortels travaux d'un Augustin, d'un Thomas d'Aquin, de Bossuet, Bourdaloue, Fénelon, voire du P. Secchi, d'excellente mémoire, et que venez-vous donc nous conter, homme plein d'orgueil et de mensonge.

Ce fut le dimanche 21 Mai 1877, jour de la Pentecôte, qu'il me fut donné d'assister à une de ces audiences publiques que Pie IX prodiguait, malgré ces fatigues et son grand âge, à tous ces pèlerins qui « pleuvaient » des quatre points cardinaux apportant le témoignage de leur respect filial et la preuve de leur attachement au vicaire de J.-C. Ce sera assurément un des faits les plus considérables de l'histoire du XIXe siècle que ce mouvement inouï qui, à l'occasion des noces d'or de Pie IX, s'est fait avec un élan qui rappelait celui que les croisés manifestèrent lorsqu'à la voix de Pierre l'Ermite, ils partaient à la délivrance de la terre sainte, au cri mémorable et magnifique de « Dieu le veut ! » Pas n'était besoin d'un nouveau Pierre l'Ermite ; l'heure était grave et des milliers d'hommes trouvant en leur cœur ce cri qui entraîna nos pères sur une autre route, partirent pour donner au monde, que la lèpre du scepticisme dévore, ce spectacle, grandiose et unique dans l'histoire, de multitudes innombrables mues par leur seul sentiment de foi, hommes de toutes langues, de toutes nations, venant aux pieds de Pierre, en la personne de Pie IX, apporter la preuve de leur affection.

Dieu le voulait ainsi pour donner à l'un de ses plus fidèles serviteurs un témoignage public qui lui soit tout à la fois une source de consolation et un gage d'espérance. Dieu le voulait car les jours de Pie IX étaient comptés. Mais, assurément, cette 31e et dernière année de son pontificat a dû être la source de grandes joies, de grandes consolations et de saintes espérances pour cet illustre Pontife.

Lorsque les gardes nobles annoncèrent l'arrivée du Saint-Père, le silence s'empara de la foule, les yeux fixés vers la porte où allait apparaître Pie IX.

Sa Sainteté entre portée sur son fauteuil par quatre valets habillés en rouge, et tous les genoux de fléchir. Je contemplai avec émotion cette noble figure, qui, à défaut de la distinction des traits, avait à un point inexprimable la mobilité de la physionomie.

Elle fit en italien une allocution de dix minutes environ, sur l'orgueil. La voix était pleine et forte, les inflexions avaient un charme infini : tantôt la parole s'adoucissait, le visage avait un inexprimable sourire de bonté, tantôt la voix s'élevait, la face devenait sévère, la lèvre serrée, le regard presque dur, puis tout-à-coup un rayon d'une indicible bonté, et avec lui revenaient les paroles de clémence.

Pie IX avait 85 ans, et je fus frappé du peu d'altération des traits du visage. A cet âge, les rides sont d'ordinaire plus accentuées. Mais si nul pape n'eût plus de fermeté, peu ont eu peut-être aussi complète cette sérénité d'âme qui, au milieu des jours les plus douloureux de son Pontificat si long et si agité, ne le quitta jamais. Aucun peut-être n'eût l'esprit plus ferme, plus large, plus haut; aucun peut-être le cœur plus tendre. Les rides ne décèlent-elles pas trop souvent l'inquiétude et l'agitation de l'âme. Les forces physiques étaient, hélas!

bien celles d'un vieillard, et il était véritablement merveilleux d'entendre la voix du pontife encore si pleine, si large, si chaude, lorsqu'on voyait la débilité de son corps. Au moment de bénir l'assemblée, il se leva, mais ses forces le trahirent, et à peine levé, il dut s'appuyer de la main gauche sur le bras de son fauteuil. Tous, agenouillés, nous reçûmes cette suprême bénédiction, écoutant pour la dernière fois la voix du grand et immortel Pie IX ! Neuf mois après, le 7 février, Pie IX mourait, mais les 12000 et 12000 et 12000 des tribus étaient venus recevoir la bénédiction du vicaire de J.-C., et à la dernière heure, il put répéter : *portæ inferi non prævalebunt.*

Le Borgo communique avec le *Trastevere* par la *Via della Longara* qui nous conduit à l'église de *Santa-Maria in Trastevere.* Cette basilique, du titre de St-Jules, pape, qui la fit rebâtir en 340, et de St-Calixte qui repose sous le maître-autel, occupe l'emplacement des *Taberna meritoria,* espèce d'hôpital de soldats invalides, et magasin public où, sous les empereurs romains, on déposait les marchandises. Sous le règne d'Auguste, on vit tout-à-coup jaillir, au lieu occupé par la *Taberna* une fontaine d'huile qui coula pendant tout un jour. Plus tard, la *Taberna* fut abandonnée. Les chrétiens la prirent à bail et y construisirent un oratoire. Cette huile miraculeuse n'avait-elle pas été l'annonce symbolique de la naissance (sous le règne d'Auguste) de l'Oint par excellence ? Mais ils furent inquiétés par les cabaretiers du voisinage, mauvaise engeance, paraît-il, sous tous les régimes, et Alexandre Sévère donna le rescrit suivant : « Il vaut mieux que Dieu soit honoré n'importe comment dans la *Taberna* que de la livrer aux cabaretiers. » Les chrétiens y bâtirent une église qui fut consacrée, en 224, par le pape St-Calixte. C'est la plus ancienne église de Rome, et la première élevée dans cette ville en l'honneur de la Vierge-Mère : quelques auteurs prétendent que ce fut Sainte-Marie-Majeure (Serrano).

La façade est ornée d'une mosaïque du XIIe siècle : les vierges sages et les vierges folles ; huit avec des lampes éteintes, et deux avec des lampes allumées, les premières vêtues somptueusement, les secondes ont «pour attribut le nimbe et la couronne. Au centre, la Sainte-Vierge donnant le sein à l'enfant Jésus, et au bas on lit cette inscription que je traduis : « Occcupé par le soldat émérite ; je suis le grand hospice, occupé par Marie, je m'appelle plus grande et je le suis ; alors, je répands de l'huile, emblème de la grande miséricorde du Christ naissant, et maintenant je la donne à ceux qui la demandent. »

Lorsque vous avez franchi le portique et pénétré dans cette basilique à trois nefs, vous êtes frappé tout d'abord de la forme rectangulaire de l'édifice, et plus encore de l'aspect particulier de ses 21 colonnes de granit provenant d'un temple d'Isis et de Sérapis et d'Harpocrate, et toutes d'une forme différente. Quelques-unes d'entre elles ont leurs chapiteaux ioniques ornés des images de ces divinités. Elles forment un singulier contraste avec l'intérieur, et l'effet est plus original que joli. Le pavé est formé de porphyre de vert antique et de mosaïques fort anciennes et d'autres marbres rares. Le Dominiquin a peint dans le plafond l'Assomption de la Ste-Vierge.

Quand on est à la naissance des marches de porphyre qui montent au sanctuaire, on voit sur la droite, dans le pavé, une ouverture circulaire garnie d'une grille. Au-dessus on lit : *Fons olei*, fontaine d'huile, et à coté *hinc Oleum fluxit, cum christus Virgine luxit* ; d'ici coula une fontaine d'huile lorsque le Christ naquit de la Vierge. Le marche-autel est surmonté d'un baldaquin. Sous la confession repose le corps de St-Calixte, et de quatre autres martyrs. Au fond de l'abside on voit un siège épiscopal antique, au-dessus duquel on lit: *Prima ædes Deiparæ dicata*. La voûte est décorée d'une belle mosaïque du XIIe siècle, représentant J.-C. et la Vierge tous deux assis, et entourés de St-Pierre, St-Calixte et d'un assez grand nombre d'autres saints. On y voit également le portrait d'Innocent II: « L'antique masse allait s'écrouler, quand le pape Innocent II, originaire de cette cité, l'a renouvelée » dit la fin d'une inscription en lettres d'or qui enroule la composition principale.

Derrière le chœur, et symétriquement placées se trouvent, à gauche, la chapelle du St-Sacrement, où l'on voit des fresques qui représentent le concile de Trente, et celle du chœur d'hiver due aux libéralités du Cardinal d'York, le dernier des Stuarts. Les chapelles des nefs latérales ne contiennent rien de curieux.

Nous allons gravir le *Monte Gianicolo* pour visiter St-Pierre in Montorio, et l'Acqua Paola, (fontaine Pauline). Le Mont Janicule, le plus haut de Rome, (85 m.) ne faisait point partie des sept collines. Il prit son nom de Janus, roi des Aborigènes qui avait bâti sur ce mont sa ville, vis-à-vis du Capitole. Ancus Martius y éleva une forteresse pour protéger la navigation du Tibre, et opposer une barrière aux incursions des Etrusques, et réunit le mont à la ville par une double muraille.

Une partie du Mont fut appelée plus tard *Monte Aureo* et plus vulgairement *Montorio*, nom dû à la couleur de ses sables, et c'est ainsi que fut appelé *St-Pierre in Montorio*, l'Eglise construite en 1500 par l'ordre de Ferdinand le catholique et d'Isabelle d'Espagne, à l'endroit où St-Pierre souffrit, dit-on, le martyr. Pour y arriver il faut suivre une voie en zigzags, assez escarpée, ornée des stations du chemin de la Croix. La terrasse où elle aboutit offre un magnifique panorama de la cité moderne, des montagnes du Latium et de la plaine qui s'étend au-delà de la basilique de St-Paul jusqu'à la mer.

Cette église, desservie par les religieux de l'ordre de St-François (mineurs observantins) n'a qu'une nef et possède quelques peintures, et fresques très remarquables, notamment la magnifique peinture à l'huile sur pierre de Sebastiano del Plombo, la Flagellation, d'après les dessins de Raphaël, dans la première chapelle à droite.

L'on traverse à droite un étroit couloir pour entrer dans le cloître. Au centre s'élève un gracieux petit temple de forme ronde, chef-d'œuvre du Bramante. Il a un pérystile de 46 colonnes doriques en granit gris, bases et chapiteaux en marbre blanc, le reste en travertin. Il est surmonté d'une coupole qui abrite une chapelle où se trouve une statue de St-Pierre. Un trou défendu par un grillage en fer laisse apercevoir la chapelle souterraine à l'endoit même où fut plantée la croix sur laquelle mourut le prince des apôtres. « Il toucha le sol de la tête, non des pieds, indiquant par ce fait que la capitale du monde païen était pour sa primauté non un lieu de passage, mais une demeure stable et fixe. » (Delloye). Un religieux, à l'aide d'un long bâton, retire du fond de ce trou une pincée de sable jaune (*Monte aureo*), qui est remise à chaque touriste.

On monte encore quelques minutes et l'on découvre la fontaine Pauline. Les eaux qui coulent en abondance viennent de l'ancienne eau Trajane, du lac Bracciano, et du lac Martignagno. Cette eau, arrivée au point culminant du Janicule, à 64 mètres au-dessus du Tibre, va arroser le quartier du Vatican, et celui du Transtevère. La longueur totale de ces trois aqueducs est de 27 lieues. Ils fournissent par 24 heures 180,500 mètres cubes d'eau. La fontaine se compose d'une grande façade à cinq arcades, séparées par cinq colonnes de granit rouge d'ordre ionique, qui décorèrent la grande fontaine du temple de Minerve du forum de Nerva. Ces travaux furent exécutés sous Paul V (1611). Des torrents d'eau s'échappent du milieu des trois plus grandes arcades et tombent dans un vaste bassin construit sous Innocent XII.

Rome, par sa situation topographique, manquait d'un élément vital pour le développement d'une cité. Aussi, depuis sa fondation, tous ses édiles se préoccupèrent vivement de lui amener cette eau qu'elle ne pouvait trouver dans ses murs. Ils furent obligés d'aller la chercher au loin. Du temps de Trajan neuf grands aqueducs, mesurant environ 422 kilomètres, apportaient à Rome environ 20 mètres cubes d'eau par seconde.

On sait combien les papes, si vigilants pour leur cité, firent de travaux pour augmenter cet élément de bien-être et de salubrité. Aussi Rome est-elle une des villes du monde la plus abondamment pourvue d'eaux vives. (La quantité est de 944 litres par jour et par habitant).

Le *Ponte Sisto* que nous traversons pour nous rendre ensuite par les *Via del Fontanone* et *Via Giula* à l'église de *S.-Giovani di Fiorentini*, fut très anciennement appelé *Pons Janiculensis*. Il fut remplacé, sous le règne de Marc-Aurèle, par un autre entièrement construit en marbre et qui retint son nom, d'Antonin le Pieux. Sixte IV le fit reconstruire en 1473, et le Pont prit le nom du Pontife. L'architecte se servit des anciens piliers.

L'église de *S.-Giovani decollato* doit son origine à une confrérie de nobles Florentins. (Cette église nationale appartient encore aux Toscans) : l'objet de leur institut est de porter secours et consolation aux condamnés à mort. Elle fut construite par les Florentins en 1588 et présente trois nefs séparées par d'énormes piliers. L'autel du transept possède une célèbre peinture de Salvator Rosa, représentant le martyr des saints Cosme et Damien, patron des chirurgiens (les saints condamnés aux flammes).

L'église de *Santa-Maria in Valicella*, plus connue sous le nom de *Chiesa Nuova*, dut son premier nom à son emplacement. Là, il y avait autrefois une petite vallée. St-Grégoire y fit bâtir une église en l'honneur de la Ste-Vierge, et Grégoire XIII (1575) la concéda à St-Philippe de Néri qui fit élever le temple somptueux qui prit le nom de *Chiesa Nuova* (église neuve) pour l'ordre des oratoriens dont il fut le fondateur — Ce saint, particulièrement aimable, qui fonda l'hôpital pour les pauvres pèlerins, fut aussi le fondateur des *Oratorios* ou concerts de musique sacrée, établis dans le but de procurer gratuitement au public de Rome, pendant les dimanches et fêtes de l'Avent et du Carême, une innocente récréation.

L'intérieur est à trois nefs. Il fut richement décoré par l'infatigable Pierre de Cortone qui peignit la voûte, la coupole, ses pendentifs et la tribune. Le maître-autel est décoré de quatre belles colonnes de marbre de *Porta Santa*. Les trois magnifiques toiles sont de Rubens, au milieu la Sainte-Vierge, de chaque côté des saints martyrs. Le tabernacle, surmonté d'un crucifix, est couvert de pierres précieuses. Au fond de la nef à gauche, dans la chapelle dédiée à St-Philippe de Néri, le corps de l'apôtre de Rome, comme on l'appelle, repose dans l'urne sous l'autel. Cette chapelle est toute resplendissante des marbres les plus rares, entremêlées de pierres précieuses.

La sacristie mérite également une visite. La voûte, peinte par de Cortone, représente l'archange St-Michel qui porte les symboles de la Passion. La statue de St-Philippe de Néri est une des belles œuvres de l'Algarde. On y voit, dans des armoires, divers objets qui ont appartenu au saint. Le couvent est actuellement occupé par divers tribunaux. Puissent au moins les juges s'inspirer des enseignements de Philippe, pour avoir droit à cette confiance filiale des Romains que le saint mérita à tant de titres. Le saint y vécut, et y mourut le 26 Mai 1595, âgé de plus de 80 ans.

La place *Navone*, la plus grande place de Rome après St-Pierre, occupe l'emplacement du cirque d'Alexandre Sévère et en a gardé la forme. Les maisons qui l'entourent sont bâties sur les fondements des gradins. Son nom lui vient des luttes (agones, dont on a fait par corruption *Nagone*, puis *Navone*) qui s'y donnaient. Cette place qui doit à sa forme elliptique très allongée son cachet particulier, et peu gracieux dans l'ensemble, est décorée à son centre d'une fontaine, œuvre du Bernin et où l'on retrouve les qualités et les défauts de cet artiste éminent. Le Bernin savait assurément tailler dans le marbre, mais le fini, je l'ai déjà dit, ne présidait pas toujours à ses œuvres. Au milieu d'un vaste bassin rond en marbre pentetique, s'élève un amas de rochers percés à jour de quatre côtés, de manière à former une sorte de caverne d'où s'échappent les eaux de quatre fleuves, sous la figure de statues allégoriques (le Gange, le Nil, la Plata et le Danube). Un lion, dans un antre, semble humer l'eau du bassin qui est au-dessus de lui ; un cheval marin s'avance d'un autre côté ; du sommet des rochers émerge un obélisque de granit rouge, avec des hiéroglyphes, ouvrage romain du temps de Domitien. Cette fontaine, assurément, est d'un très-bel effet.

En face cette fontaine, et vers l'Ouest, se trouve l'Eglise

Ste-Agnès-place-Navone. A peine la paix fut-elle donnée aux chrétiens par Constantin, qu'on changea en église le lupanar pratiqué sous les arcades mêmes du cirque d'Alexandre Sévère. Innocent X la reconstruisit, en 1652, sur les dessins de Rinaldi. L'intérieur est en forme de croix grecque, ce qui, outre l'ampleur que l'édifice en acquiert, permet aux fidèles de suivre de partout les saints offices (ce qui est impossible avec les nefs latérales), avantage assurément très précieux.

La riche et élégante façade, en travertin, est ornée de colonnes composites et de deux clochers ; l'intérieur est en marbre blanc jusqu'à l'entablement, orné de stucs dorés et décoré en marbre corinthien. On ne rencontre des peintures que dans la voûte. On y voit des statues et de magnifiques bas-reliefs, ouvrage des artistes les plus célèbres de cette époque.

A gauche de la chapelle Ste-Agnès, on descend dans un souterrain où l'on peut reconnaître les murs qui soutenaient les gradins du cirque. Suivant l'antique et pieuse tradition, c'est ici que, dépouillée de ses vêtements, exposée dans un lieu infâme, aux regards de ceux qui voulaient souiller sa virginité, la jeune sainte,(elle était agée de 13 ans) fut instantanément enveloppée du voile miraculeux d'une chevelure prodigieuse. On y voit la prison où Agnès fût gardée quelque temps, et l'appartement où elle fût décapitée et brûlée.

Nous sommes là au centre de la vieille Rome du moyen-âge, et les amateurs de ruelles étroites, souvent obscures, seront servis à souhait. L'hygiène moderne, mieux entendu, proscrit ses vieilles constructions, et si je dois dire que la couleur locale y perd, la santé y gagne, ce qui vaut quelque chose. Ces remarques s'appliquent plus encore à ce quartier sis au sud de la place Navone, dit le *Gettho*, ou quartier des Juifs, où l'imbroglio des rues toutes étroites n'a d'égale que les rues minuscules de Venise.

A l'est et près de la place de Navone, se trouve l'église de *St-Louis des Français* (S. Luigi-de-Francese). L'église nationale des Français, bâtie sur l'emplacement de plusieurs autres, fut consacrée, en 1589, l'année de la mort de Catherine de Médicis qui contribua à son érection pour des sommes considérables. Cette charmante église, riche en marbres, l'est également en productions artistiques. Nous ne fatiguerons pas le lecteur de leur énumération, et nous ne rappellerons que les suivants qui ont pour nous, français et chrétiens, un intérêt de premier ordre.

Le monument près du premier pilier, à gauche, dans la nef de droite, est un hommage de l'armée qui combattit sous les murs de Rome, en 1849, aux soldats et aux officiers qui succombèrent dans cette lutte où il s'agissait de rendre au souverain Pontife sa liberté et ses droits.

A droite de la chapelle de la Crèche (2me chapelle à gauche) est la tombe du magnanime de Pimodan qui commandait l'infanterie pontificale à Castelfidardo. On y lit la modeste inscription suivante : « Ici repose Georges de Pimodan, né le 29 janvier 1822, mort le 18 septembre 1860. En paix. »

Un motif particulier nous amène à visiter l'église de *St-Augustin*. Elle fut, en effet, bâtie en 1480 aux frais du cardinal Guillaume d'Estouteville, archevêque de Rouen, doyen du sacré collège et légat du S. Siége auprès de Charles VII. Cet homme, d'un très grand mérite, fut chargé d'instruire en révision le monstrueux procès de Jeanne-d'Arc, et ce fut aussi par son influence que l'exercice de la médecine fut définitivement interdit au clergé.

La façade a été bâtie au moyen de blocs de travertin, dont on dépouilla le colysée. C'est une dilapidation fréquente qui a contribué même à faire disparaître certains édifices et que l'on ne saurait trop déplorer. — L'intérieur qui rappelle le style ogival du XVe siècle est divisé en trois nefs. La coupole est la première qui ait été élevée à Rome, pour les édifices religieux. La coupole de St-Pierre ne fut élevée que plusieurs années après. Nous admirerons dans cette église, la célèbre fresque du prophète Isaïe par Raphaël. Elle est actuellement en très mauvais état. Elle se trouve sur le troisième pilier à gauche de la grande nef. Un sacristain voulant la laver l'a tellement détériorée que, sous Paul V, Daniel de Volterra fut chargé de la restaurer. Depuis, le temps l'a singulièrement outragée.

La chapelle du transept, à droite, est dédiée à St-Augustin. Les reliques du docteur de l'église y reposent. Les dépouilles de Ste-Monique, cette mère admirable, ont été également transportées d'Ostie dans cette église, sous le pontificat d'Eugène IV. Le corps de cette sainte y est conservé dans une magnifique urne de vert antique. Sa chapelle se trouve dans la nef de gauche, à droite du maître-autel. — Celui-ci possède une antique image de la Ste-Vierge, que des auteurs attribuent à St-Luc, et que le pape Innocent VII porta en procession dans les rues de Rome pendant la peste de 1485. Cette église a été restaurée en 1860, et possède des fresques récentes. Le fond du chœur a été réservé par le chevalier Gagliardi à la glorification du dogme de l'Immaculée Conception proclamée par Pie IX en 1854. Enfin, en sortant, nous nous arrêterons en face d'une statue en marbre de la Ste-Vierge, la *Madona del Parto*, qui est l'objet d'une dévotion particulière. On y compterait difficilement les ex-voto et le nombre des lumières. Le couvent, qui ne contient pas moins de 150,000 volumes et 3000 manuscrits, est occupé par le ministère de la marine.

La place du *Monte Citorio* (de *Citatorum* ou *Citatorium* parce qu'on y appelait les Centuries) est formée par les décombres d'un amphithéâtre construit par un ami d'Auguste, *Statilius Taurus* que cette dépense ruina, l'an 31 avant Jésus-Christ. Elle est ornée d'un obélisque de granit rouge avec des hiéroglyphes. Auguste l'apporta d'Héliopolis pour servir de gnomon à la méridienne du Champ de Mars, d'où il prit le nom d'obélisque solaire. Il fut trouvé seulement, en 1748, et élevé sur cette place par Pie VI en 1789. Sur cette place se trouve la Chambre des Députés.

A quelques pas de là nous trouvons la *place Colonne* (Piazza Colonna) qui est le centre d'une activité particulière. Cette place qui est ouverte sur le Corso doit encore à l'animation de cette rue un surcroît d'oisifs ou d'occupés. La poste centrale qui fait face au Corso tend encore à accroître cette animation. Les colonnes ioniques antiques de la façade, en marbre blanc, proviennent de Veies.

Le palais Chigi en limite le côté nord, quelques cafés se trouvent sur cette place. Disons, à la louange des Italiens, que cette industrie qui a de si multiples et si déplorables conséquences est encore peu répandue chez eux. Lorsque l'on quitte notre malheureux pays, qui est infesté par le cafés et les cabarets, comme l'Algérie par les sauterelles, l'on s'aperçoit aisément de ce changement de coutume. Ajoutons enfin que s'il se fait en Italie une consommation assez considérable de café, les italiens ne connaissent pas le mélange, dit *gloria*, et la consommation du trois-six est presque inconnue. Jamais, lorsque vous demandez un café, le garçon n'y joint ce maudit flacon qui fait tant de ravages dans nos contrées du nord surtout. On vous apporte le plus souvent du café noir, du sucre en petits morceaux ou en poudre, et rien autre. Si vous voulez faire un alliage, il faut demander le complément. Je me rappellerai toujours qu'un soir, à Venise, sur la place St-Marc, je provoquai le sourire et l'étonnement de quelques italiens assis à mes côtés, parce que je consommai seulement un verre de fine champagne. Aussi l'ivrognerie est un vice que les populations italiennes ne connaissent pas. Le peuple boit des vins ordinaires, mais l'on ne se grise pas facilement avec ces vins de pays. Il est une remarque générale, c'est que là où croit la vigne, l'ivrognerie n'est pas à l'état chronique comme dans les contrées où l'on cultive le pommier ou le houblon, et où l'absence du vin de pays, infiniment plus agréable que le cidre ou la bière du pays, amène l'industrie à répondre à la consommation en fabriquant ces eaux-de-vie artificielles qui ont dans nos pays contribué si largement à la funeste habitude du petit verre et de l'ivrognerie.

Souhaitons que le gouvernement italien comprenne son véritable intérêt en n'imitant pas la France qui, sous le précédent régime, dans un but politique et financier, a suscité le développement des cabarets, qui sont une des plaies vives de notre époque ; rendez-vous où l'ouvrier échauffe son esprit sous la diabolique parole des phraseurs aussi bruyants que sots, s'ils ne sont méchants, et où son cœur oublie tout ce qu'il peut avoir de plus cher, femmes, enfants, dignité de l'âme et santé du corps.

Au milieu de la place qui lui doit son nom, s'élève la colonne de Marc-Aurèle Antonin, qui fut élevée en mémoire de ses victoires sur diverses peuplades germaniques, et qui sont représentées en bas-reliefs sur les 20 cylindres de marbre enchâssés les uns dans les autres qui constituent la colonne. Sa hauteur totale est de 43 mètres. Sixte V la fit réparer et placer au sommet la statue en bronze de St-Paul. Un escalier de 190 marches taillé dans le marbre, conduit à la partie supérieure de la colonne.

Le Corso, que nous longeons pour nous rendre à l'église St-Ignace, occupe l'ancienne voie Flaminienne qui partait du Capitole. C'est le « boulevard des Italiens » de Rome. A certaines heures l'encombrement y est extrême, d'autant que, à partir de la Place du Peuple, elle se rétrécit graduellement. Elle est plus étroite vers la place Colonne et de Venise où le mouvement est particulièrement actif. C'est le rendez-vous du high-life, et vers la fin du jour les voitures et les piétons sont les uns et les autres obligés de se suivre pas à pas. C'est ici que le carnaval célébrait ses plus joyeux ébats ; se célébrait, car avec l'unité, l'Italie a perdu sa vie propre, ses coutumes locales. C'est un manteau glacial dont s'est couvert cette terre de la tradition, cette terre où les vieilles fêtes religieuses et populaires avaient gardé leur cachet primitif plein d'humour et d'entrain, ce qui pour l'étranger rehaussait singulièrement l'attrait de Rome. Il n'y a plus à Rome que les murs, les pierres, pour tenir captive l'attention du philosophe ou du chrétien, mais la vraie gaieté, l'entrainement populaire ont pris la porte du départ quand le roi de Piémont a franchi celle de l'arrivée. C'est aussi là que se font les courses de barberi, (chevaux ainsi nommés parce qu'on se servait autrefois d'étalons berbères). Elle mesure environ 1500 mètres.

L'église de *St-Ignace*, commencée en 1626, après la canonisation du saint, est à trois nefs séparées par d'énormes pilastres. L'impression que produit l'intérieur est gâtée par son ornementation. L'on doit dire que si l'Institut des Jésuites a excellé plus que d'autres dans la conduite des intelligences, il est loin de revendiquer un premier rang pour la construction de ses églises. Quelques unes font sans doute exception, mais la majorité peut supporter cette critique. Les peintures sont en grande partie l'œuvre du P. Pozzi, celles de la voûte représentent l'entrée triomphante de St-Ignace dans le ciel. Une pierre ronde dans la nef centrale indique l'endroit d'où sont prises les perspectives des peintures de la voûte. On y admire aussi l'autel de St-Louis de Gonzague d'une richesse extraordinaire. Sous l'autel, dans l'urne de *lapis lazuli*, reposent les reliques du saint.

Quelle qu'eut été la destination première du *Panthéon*, qu'il n'ait été élevé primitivement que pour servir de *calidarium* aux thermes d'Agrippa contre lequel il était adossé, ou qu'Agrippa, qui l'érigea, se soit décidé à en changer la destination, en le dédiant au culte de tous les dieux, ce qui paraît admissible si l'on considère le portique, construction rectiligne peu en rapport avec l'édifice circulaire auquel il est accolé, on ne peut nier que cette imposante construction primitivement revêtue de marbre et de stuc, ne dut, dans l'immense plaine du Champ-de-Mars, produire un merveilleux effet. Un escalier de 7 degrés conduisait alors au péristyle. Ce dut être aussi une grande émotion pour les Romains quand ils virent pour la première fois cette voûte hardie projetée sur le vide, lorsqu'ils virent pour la première fois briller ces 150 rosaces d'airain revêtues de lames d'or, et aussi ces cinq rangs de caissons dorés ou argentés ; lorsqu'ils virent ces marbres précieux qui rehaussaient cette splendide ornementation, les admirables cariatides du sculpteur grec Diogène, ces niches où l'on voyait la statue d'un dieu, d'une déesse faite d'or, d'argent, de bronze ou d'ivoire, et Jupiter trônant au milieu ; oui, ce dut être un beau spectacle pour le peuple romain !

Mais si c'était assurément un des plus insignes monuments de la Rome antique, on ne peut s'étonner qu'il n'eut été, par cela même, l'objet de convoitise des barbares qui ont treize fois envahi Rome, et que ces richesses mêmes n'aient attiré l'attention de tous ces envahisseurs. Une seule chose même aurait droit d'étonner, c'est qu'il ait échappé aux ravages du temps et qu'on le retrouve aussi parfaitement conservé dans sa forme primitive. Le squelette est debout, fier, inébranlable, mais les parures ne sont plus là, et les sens ne sont plus flatttés par ces merveilleuses décorations.

Si l'on jette un coup-d'œil d'ensemble sur cet édifice, le seul de la Rome païenne qui ait entièrement conservé sa forme primitive (il fut construit l'an 26 av. J.-C.), on admire, sans réserve, ce portique d'architecture grecque, dont le style est si pur, ces seize colonnes corinthiennes d'un seul bloc de granit oriental, de 15 mètres environ de hauteur, ces chapiteaux de marbre blanc, les plus beaux que nous ayons de l'antiquité, ce majestueux fronton dont le tympan était décoré autrefois d'un bas-relief en airain qu'on a supposé représenter Jupiter foudroyant les Titans; cette simple et magnifique porte de bronze, qui est l'antique porte du temple même, et l'on peut se rendre compte de la beauté simple et majestueuse de ce portique, alors dans sa jeunesse, et non dépouillée d'ornements divers spoliés par les uns et les autres. Ce portique est véritablement admirable, et l'on peut déplorer les lapidations nombreuses qui lui ont été faites à toutes les époques. On sait que les poutres en bronze de la toiture servirent en partie à faire les colonnes du baldaquin de St-Pierre, œuvre du Bernin. Deseine, dans son ouvrage de Rome (1690), oppose à ces dévastations un singulier motif de consolation: « Il est vrai, dit-il, que par compensation il fit réparer l'église et élever deux clochers aux deux côtés, » qui

ont été appelés depuis, les deux oreilles d'âne du Bernin.
— La destruction d'objets aussi précieux valaient bien
ce trait assez mordant, et qui porte d'autant plus juste
que ces deux clochetons défigurent totalement la noble
et simple majesté de ce fronton aux lignes si pures.

Le portique relève la beauté extérieure du monument, car les lourdes et épaisses murailles de la rotonde (elles sont construites en briques et ont 6 mètres 70 d'épaisseur) n'ont plus leur revêtement de stuc et de marbre. On voit à nu ces briques plates et larges dont on a construit le monument, et qui se retrouvent dans presque toutes les constructions romaines.

L'intérieur de forme circulaire, ce qui a valu au monument le nom de *Rotondà*, est de l'aspect le plus imposant, mais paraît trop nu. Cette vaste enceinte qui mesure 63 mètres 49 de diamètre, à peu près celui du dôme de St-Pierre, cette coupole qui a une hauteur égale, laisse, si je puis dire, le regard trop dans le vide. Huit niches ou édicules transformées aujourd'hui en autels sont ornées d'un fronton soutenu par deux colonnes, la majeure partie en marbre jaune antique, marbre si rare même pour les anciens. Entre les édicules, plusieurs chapelles ont été installées. On voit encore à la voûte cinq rangs de caissons, dont les plus grands mesurent environ 4 mètres sur 3, et qui étaient autrefois ornés de rosaces d'airain doré. Le Panthéon n'a qu'une ouverture circulaire de 9 mètres de diamètre au sommet de la voûte, disposition extrêmement heureuse pour la diffusion de la lumière. On rapporte que Charles-Quint, en 1536, étant à Rome, se fit conduire à cette ouverture où mène un escalier de 190 marches. Un jeune gentilhomme romain, qui l'accompagnait, avoua à son père qu'il avait eu la pensée de le précipiter dans l'intérieur afin de venger sa patrie du sac de

1527 : « Mon fils, lui dit le vieil Italien, ce sont-là de ces choses que l'on fait et que l'on ne dit point. » Cela permit au moins à l'empereur de finir ses jours d'une façon moins tragique au couvent de l'Estramadure.

Tout cet ensemble est fort imposant, mais on sent, pour que cet intérieur soit complet, le besoin de ces riches ornementations qui décoraient le temple de Jupiter, vengeur de Vénus et de Mars, suivant la consécration faite par Agrippa, son opulent fondateur.

Le Panthéon fut fermé de 391 jusqu'en 608. A cette date l'empereur Phocas le concéda au pape Boniface IV pour en faire une église. Il fut, par lui, consacré au seul et unique Dieu sous l'invocation de Marie et des saints martyrs (*Sancta Maria ad Martyres*). Il y transporta vingt-huit chariots d'ossements sacrés, provenant des catacombes, et y plaça l'antique image de la Ste-Vierge, que le chapitre de St-Pierre couronna en 1652. Le Panthéon renferme la dépouille du plus grand artiste des temps modernes : Raphaël y est enterré dans la troisième chapelle, à gauche, sous le soubassement de la statue de la Vierge, (*Madona del Sasso*), A côté est la nièce du cardinal Bibbiena, sa fiancée, qui le précéda de trois mois dans la tombe.

Ste-Marie de la Minerve. — Pompée voulant éterniser la mémoire de ses victoires d'Asie éleva un temple à Minerve, déesse des combats et de la Sagesse. Un sanctuaire existait déjà dans ce lieu, quand le pape Zacharie y plaça les religieuses basiliennes grecques, venues de l'Orient. Au xiv° siècle les Dominicains érigèrent l'église actuelle sur cet emplacement abandonné depuis longtemps par ces religieuses. Ils dédièrent ce temple à Marie, avec adjonction dans son vocable du nom de la déesse précédemment honorée en ce lieu, d'où vient le nom de *Santa-Maria sopra Minerva*. C'est la seule église, à

Rome, d'un style gothique simple et large. Malheureusement le caractère en disparait sous les dorures et le clinquant de l'ornementation actuelle, introduit depuis 1842 par la restauration récente des Pères dominicains. Ces restaurations ont coûté au-delà d'un demi-million.

Assurément tous ces décors dont on a surchargé l'église peuvent être estimés de quelques-uns, mais nuisent assurément à l'effet religieux. C'est un manque de goût et l'on peut rappeler le mot de L. Enault : la matière est plus précieuse que l'art. La maison de Dieu demande sans aucun doute les plus beaux chefs-d'œuvre de tous genres pour l'orner, mais à la fois aussi une grande sobriété de décors à effet.

A part ces critiques qui s'adressent surtout aux travaux modernes, cette église est belle, spacieuse, et l'architecture remarquable. Elle est presque à la fois un mausolée et un petit musée. En effet, cinq papes y reposent, ainsi que plusieurs cardinaux, sous des tombeaux de valeur artistique assez inégale. Celui de Léon X, par exemple, est loin d'être digne de ce restaurateur des lettres qui donna son nom à son siècle. Sous une modeste pierre repose de son dernier sommeil l'un des plus grands artistes chrétiens, le moine dominicain *Fra Angelico, Giovanni da Fiesole* — « qu'on' ne me loue point, dit l'épitaphe attribuée à Nicolas V, d'avoir été comme un second Appelles, mais d'avoir distribué aux tiens, ô Christ, tout ce que je gagnais. Autres, en effet, sont les œuvres du ciel, autres celles de la terre. Moi, Jean, je naquis dans la ville qui est la fleur de l'Etrurie. »

On y vénère encore les reliques de Ste-Catherine de Sienne, qui reposent sous le maître-autel ; cet autel en cuivre doré a été restauré en 1856, et Pie IX y a solennellement transporté les restes de la servante du Seigneur. On admire également la belle tombe gothique de Guillaume Durand, évêque de Mende (France) l'auteur du *Rationale divinorum officiorum.*

Parmi les œuvres artistiques, nous citerons le Christ de Michel Ange, statue en marbre qui possède une admirable perfection de forme, mais à laquelle on reproche l'absence de sentiment religieux ; le tableau sur fond d'or, dans la chapelle de l'Annonciation, attribué à Fra Angelico; celui de Filippino, dans la chapelle de St-Thomas-d'Aquin, représentant la Ste Vierge, St-Thomas et le cardinal Caraffa ; les fresques de la voûte (des sibylles et des anges); enfin, les magnifiques verrières du chœur, où l'on voit des saints de l'ordre de St-Dominique. La voûte est consacrée aux prophètes, aux évangélistes et aux docteurs de l'Eglise grecque et latine.

Le cloître du couvent des PP. Dominicains est orné de nombreuses fresques. Dans le couvent se trouve la célèbre bibliothèque de la Minerve ou Casanatense, du nom du cardinal Casana, qui la donna aux dominicains. Elle renferme près de 200,000 volumes et 1,000 manuscrits. — Pauvres cléricaux ignorantins, que diantre avez-vous à faire de ce luxe d'érudition, puisque quand même l'on vous accuse d'être les ennemis de la lumière. — il est vrai que lorsqu'on veut tuer son chien on dit qu'il est enragé! Le couvent est, de par l'autorité des rois de Piémont, occupé par le ministère des Finances italiennes !

Une assez belle fontaine décore la *piazza della Minerva* Au centre est un obélisque que supporte un éléphant. Cette œuvre est du Bernin. L'obélisque, de petite dimension, est un de ceux qui se trouvait devant un temple. d'Isis ; l'autre est sur la place du Panthéon.

L'église des SS. Apôtres, construite vers l'époque de

Constantin, restaurée vers 560 sous Pélage I, et réparée complètement sous le pontificat de Martin V (1417), reçut sa forme actuelle en 1702, sur les dessins de Fontana, par ordre de Clément XI. Elle fut érigée en l'honneur des SS. Apôtres Philippe et Jacques et précédée d'un portique à neuf arches. On y remarque, à droite, un bas-relief antique, superbe spécimen de l'art romain. Il représente un aigle entouré d'une colonne de chênes, et provient de quelque monument du forum de Trajan ; à gauche, le tombeau érigé par Canova à la mémoire du graveur Valpato, son ami et bienfaiteur — le génie de l'amitié pleurant sur un tombeau. —

Le mur de la façade est en fausse équerre sur les deux murs latéraux : quelle en est la cause ? Je l'ai cherchée en vain dans divers auteurs qui ne mentionnent même pas cette construction anormale. L'aspect intérieur de cette basilique est d'un aspect imposant ; c'est un vaisseau magnifique. Le développement des voûtes est largement dessiné, et bien que la longueur de l'église soit presque égale à sa largeur, aucune des lignes ne paraît raccourcie. Cette église a été incendiée en 1871 et était encore en réparation lors de ma visite. Il m'a semblé que, dans ces nouvelles réparations, l'on faisait la part large aux décorations à clinquant, d'un effet saisissant, mais où la matière tend encore ici à devenir plus précieuse que l'art.

Nous quitterons la place des SS. Apôtres qui est plus une rue élargie qu'une place et où se trouve le palais de la Préfecture, pour nous rendre au Gesu, en traversant la place de Venise qui limite au sud le Corso, comme la place du Peuple le limite au nord. Elle est ainsi nommée du palais donné en 1594 par Clément VIII à la République vénitienne. Il est actuellement occupé par l'ambassade d'Autriche. De ce point central partent des omnibus vers toutes les principales extrémités de Rome. Ils n'existent que depuis quelques années et rendent de grands services. Ils ont eu entre autre celui d'établir une circulation non interrompue dans certains quartiers excentriques où le voyageur ne s'aventurait pas autrefois sans une certaine réserve.

Sous le gouvernement assurément beaucoup plus paternel des papes, la police n'avait pas à ses ordres cette légion de policemen dont la nécessité, il est vrai, était alors bien loin d'être aussi absolue. Elle est nécessaire maintenant pour contenir ces milliers de révolutionnaires, ces nouvelles couches sociales, comme on dirait ailleurs, qui ont accompagné Victor Emmanuel. C'est un des traits de notre époque, très triste et très significatif, tout à la fois, que plus nous allons et plus ce service spécial s'accroît. Cela ne prouve assurément pas en faveur de notre civilisation moderne. N'est-ce pas, au reste, la conséquence logique des principes révolutionnaires?

L'église du Gésu, érigée en 1575, une des plus belles et des plus vastes de Rome, est aussi une des mieux réussie dans ce goût italien, si curieux d'or, de marbres, de stucs, et de tout ce qui peut flatter les sens. Si l'effet est saisissant, est-il également religieux, et la distraction ne naît-elle pas de ce luxe décoratif? Oui, peut-être, mais le peuple qui prie sous ces voûtes dorées, sous ces dômes aux fresques merveilleuses, possède une foi ardente qui domine assez son esprit lorsqu'il est aux pieds des autels, pour n'être pas distrait à la vue de ces magnificences. Bien plus, tous ces chefs-d'œuvre, mosaïques, peinture, sculpture, s'harmonisent avec la beauté du ciel, les splendeurs de la végétation, la douceur du climat, et forment un ensemble qui « paraît nécessaire pour porter à la méditation des choses spirituelles » ce peuple ardent et passionné. Ces nations méridionales veulent dans leur temple ces merveilleux effets de lumière, ces attractions séduisantes qu'ils retrouvent sous leur climat, avec inconstance sans doute, mais dans les beaux jours avec des charmes incomparables.

Au reste, la manière dévotieuse dont prie le peuple italien dans ses églises, prouve combien tout ce luxe décoratif ne nuit point, au contraire, à la ferveur de ses oraisons. Assurément elle ne saurait manquer de frapper l'étranger. Et, disons-le pourtant, la mollesse y chercherait en vain ses aises. L'histoire nous prouve qu'avant le catholicisme, l'égalité était inconnue. Ailleurs, en effet, elle est dans les mots et on ne la voit apparaître que sur le fronton des monuments. Le mot est bien, en effet, gravé sur la pierre, mais non dans le cœur. Elle semble, au contraire, s'être perpétuée à Rome dans la pratique du culte. Tout le monde s'y prosterne sur le pavé même du temple, et l'on n'y remarque point ce confortable dévot de nos paroisses qui indique la différence des rangs.

Oui, ce peuple a une foi vive, profonde, contre laquelle viendra se briser tôt ou tard la Révolution italienne. Le peuple aime la religion et son pape infiniment plus que tous les rois d'Italie : et dire pourtant qu'il suffit d'une poignée de voleurs et de factieux pour s'imposer ainsi à toute une nation.

Avec des nuances concordant avec le tempérament des peuples, n'est-ce pas ainsi ailleurs? Et combien de pouvoirs, ou de têtes couronnées qui se font les serviteurs dociles ou complaisants du principe satanique qui s'appelle aujourd'hui la Révolution, et qui a pour coryphée, le libéralisme, le socialisme et le radicalisme, trois démons qui ont pied, avec des faveurs inégales, dans toutes les cours modernes, qu'elles soient impériales, royales ou républicaines. Et, signe des temps peut-être, la Providence permet que le petit fils de St-Louis qui, seul des princes modernes, ne donne pas dans ces coupables erreurs, soit encore dans l'exil.

Assurément il est peu d'églises à Rome où l'abondance, la richesse et la variété des marbres, la profusion des dorures et des stucs excitent autant l'étonnement du spectateur. — Les fresques de la voûte et du dôme de *Baciccio* sont des plus remarquables — celles de la voûte représentent le *triomphe du saint nom de Jésus*. A l'intérieur l'église est recouverte de marbre jaune de Vérone. Le maître-autel, orné de quatre belles colonnes de jaune antique, est formé d'un bloc de marbre d'une espèce rare. La chapelle du bras gauche de la croix, de St-Ignace de Loyola, est, par la réunion des marbres, des métaux travaillés et des sculptures une des plus incomparables de Rome. Les quatre grandes colonnes cannelées qui la décorent sont revêtues de lapis lazzuli, et le globe, au milieu du groupe de la très Sainte-Trinité, est la plus grosse masse connue de cette pierre précieuse. Les reliques du saint reposent sous l'autel, dans une urne de bronze doré enrichi de pierreries — Ignace de Loyola, noble de naissance, militaire de profession, se détermina, après des lectures sérieuses, pendant une longue maladie causée par une blessure, à se faire religieux. — Il devint le fondateur de cet ordre « dont le mérite éclatant se prouverait seul par les attaques incessantes dont l'honore l'impiété.

« Les Jésuites restent toujours plus forts qu'elle, et sont toujours les premiers sur la brèche, armés de ce nom de Jésus duquel découle toute puissance et toute vertu, vainqueurs jusque dans leurs défaites, versant sur le monde la piété et la science, redoutés, haïs, jamais méprisés, connaissant leur force, mais ayant placé cette force sous la sauvegarde d'une obéissance absolue à celui dont Dieu a confirmé la foi jusqu'à faire de cette foi le guide infaillible de tout bien, de toute vérité, de toute justice. Car le maître des Jésuites, c'est le Pape. » (E. Delloye).

Les deux groupes allégoriques en marbre sis à droite et à gauche représentent : le premier, la *Foi* reçue par les infidèles ; le second, la *Religion* triomphant de l'Hérésie.

La chapelle du bras droit de la croix est dédiée à l'apôtre des Indes, St-François Xavier, espagnol aussi, d'origine et de naissance également distinguée. On conserve dans un reliquaire oval, au-dessus de l'autel, la relique unique du bras droit de ce grand saint qui, à lui seul, baptisa un million de fidèles. — Dans le couvent se trouve la chambre de St-Ignace dont on a fait des chapelles rendues à jamais vénérables par le séjour du saint. On y voit ce petit balcon où il venait respirer l'air et méditer quelquefois la nuit, en disant cette immortelle parole : « *Quàm sordet tellus, quum cœlum aspicio !* que la terre me paraît vide quand je regarde le ciel. » La soldatesque italienne occupe aujourd'hui l'ancienne maison professe des Jésuites. — Les soldats du Roi sont venus chasser les soldats de Dieu, et les disciples d'Ignace peuvent redire plus que jamais le mot du Maître : « *quam sordet tellus, quum cœlum aspicimus.* »

L'église St-Marc, sise sur la place du même nom, transformée en square, est en partie encastrée dans le palais de Venise. Elle fut fondée en 336, par le pape St-Marc, en l'honneur de l'évangéliste de ce nom, et définitivement rebâtie en 1468. De petite dimension, mais bien dessinée, cette église est très recueillie, et le demi-jour qu'elle reçoit porte à la méditation. Elle est précédée d'un portique où l'on voit une sculpture du xive siècle représentant l'évangéliste St-Marc. On descend ensuite dans la basilique, qui est à trois nefs séparées par vingt colonnes ioniques de jaspe de Suède, qui ressortent d'autant mieux que l'artiste leur a donné, moins comme appui que comme contraste, de beaux piliers de marbre blanc. L'abside, avec son pavé remarquable, est situé plus haut que le reste de l'église. Il est décoré d'une mosaïque du ixe siècle: au centre, le Sauveur, et au-dessous l'Agneau mystique, entouré de douze autres. Le maître-autel est orné de quatre charmantes colonnes de porphyre et d'un candélabre pour le cierge pascal, formé d'une colonne de brèche coralline. Sous cet autel, une urne de marbre gris couvert de bronze, du plus beau dessin, contient les restes de St-Marc, pape, et dans la confession les corps de saints martyrs persans, trouvés dans les catacombes.

Si le forum romain fut le théâtre d'évènements plus dramatiques, s'il fut pour le peuple de Rome le lieu de ses grands débats politiques; le *Forum de Trajan* nous apparaît sous des couleurs plus douces, plus sereines; il fut le rendez-vous des lettrés, de tous les fervents des beaux arts. Appollodore de Damas, sur les ordres de l'empereur Trajan, le dessina. Ses nombreuses statues, de marbres les plus précieux, ses portiques, en rehaussaient l'éclat. L'auteur couronné, le protecteur de Pline, de Tacite, voulut avoir sa bibliothèque. Il en érigea de vastes, grecque et latine, réparties dans deux corps de bâtiments, dont on a trouvé les restes, à côté de la grande colonne, derrière les deux petits portiques, et qu'il appela *Ulpienne*, du nom de sa race.

Il fit également ériger une basilique à cinq nefs, dite basilique Ulpienne, dont les fondements ont été retrouvés. Son axe était parallèle aux petits côtés de la place actuelle. Le temps a fait son œuvre, et l'on ne voit plus que les fragments de ces belles colonnes de granit gris égyptien que l'on a replacées là où l'on croit qu'elles furent autrefois,; mais les auteurs anciens en ont décrit les merveilles. Elle était, dit Dion Cassius, dallée de jaune antique et de brèche violette; partout le marbre recouvrait les murs, et des colonnes de granit supportaient son plafond en bronze doré.

On voit encore les traces de l'escalier de la basilique Ulpienne que gravit, en l'an 312, de mémorable date, Constantin, revêtu de la pourpre impériale, entouré des sénateurs, des dignitaires de l'empire, du peuple romain. Il prit place dans l'abside, et là il abjura solennellement le polythéisme. Dans son discours, que les historiens nous ont presque entièrement transmis, nous trouvons ces admirables paroles. « Ceux qui n'imiteront pas mon exemple, dit-il, ne perdront point pour cela mes bonnes grâces. Ceux qui, comme moi, se feront chrétiens deviendront mes amis. » Paroles aussi justes que généreuses, aussi élevées que sages, que feraient bien de relire nos libéraux modernes.

Enfin, en l'honneur des victoires de Trajan sur les Daces, le Sénat et le peuple romain érigea cette fière et admirable colonne qui subsiste encore. Adrien lui éleva également, derrière la colonne, un temple qui se prolongeait entre l'église de N.-D.-de-Lorette et celle du Saint-Nom-de-Marie. Cette colonne, d'ordre dorique, est composée de 23 blocs de marbre blanc de Carrare, unis par des crampons de bronze. La hauteur totale est d'environ 45 mètres. Un escalier taillé en limaçon conduit au sommet. La statue de Trajan, en bronze doré, la surmontait. Plus tard, elle fut enlevée et Sixte-Quint la fit remplacer par la statue de St-Pierre. Le piédestal où furent déposés les restes de Trajan, est orné d'armes, d'aigles, de guirlandes et de feuilles de chêne. La colonne présente extérieurement un bas-relief en spirale qui suit la direction de l'escalier intérieur, et fait 23 fois le tour. On y compte jusqu'à 2,500 figures, de 2 à 4 pieds de hauteur ; celles qui sont près des chapiteaux, d'un seul morceau, ont plus de relief. Les motifs sont tirés de l'expédition de Trajan contre les Daces. Ces bas-reliefs, le plus parfait modèle du style dit historique, ont inspiré, dit-on, Raphaël et son école, et ont été une mine inépuisable pour les archéologues et les artistes.

Montons au Capitole, et si, en possession de *la Vérité* nous n'avons plus à rendre grâces aux dieux, tout au moins nous ne saurions nous défendre d'une puissante émotion en avançant vers ces lieux qui s'appellent le *Capitole*, le *Forum*, le *Palatin*, qui furent témoins de scènes qui laissent derrière elles celles de nos plus ingénieux dramaturges.

Il se tromperait étrangement celui qui mesurerait l'importance actuelle de cette colline, berceau de la Rome républicaine, aux souvenirs historiques que tous peuvent avoir en mémoire. Le moderne Capitole n'est plus qu'une colline vulgaire à laquelle une rampe de quelques degrés donne un accès facile. « Les remparts se sont inclinés sous le poids des dépouilles de l'univers ; les trophées des vainqueurs, les richesses des vaincus ont disparus. Le Jupiter Capitolin est détrôné. Mars, Junon, Minerve, et toutes les autres divinités qui se groupaient autour de lui pour veiller ensemble à la fortune romaine ont fui... La Croix a renversé le père des dieux ; les conquérants partent désormais du Vatican pour conquérir des âmes dans toutes les nations. C'est à St-Pierre que les honneurs sont décernés aux héros chrétiens inscrits, par le Souverain-pontife, au catalogue des saints qui triomphent dans le ciel» (l'abbé Lamurée loc. cit.)

Le *Monte Capitalino* — nom dont les italiens ont fait *Campidoglio* — appelé primitivement *Mons Saturnus*, prit, sous Tarquin l'ancien, son nom de *Capitolinus*, parce qu'en creusant les fondements du Temple de Jupiter, on y avait trouvé une tête coupée (*caput*). D'autres conclurent que là devait être la tête, la capitale du monde.

Lorsque l'on arrive aux pieds de l'escalier qui conduit à la place du Capitole, on voit à sa gauche la cime la plus élevée du Capitolin, où s'élevait le temple de Jupiter Capitolin, et qu'occupe actuellement l'église d'Ara Cœli ; à droite, la *Forteresse* qui comprenait six temples et divers autres monuments, et vers son extrémité la *Roche Tarpéienne* ; enfin, au centre l'*Intermontium*, recouvert, lors de la fondation de Rome, d'un bois de chêne dont Romulus fit un asile. Un portique païen reliait pour ainsi dire la forteresse au temple de Jupiter Capitolin. Derrière ce portique l'on voyait le *Tabularium*, où l'on conservait sur des milliers de tables d'airain les traités et les lois du peuple Romain. Et, comme le dit très justement Monseigneur Gerbet, les trois parties de l'espace que couvraient les édifices capitolins correspondaient chacune à une des faces de la puissance romaine. La Roche Tarpéienne était le redoutable emblême de la guerre qui se fait contre les ennemis intérieurs par les supplices ; les Gémonies, de celle qui se faisait contre les rois vaincus ; le Tabularium était comme la citadelle de l'intelligence et de la politique ; enfin, la domination universelle avait son monument caractéristique, qui planait majestueusement sur l'Intermont, la forteresse et la ville : c'était le temple de Jupiter

Capitolin, qui y était adoré sous le titre de Très-bon, pour ses bienfaits, Très-grand pour sa puissance, *Optimo Manimo*. C'est à ce temple que les généraux, de retour de leurs victoires, montaient pour en faire hommage. C'est au premier degré de son portique que la voie triomphale finissait.

Assurément le Paganisme n'était que la religion des idoles, mais ne faut-il pas voir là un des traits sublimes du génie de ce peuple conquérant du Monde, et qui avaient compris que les peuples ne sont jamais vaincus s'ils ne sont soumis au joug de la Religion. Jupiter Capitolin dominait le Tabularium ! Quelle grande et sublime leçon, pour notre époque qui tend de plus en plus à méconnaître cette admirable parole qu'aucun empereur ou conquérant, aux jours des grandes victoires, n'eût osé, au moins devant le peuple, proférer avec un rire sceptique : « Montons au Capitole et rendons grâces aux dieux. » Quelle grande et sublime leçon pour nos rêveurs de société civile avec un Etat sans Dieu ! Sur la cime la plus élevée de la Rome républicaine, on avait élevé un temple au Jupiter très grand pour montrer par là que la religion doit occuper la première place dans l'Etat, inspirer, et diriger les lois même.

De tous ces monuments de la République, il ne reste absolument rien. Après le v⁰ siècle, il n'est plus fait mention du Capitole pendant près de cinq cents ans. La colline appartint au couvent d'Ara Cæli, et l'oubli dans lequel fut enseveli son passé, nous est attesté par le nom de Mont-des-Chèvres, *Monte Caprino*, donné au mamelon du Sud-Est. Quant à la Roche tarpéienne, sise à cette extrémité, elle est maintenant à l'état légendaire. Le sol, en cet endroit, a été exhaussé de plus de 40 pieds. En passant le voyageur lit ces mots, inscrits sur la porte d'un petit jardin du *Monte Caprino*: *qui si vede la rocca Tarpea*. Il eût été plus exact d'écrire : ici, fut la roche Tarpéienne.

Arrivé sur la place d'Ara Cœli, prenons à gauche, l'escalier de marbre qui nous conduit à l'église de ce nom. Ce large escalier de 124 marches, qui demanderait assurément quelques réparations, fut construit, en 1368, avec les matériaux d'anciens édifices, et principalement du temple de Quirinus. Ces restes du berceau de Rome furent une aumône que le Sénat et le peuple donnèrent aux franciscains qui faisaient une quête pour la construction de cet escalier. Le temple de Jupiter Capitolin était délaissé, et « purifié par la désolation, comme l'homme peut l'être par la souffrance, l'orgueilleux monument se trouva préparé à passer au service du christianisme. »

Ce fut très vraisemblablement vers le vi[e] siècle, sous St Grégoire-le-Grand qu'eut lieu l'érection d'une église chrétienne dans les murs et sur les débris du temple de Jupiter Capitolin. Vingt-deux grosses colonnes, toutes d'un diamètre et d'un ordre d'architecture différents, divisent ces trois nefs; vingt sont de granit égyptien et deux de marbre. La troisième, à gauche en entrant, porte cette inscription : A CVBICVLO AVGVSTORVM et provient sans doute du palais de César. Singulier contraste ! Cette pierre, témoin des turpitudes des Néron ou des Tibère, supporte les voûtes sacrées du temple de la Vierge immaculée, et a pour hôte les très humbles franciscains ! Cettte église fort curieuse renfermait autrefois beaucoup de débris antiques. Malheureusement au xvie siècle, on ne voulut voir que les objets païens, et l'on en détruisit beaucoup. L'inscription de cette colonne a donc un intérêt de premier ordre. Il existe d'autant plus que le nom d'Auguste se trouve lié au caractère spécial de l'église.

Cet édifice fut primitivement placé sous le vocable de *Sancta Maria in Capitolio*. Puis vint, vers le XIIe siècle, une légende qui s'accrédita suffisamment pour lui avoir donné sa dénomination actuelle. Eusèbe de Pamphilie rapporte qu'Auguste, ayant consulté l'oracle de Delphes sur son successeur, fut averti par sa réponse que le moment était arrivé où un enfant hébreu allait exercer son empire sur les dieux eux-mêmes. Auguste, dit-il, établit ensuite au Capitole un autel sur lequel il mit cette inscription :

Hæc est ara primo geniti Dei. » C'est ici l'autel du premier né de Dieu. »

On a cru, dit Monseigneur Gerbet, que la pierre de cet autel ou un débris de cette pierre s'était conservé à l'endroit où nous voyons aujourd'hui l'autel de la *Chapelle Sainte*, ou du moins que cette chapelle, isolée du reste de l'édifice, marque la place de l'autel augustal. Le nom d'autel, *ara*, n'était donné qu'à la partie de l'église qui vient d'être indiquée. Dans d'anciens cartulaires on trouve ce titre. « L'église de Ste-Marie du Capitole, où est l'autel du fils de Dieu. » Mais s'il n'est pas dans l'usage de désigner une église par le nom de l'un des autels qui la décorent, il fut fait ici exception à raison de l'origine extraordinaire qu'on attribuait à cet autel. « On a complété la dénomination en disant l'autel du ciel, *ara cœli*, soit parce qu'il est le plus éminent par sa situation au sommet du Capitole, soit parce qu'on le considérait comme ayant été le premier monument qui ait annoncé à l'antique Rome le rapprochement du ciel et de la terre. »

La Chapelle Sainte, ou chapelle circulaire de Ste-Hélène, sise à gauche, non loin du chœur, renferme dans une urne antique de porphyre le corps de la Sainte, mère de Constantin (328). On lit sur la frise l'inscription latine, dont voici la traduction : « Cette chapelle, appelée *Ara Cœli*, est, suivant la tradition, bâtie au lieu même où l'on croit que la très Sainte Vierge Marie, tenant son fils entre ses bras, se fit voir à l'empereur Auguste, dans le ciel, au milieu d'un cercle d'or. » Une fresque de Cavallini, exécutée sur la voûte de l'abside, représente la Vierge avec l'enfant Jésus dans ses bras, et à ses pieds l'empereur Auguste, auquel la Sybille Tiburtine montre le Christ.

Voici la légende, mais aucunes données historiques précises ne permettent de ranger cette tradition parmi celles qui ont une véritable autorité. Il faut pourtant reconnaître qu'outre les considérants très judicieux qui expliquent comment a pu naître cette légende, et que développent avec un rare talent Monseigneur Gerbet (*Esquisse de Rome Chrétienne*, T. II. page 435 et suivantes.) il faut, dis-je, reconnaître que tout a prêté au développement de cette croyance : tableaux, chants sacrés, vers de l'immortel Pétrarque qui, introduit à Rome dit au pape : « Rappelles toi avec admiration que César Auguste, guidé par la voix prophétique de la Sybille, monta jadis sur le rocher du Capitole, et y fut stupéfait, dit-on, par une apparition divine. O merveilleux enfant, gloire des cieux ! Fils certain du Tout Puissant ! cette illustre ville sera toujours la demeure de toi et des tiens, et toujours on appellera Autel du Ciel, ce lieu où s'élève le temple qui porte le nom de Mère. » Tout y a prêté, dis-je.

On conserve, en effet, dans cette église, une ancienne figure de l'Enfant Jésus, le *Santissimo Bambino*, la plus vénérée de toutes les images du même genre à Rome. Si Ste-Marie-Majeure renferme les précieuses reliques de Bethléem, et est naturellement l'église de la Crèche, celle d'Ara Cœli l'est moralement par ses traditions qui se perpétuent, à l'anniversaire de la naissance du Sauveur, dans les adorations rendues au *Santissimo Bambino*, petite statuette recouverte de soies et de pierreries, taillée, dit-on, au XVIe siècle, d'un arbre du jardin des Oliviers, par un religieux de l'ordre de Saint-François. On l'expose, de Noël à l'Epiphanie, à la vénération des Italiens qui ont pour elle un culte tout particulier. Enfin, les disciples de Saint-François-d'Assise ont été appelés à desservir cette église : de même que le berceau du Sauveur a été entouré d'abord par de simples et pacifiques bergers ; de même l'église consacrée au souvenir de ce berceau a été confiée aux religieux qui se rapprochent le plus des derniers rangs du peuple. Saint-François d'Assise, l'homme qui avait le plus méprisé le monde, honoré sur ce lieu des anciens triomphes dont le mobile et la récompense avait été tout ce qu'il avait vaincu ! Quelle harmonie providentielle !

Nous noterons encore, comme très remarquables, la mosaïque de pierres dures dont est formé le pavé, et juxtaposé aux deux grands piliers de l'arc du côté de la nef transversale, deux ambons fort anciens et travaillés en mosaïque.

Deux beaux lions égyptiens sont au pied du magnifique escalier qui monte à la *place du Capitole*. Nous apercevons à gauche une cage où un loup et une louve subissent la captivité, pour perpétuer la légende. En haut, les *Dioscures*, dompteurs de chevaux, qui, dit-on, se trouvaient autrefois devant le théâtre de Pompée ; de chaque côté, les trophées de Marius, puis les statues de Constantin et de son fils, et enfin, le *milliaire*, miliarium, pierre que les Romains plaçaient de mille en mille le long de leurs routes. Tout ceci se trouve adossé à la balustrade de la place qui forme un demi-cercle. Au milieu est la statue équestre, en bronze doré, de Marc Aurèle. (Le temps a presque entièrement effacé les dorures). Elle fut restaurée par Michel Ange qui avait pour cette œuvre un véritable culte.

Le Palais sénatorial occupé par le conseil municipal vous fait face ; à droite, le palais des Conservateurs, à gauche, le musée du Capitole. Ces deux monuments renferment un certain nombre d'antiques, de nombreuses peintures qui ont une réputation universelle justement méritée. Le Faune à la vendange, le Gladiateur mourant, la Louve nourricière des deux premiers Romains, doivent leur popularité à leur incomparable beauté. — Rappelons enfin que ces édifices, ainsi que la place, de petite dimension, furent dessinés par Michel-Ange, et qu'il décora de son beau perron le Palais sénatorial.

Nombre de décors de théâtre représentent des lieux fameux que le temps a parfois singulièrement outragés. Souvent même ils tirent de la majesté des ruines un puissant effet qu'augmente encore la brosse hardie de l'artiste.

Je ne sache pas que les débris grandioses de cette aire fameuse qui s'appelle le *Forum Romain* ait jamais servi à l'effet théâtral. Mais établissons le fait : Un premier décor représente ce gracieux ensemble qui se déroule à vos yeux lorsque, sur la place d'Ara Cœli, vous êtes au pied de l'escalier; puis, un signal est donné, et à ce tableau plein de vie succède celui qui vous représente, morne et désolé, cet ensemble saisissant du Forum Romain. Nul doute pour moi que ce contraste à la scène, avec quelque effet de lumière, ne produise une indicible impression.

Eh bien, lorsque le voyageur quitte, par la *Via del Campidoglio*, à droite du palais sénatorial, cette place du Capitole, il s'arrête bientôt stupéfait à la vue de ce spectacle grandiose qui le saisit d'autant plus que le contraste est plus complet. Le tableau qui faisait face représentait la vie, puis, quelques pas, et tout-à-coup apparait à ses yeux tout ce qui reste de plus grand de cette orgueilleuse domination romaine qui sut conquérir le monde par sa grande sagesse et son admirable courage, nobles choses, mais qui ne furent que l'instrument d'un immense égoïsme »; et il peut dire : de la puissante Rome, voici tout ce qui reste. » De cette Rome qui fut plus forte qu'aucun peuple n'a pu l'être depuis, voilà tout ce qui reste ! O néant des choses humaines.

Parcourons cet espace relativement restreint où se trouvaient entassés tant d'édifices divers, et où l'intérêt n'est pas un instant suspendu. Ces majestueuses ruines ont un puissant attrait, l'œil ne se lasse point de les contempler, et l'esprit trouve là le sujet des plus graves et des plus salutaires méditations.

Que de souvenirs, en effet, ne réveille pas le Forum : « Certes, les abominations de toute nature s'y sont également commises, mais dans l'ensemble de son histoire, cette place herbeuse et inégale, dont le moyen-âge avait fait un marché de vaches (Campo Vaccino), se montre à nous comme le vrai centre du monde romain ; c'est le lieu, jadis sacré, d'où pendant tant de siècles partit l'impulsion première pour tous les peuples occidentaux, des montagnes de l'Atlas aux rives de l'Euphrate. C'est là que s'agitaient, comme dans un cerveau vivant, les idées, et vers la fin de l'Empire les hallucinations venues de toutes les extrémités du grand corps ». (E. R.) Puis ces murs, ces temples, ces églises vous disent dans leur langage muet des évènements considérables. Les édifices ont remplacé les édifices autour de cette place où se mouvaient sans cesse « la grande houle » du peuple Romain.

La Via del Campidoglio divise le Forum en deux parties inégales ; la plus petite à gauche, en quittant la place du Capitole par cette rue. Nous allons successivement passer en revue les divers monuments contenus dans cette enceinte, les laissant toujours à notre gauche. Nous dirons ensuite quelques mots de ceux qui se trouvent au centre.

Tout d'abord, nous voyons comme fond du tableau, au pied même du Capitole, le *Tabularium*, dépôt des archives ou sénatus-consultes. Ces derniers, gravés sur des parapegmes ou tables de métal, se fixaient à des poteaux afin que le public en prît connaissance. La construction des murs — 78 ans av. J.-C. — imitée des Etrusques, remonte à l'époque républicaine. — On voit, à l'intérieur, de gros blocs de peperin superposés, sans ciment, et présentant alternativement la face et les côtés. — Du côté du forum, était une espèce de portique ouvert avec des demi-colonnes doriques. Des dépôts de sel, faits au moyen-âge, ont fort endommagé les blocs de péperin des murs. Ces voûtes sévères, ce mur froid et nu ont quelque chose de cette sévérité inflexible du gouvernement et de la politique des Romains. La façade du portique dorique de cet édifice sert de substruction du côté du forum, au palais sénatorial.

Au-dessous du Tabularium, et de gauche à droite, lorsqu'on lui fait face, se trouve le portique des *Dii Consentes*, les douze divinités majeures de Rome, composant le conseil de Jupiter. Au IVe siècle, au moment où le paganisme expirait, Pretextatus restaura ce portique et y plaça les douze dieux à la veille d'être pour toujours chassés de leur temple.

S'il y a quelque chose qui, assurément n'est pas nouveau, et qui malheureusement n'est pas en voie de disparaître, c'est l'ambition d'une part et la mauvaise foi de l'autre : « Faites-moi évêque de Rome, disait Pretextatus au pape St-Damase, et aussitôt je me fais chrétien. » *Facite me Romanæ urbis episcopum et ero protinus Christianus* (St-Hiéron. Epist. 38). Les vestiges de ce portique, les colonnes en cipollin cannelées d'ordre corinthien, dont il était formé, la frise avec l'inscription de *Prætextatus* furent découverts en 1835 et remis à leur place actuelle.

Quelques ruines seulement marquent l'emplacement de la *Schola Xantha*, réunion de *tabernæ*, espèce de bureaux où des copistes, *Scribæ-librarii*, étaient occupés à transcrire, pour ceux qui le demandaient, les documents du Tabularium. A côté se trouvait le temple de *Vespasien*, dont il ne reste plus que trois colonnes cannelées, d'ordre corinthien, en marbre blanc de Carrare, qui supportent un fragment d'une belle corniche dont la frise porte ce mot ESTITVER, faisant évidemment partie du mot — *Restituerunt* — qui indique une réparation. Selon quelques-uns, ce temple était celui de Jupiter Tonnant. Ce dieu devait ce nouveau sanctuaire à la reconnaissance d'Auguste, qui, en Espagne, dans un orage, avait été préservé de la foudre, alors que l'esclave portant le flambeau devant lui, en était tué. Plus à droite, et tout près de celui-ci, le temple de la Concorde, dont on ne voit que les vestiges de la Cella et quelques beaux fragments du haut du temple. Le Sénat y tenait parfois ses séances, et Cicéron, au milieu des sénateurs, prononça son accusation contre Catilina. On éleva sur ses ruines une église vers le VIIIe siècle. Au XVIe siècle, l'église et le temple étaient dans un état de délabrement complet.

Nous apercevons tout près de nous les huit colonnes

imposantes du temple de Saturne. Ces huit colonnes d'ordre ionique, en granit d'Egypte, étaient élevées sur un soubassement de 5 mètres de haut. C'est à peine si l'on retrouve quelques traces du haut perron qui donnait accès au portique.

Un peu avant l'arc de Septime-Sévère, dont nous allons admirer l'imposante majesté, on a découvert une construction semi-circulaire qui, si elle est aux yeux de peu d'importance, est grande assurément par les souvenirs qui s'y rattachent. On croit, en effet, que ce fut là que se trouvait la célèbre tribune aux harangues, où les orateurs montaient pour parler au peuple, et qui avait pris le nom de Rostre, *Rostrum*, parce qu'elle était armée d'éperons d'airain de navires pris aux Volsques Antiates.

L'arc de Septime-Sévère, en marbre blanc, est décoré de huit colonnes cannelées, d'ordre composite, et de bas-reliefs qui se ressentent de la décadence des arts. Néanmoins les proportions architecturales sont fort belles. C'est le monument le mieux conservé du forum. Sur la plate-forme se trouvaient, sur un char de bronze, les statues de Septime-Sévère et de ses fils. Il fut, en effet, construit par le Sénat et le peuple romain vers l'an 200 de l'ère chrétienne, en l'honneur de cet empereur et de ses fils pour leurs victoires en Orient. Cet arc a servi de modèle à celui de la place du Carrousel.

Nous passons ensuite devant la *Via dell' Arco Settimio Severo*, l'ancien *Clivus Capitolinus*, colline du capitole; (ou suivant d'autres *Clivus Asyli*, montée de l'asyle. — ce dernier nom lui viendrait du champ dont Romulus accorda la libre entrée à tous les transfuges des pays environnants qui consentaient à le rejoindre pour former la colonie naissante). La voie sacrée à laquelle nous reviendrons tout à l'heure, et qui passait sous l'arc de Septime Sévère, se terminait au *Clivus Capitolinus*.

Dans la cérémonie des triomphes, le cortège aboutissait ici. « Précédé d'une foule immense de peuple, du sénat, des rois et généraux prisonniers chargés de chaînes d'or ou d'argent, entouré de ses parents ou amis, suivi de son armée victorieuse, le front ceint d'une couronne de laurier, le triomphateur était porté au Capitole sur un char traîné par quatre chevaux blancs. Là, il descendait, et suivi des principaux de son escorte il montait au temple de Jupiter Capitolin pour rendre grâces aux Dieux, sacrifier un taureau et déposer la plus grande partie des trophées et des trésors pris sur l'ennemi, tandis que les généraux ou les rois vaincus prenaient à droite la route de leur tombeau. »

Suivons aussi cette route, et allons visiter ce lieu terrible qui fut, dit-on, bâti par Ancus Martius, troisième roi de Rome, c'est-à-dire, il y a bien près de 2500 ans, et qui s'appelle la prison Mamertime ou Tullienne. Saluste en donne la description suivante : « *Est in carcere locus quod Tullianum appellatur, ubi paullulum descenderis ad lævam circiter duodecim pedes humi depressus ; eum muniunt undique parietes atque insuper camera lapideis fornicibus vincta ; sed incultu, tenebris, odore fœda atque terribilis ejus facies est.* » (Sallustes Catilina. L. V).

« Dans cette prison, l'on trouve un lieu apppelé *Tullianum*, en descendant un peu sur la gauche, à environ douze pieds de profondeur. Il est partout entouré de murs épais, et couvert d'une voûte cintrée de grosses pierres. La saleté, les ténèbres, l'infection en rendent l'aspect hideux et terrible. »

Ce cachot redoutable se compose de deux parties bien distinctes : la première est une grande chambre quadrangulaire. Au centre vous apercevez un trou circulaire qui peut mesurer environ 50 centimètres, qui est le sommet de la partie basse, et qui était autrefois le seul accès de ce second cachot. Mgr de Forbin Janson a fait pratiquer à ses frais un escalier qui conduit dans ce cachot de forme elliptique, et plus petit que celui qui le précède. Si une émotion profonde vous pénétrait déjà lorsque vous voyiez ces murs froids et sombres de la partie supérieure, dite prison Mamertine, vous éprouvez je ne sais quelle angoisse lorsque vous êtes descendu dans cette excavation souterraine, dite prison Tullienne, à peine haute de deux mètres et large de trois, et où le jour n'a jamais pénétré. Toutes les oubliettes, tous les cachots du monde ne sont rien à côté de ce lieu terrible. Terrible par son aspect, mais plus terrible encore au souvenir du nombre incalculable de victimes égorgées dans cet antre affreux. Les mânes de ces victimes ne rôdent-elles pas autour de ce lieu où l'assassinat durant de longs siècles ne s'arrêta jamais ? Le sang des victimes qui souilla le sol que foule nos pieds n'a-t-il pas laissé quelques traces, ces murs ne vont-ils pas nous rejeter quelques unes des gémonies qu'ont jeté, en demandant vengeance, ces malheureux égorgés par des bourreaux sans merci ?

C'est le guerrier Bituit, chef des Arvernes, qui après la défaite s'était livré confiant dans la parole du Romain Domitien pour traiter de la paix, et qui se vit dans un odieux guet-apens chargé de chaînes et conduit à Rome pour servir d'ornement au triomphe du vainqueur, et revêtu, au jour fatal, de ses armes royales et promené sur un char d'argent à la suite de l'homme qui l'avait indignement trompé. C'est l'héroïque Vercingétorix, ce vaillant Gaulois qu'avait redouté César, qui, après avoir traversé un petit pont suspendu, qui réunissait le *Clivus Capitolinus* à la prison Mamertine, est précipité dans le Tullianum où des bourreaux se jettent sur ce magnanime défenseur de sa patrie, et le massacrent sans pitié, tandis que le César monte au Capitole, et attend aux pieds des dieux que le mot fatal vienne retentir à son oreille : *Actum est.* « C'en est fait » tout est fini. — Puis, les *Confecteurs* tirent au moyen de crocs ces cadavres mutilés et les traînent dans le Tibre ! Oui, César de la Rome républicaine, royale ou impériale, déchaînez le cours de vos terribles vengeances privées ou publiques, assouvissez vos haines, versez le sang, donnez cours à vos ressentiments, faites descendre dans ce lieu maudit des milliers de victimes qui n'ont souvent que le tort d'être héroïques ou de vous déplaire, mais plus vous ferez de crimes, plus vous rendrez ce lieu mémorable par vos assassinats, plus aussi ce lieu demandera pour le purifier des hôtes illustres ou d'innocentes victimes.

Et le jour vint où Dieu envoya son fils au monde comme rédempteur et libérateur, et le jour vint où Jésus-Christ, fils du Très-Haut, consacra Pierre premier pasteur de toutes les âmes, et le plus ancien monument de la Rome païenne devint le plus ancien monument de la tradition chrétienne à Rome.

Suivant cette tradition, en effet, après avoir été incarcérés dans le souterrain de *Santa-Maria-in-via-lata*, St-Pierre et St-Paul furent amenés à la prison Tullienne où ils furent détenus huit à neuf mois. Pendant qu'ils s'y trouvaient, deux geôliers, Processe et Martinien, et plusieurs prisonniers se convertirent à l'Evangile. Comme l'eau manquait, Pierre fit jaillir miraculeusement une source que l'on voit, à ses pieds, dans un petit espace rectangulaire, près de la colonne à laquelle l'apôtre était attaché, ce qui lui permit, malgré ses chaînes, de puiser l'eau nécessaire à la régénération de ses néophytes. — Le premier vicaire du Christ, le premier pasteur de toutes les brebis a été là, me disais-je, enchaîné. Pierre, le pêcheur de Galilée, Pierre le roc de l'Eglise, fit jaillir l'eau dans ce repaire des crimes, et cette eau baptismale, en coulant sur le front de ses néophytes, n'a-t-elle pas aussi lavé, purifié, ces dalles sanglantes, et la continuité non interrompue de cette source qui ne déborde jamais, qui ne tarit jamais, n'est-elle pas une image de la perpétuité de la purification du lieu. Plus tard d'autres martyrs de la foi chrétienne y sont venus verser leur sang pour l'affirmation de leur foi en J.-C. Le bas-relief de cet autel, en marbre, représente le baptême conféré par le prince des apôtres. Quel sanctuaire ! en est-il qui puisse rendre plus fécondes les réflexions du philosophe chrétien ? Et si partout la prière et la célébration des saints mystères sont choses graves, combien plus sous ces voûtes, combien plus dans ce lieu, l'un des plus tragiques de Rome ! La prison Tullienne, transformée ainsi en oratoire, est appelée *S.-Pietro in Carcere*. Au-dessus s'élève la petite église de St-Joseph des charpentiers.

Presque en face se dresse l'église *Ste-Martine et St-Luc*. Edifiée sur l'emplacement de l'ancienne chancellerie du Sénat, cette église, l'une des plus anciennes de Rome, fut restaurée une première fois au VIIIe siècle. Sous Urbain VIII (1623), elle fut presque entièrement reconstruite. Elle a la forme d'une croix grecque ornée de colonnes, de pilastres et de stuc. Son architecture la rend curieuse, et nul ne regrettera sa visite, bien qu'il n'y ait aucun chef-d'œuvre à signaler. On ne manquera pas de visiter également la chapelle souterraine, qui, par sa construction, son plafond plat, ses marbres et son riche tabernacle, mérite une inspection particulière. Au fond de l'abside, on voit un siège prétorial en marbre grec, qui fut, dit-on, celui d'Urbain VIII.

Cette église du vocable de Ste-Martine, dont le corps fut retrouvé sous Urbain VIII, avait pris, sous Sixte V, celui de Ste-Martine et St-Luc, parce que ce dernier pontife y avait amené l'Académie des beaux-arts.

On y voit une inscription antique, qui serait l'épitaphe de *Gaudentius*, architecte du Colysée, sous le règne de Vespasien et de Titus, et martyrisé sous Domitien dans l'amphithéâtre, œuvre de son génie.

Tout à côté et sur l'emplacement de la basilique Emilienne, se voit la grande façade de briques de l'*Eglise St-Adrien*, jadis recouverte de stuc, et qui fut, à diverses époques, l'objet de restaurations ou d'agrandissements. L'antique porte de bronze, probablement celle de la *Curia Emilia* fut transportée vers 1655 à St-Jean de Latran. Le maître-autel, orné de deux colonnes de porphyre, renferme les restes de St-Adrien, qui, de persécuteur des chrétiens, devenu chrétien lui-même, souffrit le martyre à Nicomédie.

Nous longeons ensuite cette partie du forum que les Italiens appellent *Campo Vaccino* (marché aux bestiaux et surtout aux bœufs), qui côtoie elle-même le *Comitium* qui servait particulièrement aux réunions du peuple et qui occupait à peu près le milieu de cet espace qu'on appelle le forum romain, et qui, d'après les données les plus précises, était borné au nord par le Capitole; et, au sud, à cet endroit où fut plus tard érigé le temple d'Antonin et de Faustine.

Tout cet espace, assez exactement compris entre le Capitolin et le Palatin, était, à l'origine, en partie couvert de bois et occupé par un marais où les collines voisines versaient leurs eaux. Mais les Romains et les Sabins conclurent une alliance, et sur ce terrain qui avait été pour eux comme une frontière défensive, ils établirent un champ destiné aux assemblées du peuple, et dans ce but, asséchèrent cette plaine humide en construisant la *Cloaca Maxima*, ce prodigieux ouvrage qui devait servir d'égout pour conduire les eaux du marais Vélabre au Tibre. Autour de cette place, sous Tarquin l'Ancien, on commença à bâtir des maisons ; des portiques avec des tavernes pour les marchands se construisirent et créèrent un nouveau quartier. On chercherait en vain quelque apparence de ces souvenirs, et outre la raison du temps qui fait son œuvre, seul ou aidé par la main féroce de l'homme, on trouverait un autre motif dans l'exhaussement du sol qui ici est de 30 pieds au-dessus du sol primitif. On a mis à nu la base de certains monuments, mais l'on sait que des perrons élevés conduisaient jusqu'à eux, et il est impossible, assurément, de se représenter ce qu'était le forum.

Néanmoins les fouilles semblent avoir mis à nu l'aire du *Comitium*, de ce lieu qui fut le témoin de l'agitation de ce peuple orgueilleux et dominateur. Ce fut là, devant le peuple assemblé, que le premier Brutus présenta le fer dont Lucrèce s'était frappé, révélant le crime de Sexti Tarquin dont la famille était honteusement chassée de la ville et du trône ; là que devant le peuple, *Tullia*, l'infâme parricide, se rendant en exil, passa au milieu des malédictions d'une population indignée ; là que devant le peuple, ce même Brutus, juge inflexible, condamnait et faisait mettre à mort ses propres fils ; là que devant le peuple, Virginius, voyant qu'il ne pouvait arracher sa fille au déshonneur, prit sur l'étal d'un boucher le couteau dont il la frappa, quand les licteurs du Décemvir Appius allaient l'emmener ; là que devant le peuple, Marc-Antoine, à la mort de César entraîna par son éloquence véhémente cette foule surexcitée qui brûla le corps du dictateur, brisant pour alimenter le feu, les établis des marchands, et faisant ainsi au défunt l'honneur inouï de brûler ses restes devant les premiers sanctuaires de la ville !...

Le temple d'Antonin et de Faustine est en communication avec les parties découvertes du Forum. Les déblais ont permis de mettre les colonnes à découvert. Leur base est encore élevée de 16 pieds au-dessus du niveau de la voie sacrée. On montait en effet au temple par un escalier de 21 marches. Le portique est orné de dix colonnes magnifiques en marbre cipolin, dont six de front, de près de treize mètres de hauteur. Les arabesques de la frise extérieure sont très admirées.

On peut comprendre à quel degré de perversion morale l'homme peut descendre, lorsque la débile raison guide toute sa conduite, en voyant le Sénat élever un temple à l'impudique Faustine, devenue, après sa mort, selon l'usage, une divinité de l'Olympe. Que pouvait devenir un peuple qui voyait déifier de pareilles courtisanes et qui voyait son Olympe peuplé de filles de joie. Ah ! Lucifer, ce sont bien là les divinités de ton séjour ténébreux ; mets-les si tu veux sur un piédestal dans tes sombres et infernales demeures, mais que le peuple sache au moins que c'est dans ton Olympe que se rendent ceux qui mènent ici-bas une vie cynique.

Son mari Antonin le Pieux, étant mort après elle, le sénat le divinisa à son tour, ce qu'indique l'inscription : DIVO ANTONINO ET DIVÆ FAVSTINÆ.

En 1430, la *Cella* (sanctuaire) du temple fut transformée en église dédiée à St-Laurent, et concédée, par Martin V, au collège des pharmaciens. Ceux-ci y ajoutèrent plus tard un hôpital pour les pauvres malades de la corporation. L'église de *San Lorenzo in miranda* n'offre rien de bien remarquable.

Après le temple de Faustine nous trouvons, de l'autre côté de la rue, un bâtiment circulaire avec sa porte de bronze qui n'est autre que la partie supérieure du temple de Romulus, fils de Maxence, d'autres disent de Remus. On ignore l'époque précise de sa construction, ce qui explique les divergences d'opinion des archéologues. On descend jusqu'à l'ancien pavé du temple, où fut trouvé dans le xv siècle l'antique plan de Rome qui se voit dans l'escalier conduisant au Musée du Capitole.

Ce fut en 527 que Félix IV se servit de la *Cella* pour en faire le vestibule de la basilique qu'il éleva en l'honneur des saints martyrs Cosme et Damien, nés en Arabie. — Ils exerçaient la médecine avec un succès qui les fit connaître de Lysias, préfet sous Dioclétien et Maximien. Interrogés sur leur religion, non seulement ils ne rougirent point de leur foi, mais ils la déclarèrent indispensable à tous pour être sauvés. Sur cette réponse, le magistrat les livra aux plus cruels supplices, et ils furent après, en l'an 303, frappés par la hache du bourreau. Les corps des deux saints reposent sous l'autel de la chapelle souterraine. Leur mémoire fut longtemps vénérée par les barbiers chirurgiens.

Si cette église sombre très recueillie n'attire pas l'attention par son architecture, elle renferme des mosaïques fort anciennes (vi° siècle), et justement estimées.

En sortant, nous voyons presque aussitôt, à notre gauche, deux colonnes de marbre Cipollin qui faisaient peut-être partie du péribole de l'ancien temple. — *sub judice lis est* — Nous franchissons une porte de très modeste apparence, et descendons quelques degrés. Nous sommes bientôt arrêté par une balustrade en bois surmontée en son milieu d'une croix en bois noir, ornée des insignes de la passion du Sauveur. Devant nous, s'étend une nef étroite, très pauvrement ornée et le long de laquelle se trouvent de simples bancelles. Là je vois assis quelques hommes dont les traits reflètent la distinction, tous revêtus d'une tunique brune de grosse étoffe et les reins ceints d'une corde. Plusieurs autres ne tardent pas à les joindre. Après avoir apposé leurs lèvres sur le pied de la croix, ils viennent au milieu de cet oratoire, et là, dans une prosternation complète, ils baisent la terre avant de se rendre à leur place : j'ignorais, lorsque je les vis pour la première fois, ce qu'étaient ces hommes du monde qui, pour quelques instants faisant trêve aux soins, aux soucis des affaires, venaient, se revêtant des habits de la pénitence, parcourir le chemin du Calvaire. Je fus vivement impressionné de ce qui se passait sous mes yeux. Rien n'élève l'homme et ne le rapproche davantage de Dieu, que la conscience de son néant, rien enfin n'est plus capable de l'aider à supporter les difficultés de la vie que la méditation de la passion du Sauveur, et c'est ce qu'ont compris les pieux chrétiens qui ont fondé la *confrérie du chemin de la Croix*.

Quel contraste ! le long de cette voie sacrée où s'étalèrent le luxe, la débauche, l'orgueil, se trouve aujourd'hui un sanctuaire où des hommes revêtus du plus humble vêtement, viennent redire dans leurs chants et leurs prières, les douleurs, les opprobres, les humiliations que subit, sur sa voie sacrée, le Sauveur Jésus !

J'avais déjà visité un assez grand nombre d'édifices religieux appartenant à diverses communautés ou desservies par elles, j'avais été frappé de l'affluence dans plusieurs, et en quittant cet oratoire où je venais d'être témoin des bienfaits de cette association chrétienne, dite confrérie du chemin de la croix, je me disais combien la présence de tous ces ordres religieux et de ces diverses confréries était favorable au développement de la foi. Sans doute les uns et les autres peuvent attirer davantage, et écarter ainsi du centre commun, mais le développement de l'esprit chrétien qui se fait sous leur influence, d'une manière évidente, ne peut que faire désirer, malgré ce fait, de les voir grandir et se multiplier.

Où trouver la raison de cette attraction particulière? Dans ce besoin qu'a l'homme de former des associations, unes sans doute dans le fond, mais distinctes dans la forme, et répondant ainsi à un courant d'idées qui cadre avec les sentiments ou les aspirations particulières qui sont dans la nature intime de chaque homme. D'autre part, dans l'ascendant qu'exercent toujours autour d'eux ces hommes, supérieurs souvent par l'intelligence et le savoir, supérieurs par la vie chrétienne qu'ils mènent plus austère, par la doctrine qu'ils ont toujours gardée plus pure sans mélange de libéralisme, plus étroitement attachés qu'ils sont à Rome dont ils relèvent uniquement.

L'influence catholique a toute son action là où la loi est plus sévèrement comprise, plus rigoureusement observée. Nos ennemis nous haïssent en proportion de l'observance fidèle des commandements, parce qu'ils trouvent ainsi une contradiction plus énergique avec leur conduite. Les chrétiens peuvent êtres sûrs qu'ils exerceront dans le milieu où ils vivent une influence d'autant plus salutaire qu'ils obéiront plus strictement aux préceptes; et que, s'ils voient la haine grandir contre eux, le mépris ne saura jamais les atteindre.

C'est à cela que les ordres religieux ont dû de rester la force la plus puissante de l'Église, mais c'est aussi pour cela qu'ils voient se déchaîner contre eux une haine implacable. Eux seuls sont ouvertement attaqués, eux seuls présentement poursuivis. On voudrait anéantir le clergé régulier par ce fait même qu'il est la plus grande puissance. La Révolution est, en effet, parvenue à effacer à peu près complètement l'influence sociale du clergé séculier. Elle n'a pu rien encore contre ces hommes qu'elle redoute, qu'elle hait avec d'autant plus de rage qu'elle ne peut pas les mépriser, et qui ont pu, grâce à la protection divine, donner encore à la France un groupe de vaillants défenseurs qui sauront aujourd'hui lutter avec toute la puissance de leur droit pour la défense du Christ, de l'Eglise et de la Patrie, car « la grandeur de la France est inséparable de l'exaltation du Saint-Siège. »

Si les ordres religieux n'eussent survécu, où serait cette pléiade d'hommes, de laïques qui dans les rangs de la société affirment publiquement leur dévouement à l'Eglise, et proclament solennellement que le salut est seulement dans le retour à ses préceptes, et qui, étant seuls aujourd'hui à pouvoir parler ainsi, peuvent seuls faire sentir encore dans la vie publique l'influence sociale de la religion catholique. Ils forment une minorité imposante avec laquelle, quoi qu'on fasse, il faudra toujours compter, et qui doit être plus énergique et plus ferme que jamais, car demain elle peut être appelée à de grandes choses.

Plus il y aura de chapelles et d'oratoires pour les associations catholiques, et plus vive et plus répandue sera la foi. Et que l'on me permette cette remarque, c'est que la paroisse n'a jamais été le but, mais, le moyen. Beaucoup se plaignent aujourd'hui de la perte de l'esprit paroissial. On en trouve une des causes dans l'absence des confréries, dans la disparition des associations chrétiennes. La paroisse aujourd'hui est une collectivité où l'on se perd, si je puis dire, et qui, embrassant sans limite, use ses forces sans résultat parce qu'elle ne trouve pas d'organisation pour la seconder. L'esprit paroissial ne revivra que le jour où des groupements chrétiens se seront reformés. Dans les temps difficiles que nous traversons, l'élément dirigeant de la paroisse peut-il seul suffire à cette tâche ?.... N'oublions pas que la lutte n'est plus théologique, ni doctrinale, mais sociale, depuis que « l'erreur s'est faite révolution » et que la divine Providence a, pour répondre aux difficultés des temps, suscité des chrétiens laïques qui « se sont dit qu'ils devaient, à leur humble rang de soldats, prendre leur part de labeur, de dévouement et d'action. » Qu'on seconde donc de toute manière et aussi largement que possible leurs efforts, car eux-mêmes, gardiens fidèles des traditions, sont souvent loin d'agir comme ils le désireraient. Mais que le clergé séculier n'oublie pas qu'il est des concessions, des sacrifices qu'il faut savoir faire lorsque le salut des âmes en est l'enjeu.

Reprenons notre récit : La grande et imposante ruine de la basilique de Constantin, d'autres disent du temple de la Paix, était une basilique à trois nefs, dont on voit encore à gauche trois arcades avec des voûtes d'une largeur extraordinaire. Elles ont postérieurement servi de modèles à beaucoup d'architectes. La nef centrale de St-Pierre a la même largeur. On n'a sur la destination de ce monument que des données incertaines.

Nous voici en face de la gracieuse église de *Ste-Françoise Romaine*. La tradition rapporte qu'elle fût bâtie sur une partie du vestibule du palais doré de Néron. C'est de ce vestibule que cet empereur vint pour voir s'élever dans les airs Simon le magicien, qui retomba par terre et se tua, quand St-Pierre s'agenouillant sur le pavé incrusté dans le mur de la croisée de l'aile droite du transept conjura son divin Maître de confondre l'imposteur. Le tombeau du cardinal Valcani, la mosaïque de la voûte de l'abside du IX° siècle qui date de la construction de cet édifice, le tombeau de Ste-Françoise Romaine sont les œuvres remarquées de cette église. Le tombeau dans la crypte renferme les restes de Ste-Françoise, dame romaine, fondatrice de l'ordre des Oblates. Elle institua cet ordre pour les femmes qui voulaient mener une vie religieuse en s'occupant d'œuvres de charité, sans se lier par aucun vœu.

Le couvent occupe l'emplacement du temple de Vénus, dont l'abside était adossé à celui de Rome tourné vers le Colisée. Cette église était desservie par les Olivétains qui accueillirent et hébergèrent Le Tasse lorsqu'il était sans ressources et abandonné de ses amis.

A quelques pas, près du Palatin, s'élève *l'arc de triomphe de Titus*, monument remarquable par la beauté des proportions et des sculptures, mais plus encore peut-être par les souvenirs historiques que rappellent ces bas-reliefs : témoin authentique de la reconnaissance du Sénat et du peuple romain au vainqueur de la Judée en l'an 70, mais témoin aussi authentique de l'histoire du peuple Déicide. Si, en effet, quelques bas-reliefs racontent l'entrée triomphale de Titus dans Rome, d'autres retracent les objets sacrés renfermés dans l'intérieur du temple de Jérusalem : ce sont la table d'or, les pains de proposition et deux trompettes d'argent, à l'aide desquelles les prêtres juifs annonçaient le jubilé, le chandelier à sept branches, des vases sacrés, le tout porté par des soldats munis de branches de laurier. Ce bas-relief est d'une importance extrême pour l'étude des antiquités judaïques et confirme les données de la Bible. Il est impossible d'éviter cette remarque ; que c'est sur un arc triomphal « que se trouve conservée l'image fidèle de ces symboles mystérieux dont l'origine remonte à Dieu même. » Malheureusement, ces bas-reliefs, si précieux au point de vue de l'art et de l'histoire sont cruellement endommagés.

L'histoire du *Palatin* est l'histoire de Rome. Les Pelages et les Sicules l'habitèrent, et Romulus y fonda cette bourgade qui fut le noyau de la cité romaine. Il occupe l'emplacement de la Rome primitive, *Roma quadrata*. On a découvert, en cinq endroits différents, des restes de son enceinte, ce qui a permis de rétablir presque complétement le tracé de ses premières fortifications. Sous la république il devint la résidence des familles patriciennes, et plus tard la superficie entière fut, sous les Césars, occupée par leur palais. Les Gracchus, Crassus Scaurus, Cicéron, Catilina, Marc Antoine, Auguste, y eurent leurs habitations. Mais le Palatin tout entier ne suffit plus à la magnificence de Néron ; il étendit jusqu'à l'Esquilin, où étaient les jardins de Mécène, son palais (sa maison d'or) qui renfermait des bois, des étangs, etc., etc., et dont la description, laissée par Suétone, semble plus, un conte de fées qu'une narration réelle.

Quoique un peu longue, que le lecteur nous permette la citation suivante de M. Franz de Champigny : « En avant de la Maison d'Or, il y a un lac ; autour du lac, des édifices épars qui semblent une ville ; entre la façade et le rivage, le vestibule où le maître de la maison fait attendre ses clients ; c'est-à-dire où Néron fait attendre tous les peuples du monde ; et, au milieu, le colosse de Néron, haut de cent-vingt pieds, d'argent et d'or; plus loin, des portiques longs d'un mille, à triple rangs de colonnes. Dans l'intérieur, tout se couvre de dorures, tout se revêt de pierres précieuses, de coquilles, de perles. Les souterrains mêmes sont ornés de peintures qui ont rempli à elles seules toute la vie de l'artiste Amulius. Dans les bains, un robinet amène l'eau de mer; un autre, les eaux sulfureuses d'Albula. Un temple de la Fortune, construit avec une pierre nouvellement découverte, blanche et diaphane, semble, les portes fermées, s'illuminer d'un jour intérieur. Les salles de festin, si multipliées et si particulièrement fastueuses dans les maisons romaines, ont des voûtes lambrissées qui changent à chaque service, des plafonds d'ivoire d'où tombent des fleurs, des tuyaux d'ivoire qui jettent des parfums ; d'autres, plus belles encore, tournent sur elles-mêmes jour et nuit, comme le monde. Mais ce sont là les moindres grandeurs du palais de Néron. Voici des lacs, de vastes plaines, des vignes, des prairies, puis les ténèbres et la solitude des palais, des vues magnifiques ; au sein de Rome et des forêts, des daims bondissent, des troupeaux vont au pâturage. Aussi Néron est-il presque content cette fois. — Je vais enfin, dit-il, être logé comme un homme. »

Mais l'incendie qui, en l'an 65, avait été mis sur ses ordres pour le distraire, dévora à son tour la Maison d'Or, et la Providence ne permit pas que les ouvrages de ce monstre de l'humanité lui survécussent longtemps. Vespasien et Titus démolirent ou destinèrent à d'autres usages la partie du château qui était hors le Palatin, et y bâtirent les Thermes et le Colisée qui occupe l'emplacement du lac. Puis les barbares se chargèrent de la justice de Dieu en pillant et en saccageant tout ce qui restait de ce luxe insolent du César Romain. Néanmoins, du temps de Charlemagne le Palatin était encore habitable, et le grand empereur d'Occident tint un lit de justice dans l'une des salles de l'antique demeure impériale romaine. Aujourd'hui il ne reste plus que des ruines et des substructions ombragées par des chênes, des cyprès et des lauriers. Sur ces ruines le juste peut se consoler et retremper son âme, car lorsque les peuples commettent à ce point l'injustice, la tyrannie, l'heure de Dieu sonne toujours, et le jour vient où il ne reste plus pierre sur pierre des ouvrages de ces hommes iniques et cruels ! Qu'ont pu les Césars si puissants alors contre le Galiléen ?

Des fouilles sont constamment poursuivies avec une persistance qu'explique facilement leur intérêt archéologique historique et artistique. Mais si quelques-unes ont apporté des résultats précis, beaucoup ne permettent que des conjectures, et bien des indications données sont fort hypothétiques.

Nous laissons à gauche l'église de Ste-Marie-Libératrice pour visiter cette partie centrale du Forum que les fouilles ont mises complètement à nu et qui est à 24 pieds au moins au-dessous du sol actuel.

Très près de la route se dressent, devant nous, trois colonnes avec un morceau d'entablement. Elles sont peut-être le plus beau spécimen de l'ordre corinthien qu'il y ait à Rome. Les auteurs leur donnent une destination très différente : suivant les uns, elles faisaient partie du temple de *Minerva Chalcidica*, suivant d'autres de la *Græcostasis*, édifice destiné à recevoir les ambassadeurs ; d'autres enfin, et c'est l'opinion la plus accreditée, les attribuent au temple de Castor et Pollux. Le sénat y tint souvent des séances, et peut-être le peuple représenté aux comices par tous les ordres et qui se réunissaient tantôt au Capitole, tantôt au

Champ de Mars, tantôt au Forum, ou au Comitium même, a pu s'y réunir quelquefois.

Un peu plus loin l'on voit quelques substructions que l'on dit être les restes du temple de César. Avec divers changements qu'il fit exécuter au Capitole, il fit transporter ici la tribune aux harangues (*Rostra Julia*) qui fait directement face à l'aire du Comitium. C'est de cette tribune que, le 19 mars 44, lors des funérailles du dictateur assassiné, Marc Antoine tint le fameux discours qui enflamma les passions du peuple.

Nous longeons ensuite la basilique Julia. Chez les Romains, la vie religieuse, politique, commerciale étaient absolument tout. Les jeunes gens aspiraient eux-mêmes à l'âge du *Forum attingere*, comme l'on disait, mais il y a une vie qui ne laisse pas de trace dans l'histoire publique des Romains, c'est la vie de famille. Les Romains ont prouvé combien elle est impossible sans le christianisme. Que fallait-il donc au peuple ? Des temples pour les cérémonies religieuses, une tribune aux harangues pour rendre publics les débats dont devait juger le peuple, et enfin le marché nécessaire aux échanges. Tout cela, je le répète, s'est entassé dans cet étroit espace du forum, et la maison familiale fut rejetée loin de ce centre.

La circulation devint de plus en plus difficile, par suite de l'augmentation de la population, et l'on construisit, pour répondre en même temps aux exigences d'une civilisation plus avancée, des *Basiliques* pour y établir les tribunaux.

Ces monuments païens, fort remarquables par la beauté de leur architecture, fournirent aux chrétiens primitifs le plan de leurs églises. Nous devons dire que cet avis n'est pas unanime : « Nous ne le croyons pas, dit le chanoine de Bleser. Les chrétiens auront consulté les exigences du culte chrétien de N.-S.-J.-C., et ils auront disposé d'après cela les différentes parties de leur lieu de réunion. » C'est une assertion sans preuve, et nous allons voir combien les détails suivants militent en faveur de l'opinion adverse. Le grand espace ou salle du milieu représentait la *nef*, la barque de St-Pierre, la tribune du préteur au fond devint le siége de l'évêque ; dans les ailes, séparées de la nef par un simple rang de colonnes, se trouvaient d'un côté les hommes, et de l'autre les femmes. La basilique, par la noble simplicité de son style et la réunion de toutes ces conditions, était donc merveilleusement adaptée au culte chrétien.

Au reste, si l'architecture a créé des formes nouvelles, quant à l'élévation, elle n'a presque rien conçu quant au plan, depuis l'époque païenne qui lui a fourni, sous ce dernier point de vue, presque tous ses éléments.

La basilique Julia, dont nous voyons à nos pieds le plan avec les restes des colonnes qui séparaient les nefs, était un des beaux monuments de ce genre à Rome. Elle mesurait environ 100 mètres de long sur 50 de large. Elle fut fondée par J. César, et achevée par Auguste avec l'argent d'un usurier, ancien esclave germain qui voulait se faire pardonner ses rapines dans les Gaules. On voit encore des fragments du pavé précieux de la basilique, surtout de la nef centrale. Des restaurations récentes ont été faites. Les bas-côtés sont garnis de plaques de marbre blanc, sur lesquelles on voit une multitude de cercles tracés par le public ; sorte de damiers sur lesquels jouaient les Romains ; un certain nombre avec des incriptions. La basilique Julia était à cinq nefs séparées par une triple rangée de piliers en briques revêtues de travertin. Des demi colonnes doriques étaient adossées à ceux qui bordaient la rue.

Il n'y a que dix piliers antiques qui subsistent aujourd'hui, les autres ont été restaurés de nos jours, en partie avec des matériaux anciens.

Cet édifice longeait la voie sacrée dont on voit ici, à nu, les grandes dalles larges et irrégulières de lave basaltique, d'une solidité remarquable. Doit-elle son nom aux demeures des Pontifes, des Vestales qui l'ornaient, ou à l'alliance que contractèrent, sur ce lieu même, Romulus et Tatius, après l'enlèvement des Sabines ? L'intérêt est secondaire en face des souvenirs historiques qui se rattachent à cette voie. C'était le boulevard des flâneurs romains, c'était la route des triomphateurs, c'était le rendez-vous privilégié des grands hommes. Horace avait coutume d'y venir se délasser de ses travaux,

Meditans nugarum totus in illis,

se plaignant, dans cet épitre, de ce fâcheux qui trouble sa méditation. Galien, dont la pharmacie dans le voisinage du Palatin fut la proie d'un incendie où il perdit un grand nombre de notes et tout un recueil d'utiles observations, aimait aussi à venir s'y délasser de ses travaux.

Près de l'extrémité de la voie sacrée, vers le Capitole, s'élève la colonne de Phocas. Des fouilles, en 1813, dégagèrent le piédestal de cette colonne, et apprirent qu'elle fut érigée en 608 de notre ère par l'exargue Smaragdus en l'honneur de l'empereur grec Phocas, dont elle portait la statue dorée. On y lit, en effet, cette inscription : « Au très excellent et très clément prince Phocas, toujours adoré, toujours auguste. »

Revenons sur nos pas, reprenant la direction de la voie sacrée qui avait son point culminant à l'arc de Titus. Moins heureux qu'Horace, il ne nous est pas possible de cheminer *meditans nugarum*, car à peine avons-nous franchi cet arc que nous découvrons les ruines majestueuses et grandioses de ce monument où se passèrent les scènes les plus tragiques et les plus lugubres de la Rome païenne et chrétienne. Et qui donc, quelle que soit sa foi, ses espérances, approcherait de ce lieu, arrêtant son esprit à quelques bagatelles ?

Presque en face la route que nous descendons se trouve une fontaine (*Méta Sudans*). Un bassin de marbre de grande circonférence l'entourait, et au centre s'élançait un puissant jet d'eau venue du mont Esquilin. Les gladiateurs venaient s'y laver lorsque, couverts de sang et de poussière, ils quittaient les combats de l'amphithéâtre.

Un peu à gauche on voit les restes d'une grande base carrée, en maçonnerie, qui supportait, depuis Adrien, la statue colossale de Néron, en dieu du soleil. Elle fut érigée par Néron lui-même, après l'incendie de Rome (64 ans après J.-C.)

A notre droite nous avons l'arc de Constantin. Placé à la jonction de la voie sacrée et de la voie triomphale cet arc de triomphe, un des monuments les mieux conservés de la Rome païenne, fut érigé à Constantin, par le sénat et le peuple romain, pour avoir rendu l'ordre et la paix à l'empire déchiré par les factions et depuis longtemps courbé sous le joug de Galère et Maxence — L'inscription qui en consacre le souvenir porte : *Imperatore Cæsaro Constantino maximo Augusto* S. P. Q. R, etc. Notons, en passant, que ces initiales qui se voient à Rome sur divers monuments, et qui, à première vue, embarrassent le voyageur sont l'abréviation de : *Senatus Populus Que Romanus.* » Ce monument fut construit vers l'an 326 de notre ère, lorsque la décadence était déjà très prononcée, et, faute d'artistes, on se servit, pour le décorer, des magnifiques bas-reliefs qui devaient faire partie de monuments non achevés ou menaçant ruine. L'un de ces bas-reliefs représente l'empereur Trajan offrant un sacrifice, l'autre son entrée triomphale à Rome après sa victoire sur les Daces ; ce qui a fait dire à quelques auteurs que cet arc n'était autre que celui de Trajan modifié et approprié pour le vainqueur de Maxence. Mais il nous parait beaucoup plus admissible de regarder cet arc comme érigé pour célébrer les victoires de Constantin, en admettant que la plus grande partie des matériaux et des excellentes sculptures de ce monument ont été enlevés à un arc de triomphe érigé par Trajan à l'entrée du Forum qui porte son nom. Ce qui confirme cette assertion c'est que les matériaux pris à ce monument ne suffirent pas et que l'on dut exécuter, pour achever de l'orner, plusieurs sculptures grossières qui datent de l'époque de Constantin, et qui font le plus misérable contraste. Si tout le monument eût été primitivement élevé à Trajan, comment expliquer ce contraste si frappant entre les sculptures qui indiquent deux époques si distinctes? Admettre qu'il y ait eu réparation nous parait difficile : d'abord 200 ans environ séparaient le règne de Trajan de celui de Constantin, et c'est peu pour un monument tel que celui-ci ; les sculptures supérieures relativement bien conservées et qui ont près de 2000 ans le prouvent ; puis il est visible qu'il n'y a pas eu réparation mais confection.

Cet arc est assurément fort beau. Ses trois portes en arcade, ses statues, ses bas-reliefs, ses superbes colonnes corinthiennes, quatre sur chaque face, ses nobles proportions en font un monument remarquable.

Nous sommes parvenu à l'une des extrémités de ce vaste espace qui fut le théâtre des évènements les plus dramatiques de l'histoire romaine. A l'une d'elles est le Tabularium ; à l'autre, le Colisée !

Admirable antithèse, ce me semble. Le Tabularium ne devait-il pas, logiquement, conduire au Colisée. Que peuvent le génie ou la raison quand la Révélation et l'Evangile ne sont pas là pour guider l'un et dominer l'autre ?

La Providence a voulu donner au monde la preuve irréfutable de toutes les capacités d'un peuple athée. Le Colisée est là pour rappeler ce que l'homme peut faire de l'homme lorsqu'il ignore son origine et méconnaît ses sublimes destinées.

Il n'a fallu rien moins que la venue du Christ rédempteur pour mettre fin à ses scènes de carnages et de honteuses prostitutions. S'il était possible que demain on le proscrivît de la patrie, vers quelles rives irions-nous ?

Lorsqu'on lit les sanglantes pages de nos guerres civiles, ne retrouve-t-on pas cet instinct féroce qui réapparaît chez le peuple, lorsque se laissant conduire par ceux qui, disent-ils, ne veulent se guider que sur la raison *pure*, il perd en même temps le sentiment chrétien. Le jour vient où il tire les conséquences logiques mais effrayantes des libres pensées.

« La Rome de Satan se retrouve toute entière au Colisée. » Le Paris de Satan se retrouve tout entier au Temple, aux Carmes..... à la Roquette, rue Haxo... où demain ?

En face de ces ruines grandioses, que de pensées, que de souvenirs ! Et pourtant combien qui ne savent voir là que des pierres, et dont l'esprit et le cœur restent, en leur présence, froids comme elles.

Combien, dont l'âme n'est pas illuminée par la foi

chrétienne, perdent ici de douces, grandes et salutaires émotions ! que d'impressions ignorées pour ces milliers de visiteurs indifférents ou sceptiques qui parcourent cette Rome païenne et chrétienne sans s'instruire, sans comprendre et sans croire davantage. En combien de lieux cette réflexion vient-elle en traversant cette terre italienne privilégiée.

Vespasien et Titus voulurent, en effaçant le souvenir des magnificences de Néron « rendre au peuple ce qu'ils reprenaient à la mémoire du tyran. «Le *lac de Néron*» fut défriché, et un immense amphithéâtre fut donné au peuple, par la famille Flavia, d'où son premier et vrai nom, *amphithéâtre Flavia*. « Le Colisée, dit Monseigneur Gerbet, a été bâti au moyen d'une double ruine, celle d'un édifice et celle d'un peuple. » La maison dorée de Néron fournit les pierres; la Judée défaillante et foulée aux pieds lui donna ses captifs pour ouvriers, « premiers débris d'un peuple qui allait disséminer ses fragments par toute la terre». Cet immense édifice, élevé en moins de trois ans, en l'an 72 de notre ère, répondit assurément au désir de leur auteur si nous écoutons Martial.

Omnis Cæsareo cedat labor amphiteatro.

Disons tout de suite qu'il reçut plus tard, mais à une époque encore indéterminée, son nom actuel qu'il dut, soit à la masse de sa construction, soit à la statue colossale de Néron — *Colosseum* — Colisée.

C'est en vain que l'on a jusqu'ici cherché le nom de l'habile architecte qui dirigea ces travaux. A quoi est due cette incertitude, alors que les historiens ont laissé des détails si précis et si nombreux sur les faits qui font l'histoire si dramatique de cet édifice? Peut-être à ce que son architecte fut un de ces hommes dont le nom seul était abhorré. Singulier privilége que le temps n'a pu effacer et qui vaut encore, à ceux qui s'en font un honneur, je ne sais quelle suspicion : à cette époque, *chrétien* était ce nom, aujourd'hui *clérical*, et demain ?.... la bêtise humaine en saura trouver un autre, car, et toujours « *nos stulti propter Christum.* »

Quoiqu'il en soit, que ce fut Gaudentius qui fut martyrisé, et dont les restes reposent dans les souterrains de l'église de Ste-Martine et Luc, ou tout autre, assurément celui qui conçut le plan d'un tel monument dut avoir visité les importants édifices de l'Egypte et de la Syrie, et les gracieux édifices de la Grèce.

L'ensemble colossal du monument rappelle les pyramides de Memphis et les travaux de Babylone. L'architecture, dans ses trois ordres dorique, ionique, corinthien, superposés l'un à l'autre, et couronnés par un attique avec des pilastres corinthiens, s'est inspiré de l'art grec.

L'un visait au grand, l'autre au beau. Un tiers seulement de l'amphithéâtre Flavien est encore debout jusqu'à l'attique. En longeant la route qui conduit à St-Clément, l'admiration est sans réserve. « Le Colisée fut un colosse oriental, costumé à la grecque. » (Mgr Gerbet.)

L'ellipse a été adopté pour la forme d'ensemble du Colisée. Le grand axe a 200 mètres de long, le petit 167 ; la hauteur, extérieurement, est de 49 mètres. De la base au sommet le Colisée est tout entier en pierre de Tivoli, en blocs de travertin, espèce de marbre fort dur et résistant au feu. Le temps n'a pas été ici le grand maître, et si la main sacrilège des hommes n'avait démantelé le Colisée, nous aurions assurément devant nous ce monument avec tout son imposant effet. Les barbares, d'une part, les familles puissantes qui désolèrent Rome du xıᵉ au xııᵉ siècle et qui en firent une forteresse, les spoliations commises dès le xvᵉ pour construire nombre de palais romains (palais de Venise, de la Chancellerie Farnèse et Barberini), de l'autre, furent la cause la plus puissante de sa ruine. Ceux qui commirent ces dépradations ne s'étaient pas arrêtés par cette pensée gravée sur le marbre, rappelant les importants travaux que le grand Pie IX fit pour empêcher la ruine complète du Colisée : « Ce Colisée des païens arrosé du sang des martyrs, tombait en ruines, et le Saint Pontife vint en aide à ses murs croulants afin que la mémoire des martyrs ne périsse point. »

Aux deux pointes de l'ovale, s'ouvrent les deux grandes portes formant deux arcs d'une remarquable beauté. Celle qui regarde le Forum donnait entrée aux gladiateurs, c'est également par elle que l'on pénètre dans l'amphithéâtre. « Les martyrs ont souvent passé par cette porte quand ils attendaient que les lions fussent sortis de leurs loges souterraines ou qu'ils fussent arrivés jusqu'à eux de l'autre bout de l'amphithéâtre. Ils devaient se tenir pendant quelques instants dans l'espace compris aujourd'hui entre la porte d'entrée et les deux premières stations de droite et de gauche. » Quatre-vingts autres portes plus petites, portant un numéro d'ordre à la partie supérieure du cintre, servaient d'entrée aux citoyens romains qui savaient ainsi où ils devaient se rendre.

Une croix de marbre est à notre droite et de nombreux pèlerins viennent y apposer leurs lèvres. C'est qu'après les lieux saints de Jérusalem il n'en est pas au monde qui puisse davantage émouvoir le cœur du chrétien. N'est-ce pas par amour du divin crucifié que tant de victimes se sont laissées égorger; n'est-ce pas par amour de la croix que ces nobles victimes se sont laissées immoler? Mais si ces cavernes sont silencieuses, cette arène désolée, le cri fameux « *Christiani ad leones* », n'a jamais cessé depuis de retentir; et les martyrs chrétiens de 1871 ont pu comprendre que ce n'était pas seulement au figuré que le cri se répétait encore! Sous une autre forme on a vu se renouveler les scènes du paganisme, et en face de ces excès dont nul ne serait assez hardi pour oser nier le retour possible, le clérical salue toujours cette croix où il trouve toutes ses forces et toutes ses espérances. *O Crux! ave...*

Encore quelques pas et nous sommes dans l'intérieur du Colisée. L'arène était le lieu du combat. Quinze pieds de sable recouvrent le niveau du sol primitif. La terre qui avait bu le sang des martyrs ne pouvait être foulée par les pieds des voyageurs ou des curieux, et profanée peut-être par d'aucuns.

Les Romains n'avaient pas voulu paver la place destinée aux jeux, et l'arène avait été toujours recouverte de sable fin, d'où son nom (arena, sable). Il y avait eu même, sous ce rapport, un raffinement de luxe qui dépasse toute mesure. Pline nous rapporte (liv. 33 ch. 27) que « sous Néron, on a vu dans les jeux donnés par ce prince l'arène du *cirque* sablé tout entière en chrysocalle » substance employée par les peintres et dont la couleur la plus estimée était « celle du blé tendre dans sa verdure la plus fraîche » (Pline, loc. cit.) ; d'autres fois, dit-il (liv 36 ch. 45), on semait le grand cirque, à l'époque des jeux, d'une pierre qui en rendait la blancheur éblouissante. » Enfin Suétone nous dit que, dans quelques jeux, le cirque fut parsemé de vermillon et de poudre d'or — (de Caio Caligula. ch. 18). Les prodigalités inouïes employées dans les cirques furent-elles également répétées pour l'arène de l'amphithéâtre de Flavien ; cela est vraisemblable, mais je ferai remarquer que les citations des auteurs latins ont trait aux cirques et non à l'amphithéâtre de Flavien qui fut commencé en l'an 72 de notre ère, et dédié par Titus l'an 80, dix ans après la prise de Jérusalem, par cent jours de réjouissances, où toutes les variétés de plaisirs furent épuisées. Pline, en effet, mourut en l'an 79, et Suétone en l'an 65. Les coutumes dont parlent ces deux auteurs ne sont pas racontées par eux comme ayant trait à l'amphithéâtre de Flavien mais bien aux cirques existant avant lui. (Ces derniers, comme les combats des gladiateurs, d'origine étrusque, remontent à une époque très reculée). On ne peut donc pas affirmer, prenant texte de ces auteurs, que cette coutume fut suivie pour l'amphithéâtre de Flavien, comme le ferait croire le récit de quelques auteurs français. Sa superficie énorme et qui dépassait tout ce qui s'était fait précédemment eût peut-être été un obstacle.

Là, sous les yeux d'un peuple ivre de sang, venaient succomber des malheureux qui s'entretuaient pour en réjouir d'autres, ou qui, fidèles à leur serment, se laissaient égorger ou broyer par la dent des lions plutôt que trahir la foi jurée. Les uns captifs ou esclaves dans l'origine, plus tard hommes libres, nobles, femmes même, obéissant à un instinct dépravé ou pour complaire à un Néron ou à un Caligula, se vendaient corps et âme au pourvoyeur de ces fêtes publiques, jurant de passer par l'épreuve du bâton, du fer, du feu, ou de toutes autres, commandées par le directeur du service, auquel on s'était livré.

Ils arrivent dans l'arène, revêtus de leurs armes spéciales, qui, portant en mains, une épée ou un lacet — les *laquéaires* - qui, un trident et un filet - les *retiaires;*

qui, dans chaque main un glaive, — les *dimachères*, etc.. etc. Ainsi ornés d'armures parfois brillantes, ils viennent faire le tour de l'arène, semblant promener d'avance la pompe de leur convoi funèbre, « *Jam ostentata per arenan periturorum corpora mortis suæ pompam duxerant*. (Quintil. Declam. IX), et jettent au César ce salut où l'on ne sait dire qui est le plus abject, de celui qui le dit ou de celui qui le reçoit: « *Ave Cesar, imperator, morituri te salutant* ». Quel honteux avilissement!

« La pensée que cette immense arène était emplie d'hommes qui s'entretuaient, qu'une mer de têtes oscillait suivant les péripéties du massacre sur tout le pourtour de ces gradins, et qu'un effrayant cri de mort, composé de 80,000 voix descendait sur les combattants pour les encourager à la tuerie, suscite devant l'imagination tout un passé de bassesse, de férocité, de fureur délirante, qui devait user les forces vives de la civilisation romaine, et la livrait d'avance en proie aux barbares qui allaient faire reculer l'humanité de dix siècles vers les ténèbres primitives.»

Cet immense édifice quoiqu'en partie démoli, cause une admiration mêlée d'épouvante au voyageur qui ne voit pas dans les constructions humaines, de simples tas pierres.

Il fallait à tant de carnages, à tant de sanglants outrages faits à la justice divine et humaine même, un nouveau sang qui pût effacer par sa pureté même toutes les souillures du passé et être comme un holocauste agréable au Dieu de toute miséricorde, mais aussi de toute justice. Le sang du Juste avait coulé sur le calvaire pour effacer les iniquités des hommes, il fallait là, dans cette enceinte, que le sang des martyrs chrétiens coulât à longs flots pour que pas un pouce de cette arène ne restât qui ne fût purifié.

Car ce ne sont plus des hommes que l'on force à s'entretuer, victimes des guerres de peuples rivaux, ou des hommes qui, perdant toute notion de leur dignité acceptent de s'entretuer pour satisfaire je ne sais quel fol orgueil ou complaire au tyran qui achètera leur vie par un complaisant sourire, mais de jeunes romains des meilleures familles, de jeunes gaulois, des vieillards, des enfants, des couples de fiancés. Ils ne promèneront pas leur beauté sous les yeux de cette foule ivre de sang, mais conduits aux pieds du préteur, à gauche de la loge impériale, ils entendront ce dernier leur dire, comme à Ignace par exemple :

« J'admire que tu sois encore vivant, après les tourments et la faim que tu as déjà supportés ; maintenant, du moins, consens à ce que je désire afin que tu sois délivré par nous du supplice qui te menace, et que tu nous délivres nous-mêmes de toute cette tristesse. » Quelle hypocrisie !

Mais Ignace répond :

« Tu me parais avoir une figure humaine, mais tu as l'astuce d'un renard qui caresse, avec sa queue, tout en ayant des intentions perverses ; avec tes douces paroles, tu veux me corrompre et me détruire. Sache donc, quelque irritation que tu puisses en ressentir, que cette vie mortelle n'est rien pour moi, à cause de Jésus que mon âme désire ; j'irai à lui, car il est le pain de l'immortalité et le breuvage de la vie éternelle, je suis tout entier à lui, et j'étends vers lui mon âme, je méprise tes tourments, et je foule aux pieds ta gloire. »

Le président dit : « Puisqu'il est si orgueilleux et si méprisant, liez-le, et détachez deux lions qui dévoreront jusqu'aux derniers morceaux de son corps » ; et deux lions de s'élancer de leurs fosses, et de satisfaire le désir du juste, car ils ne laissèrent que les os les plus durs, et aucun des frères n'eut la peine de recueillir ses restes. Les saintes reliques furent emportées à Antioche, déposées dans une étoffe de lin, inestimable trésor laissé à la sainte église en souvenir du martyr.

Ce n'est pas, nous l'avons dit, seulement un homme à cheveux blancs, revêtu de l'habit du pauvre, mais des hommes de tout rang, de toutes conditions, des femmes, des enfants, qui sont amenés là en spectacle à ce peuple débauché et perverti. Tous, aux prières des Augures, répondent le « *Non possumus* » ; « et le supplice commence, le sang coule, les chairs sont broyées, les poitrines déchirées, les flancs entr'ouverts. Les bêtes fauves fouillent dans le sein des jeunes filles, mutilent les jeunes gens, arrachent les yeux aux enfants. D'un coup de queue un vieillard a les reins cassés et tombe expirant sur son fils en lambeaux. Dans un coin un jeune martyr est agenouillé sur le corps ensanglanté de sa fiancée. » (de Valory). Et toutes ces scènes de carnage, me disai-je, se sont passées là où je suis ! peut-être occupe-je la place de tel ou tel de ces martyrs intrépides qui attendaient, dans la prière, le lion qui sortait de cette caverne que je voyais en face et qui allait broyer leur chair, et par la mort leur donner la vie éternelle et bienheureuse dans la Cité de Dieu.

En regardant cet amphithéâtre, il me semblait voir ces 100,000 têtes qui en garnissaient les divers gradins, s'agitant à la vue de la victime qui se débat sous les étreintes de cette mort terrible, ou à la vue des licteurs qui viennent d'abaisser leurs faisceaux à l'entrée du César. Il me semblait voir ce flot humain s'agiter, criant : « Bonheur à toi, tu es le maître, tu es le premier ; bonheur à toi ! Plus heureux que tous, à toi la victoire, tu vaincras éternellement. » Immenses acclamations devant lesquelles les tonnerres des lions se taisent (*tonitrua leonum*). Cri de basse adulation digne de ce peuple dont on a écrit : deux choses lui suffisaient : *panem et circenses*. Il me semblait entendre cette foule répéter avec un rire satanique cette cruelle parole à la vue du sang « *hoc habet,* il en tient » ; puis crier à l'heureux adversaire, *repete*, répète le coup. Il me semblait l'entendre encore jetant aux oreilles de l'infortuné le *recipe ferrum*, reçois le fer. « Cela veut dire qu'il devait tendre la gorge et ne pas chercher à parer le coup avec la main, ne pas faire de contorsions disgracieuses, mais tomber avec toute la dignité de son métier : il devait y avoir de l'art dans son agonie. » Et comme chants funèbres de son noble trépas, le malheureux pouvait entendre cette foule qui applaudissait à son noble maintien devant la mort ; et ce n'était pas le peuple seulement qui prononçait sur la vie du gladiateur infortuné en levant le pouce s'il voulait épargner la victime, en l'abaissant si elle devait être égorgée, mais « les Vestales elles-mêmes, dont le culte symbolisait la Providence dans l'acception la plus élevée du mot, ces vierges réputées si douces et si modestes et dont « l'index aussi était un poignard. »

C'était d'habitude vers la fin des jeux que le peuple jetait ce cri que l'écho, sous une forme ou sous une autre, n'a cessé depuis de répéter à travers les siècles : « *Christiani ad leones, Christiana ad leones.* » « C'était avant midi que se livraient les combats contre les animaux ; on leur donnait pour cela le nom de jeux du matin. Il était assez naturel de clore cette première moitié de la journée théâtrale par quelque supplice à effet. La théorie des spectacles, comme celle de l'éloquence, avait ses rhéteurs, qui recommandaient que l'intérêt allât toujours croissant. Un évêque chrétien, livré aux lions, offrait une scène moins vulgaire que la mort des autres bestiaires. » (Mgr Gerbet.)

Et comme si ce n'était pas assez de cette excitation produite par la vue du sang, on flattera encore les sens en répandant dans l'atmosphère une odorante rosée : « Il y a, dans tous les étages, des espèces de petits fourneaux cachés dans lesquels on fait bouillir, avec du vin, une composition de safran et d'aromates. A ces fourneaux correspondent des conduits étroits et secrets, pour donner passage à la vapeur ; elle s'exhale par des tubes ou par les bouches des statues creuses. Le vaste corps de l'amphithéâtre est percé par des pores qui lui donnent une transpiration de parfums. Le grand buveur de sang a une haleine embaumée. » (Mgr Gerbet.)

Si l'incrédule évoque en ces lieux tous ces souvenirs, il a hâte, je conçois, de quitter cette arène où tant de cruautés inexpliquées et inexplicables pour lui glacent son cœur d'effroi ; mais s'ils trouvent un cœur chrétien, l'âme est saisie et les genoux fléchissent, et les lèvres touchent ce sol où tant de chrétiens ont succombé, purifiant par leur martyr ces lieux de débauche et de crime. « Sous le Dôme de St-Pierre, je crois » avait dit un coryphée de la libre pensée. Si sous cette voûte, telle n'a pas été mon impression, il me semble que ces lieux doivent bien plutôt amener cet aveu de la foi : *Credo.* Vous qui douteriez encore, écoutez le passé dont les échos lointains sont, malgré les siècles, encore assez puissants pour frapper vos oreilles, voyez ce témoin immortel de Rome et du Christ, et comme autrefois St-Paul sur le chemin de Damas, laissez vos yeux s'ouvrir à la pleine lumière, et le cœur ébranlé faites entendre aussi ces sublimes paroles : *Christus vincit, imperat, regnat.*

Le *Colosse* est brisé, et c'est à peine si l'on peut distinguer les trois zones désignant à chaque catégorie de spectateurs, le rang qu'il devait occuper : — *l'orchestre* réservé aux grands personnages — ; sa partie la plus privilégiée était la plate forme du mur qui forme l'enceinte ; c'était le *podium* royal. L'on y voyait le siége de l'empereur sur lequel était placé le *Pulvinare* ou lit de plumes. Sur cette plate forme, les personnages de distinction, les premiers fonctionnaires de l'Etat s'asseyaient sur leurs chaises curules, ornées de sculptures d'ivoire et de filets d'or, et garnies de coussins. Sous le podium, dans la tour de l'enceinte, se trouve l'*Euripe*, ruisseau teint si souvent du sang des martyrs et destiné à écarter les bêtes féroces qui craignent l'eau. Au-dessus de l'*orchestre*, s'élèvent les gradins de l'ordre équestre ; plus haut sont les degrés destinés au peuple proprement dit, militaires, citadins, jeunes gens revêtus de la robe prétexte, accompagnés de leurs pédagogues, tous en habit de fêtes ; au-dessus le podium populaire, refuge des derniers rangs de la plèbe romaine. Ça et là apparaissent des chaises pour les femmes. Elles ont été reléguées là par un décret d'Auguste qui a voulu qu'elles ne regardassent les jeux des athlètes que de loin. Ici les vêtements sont ceux de l'indigent, la pénule et la lacerne, aux couleurs brunes. Sur le parapet de ce podium se tiennent les musiciens. Enfin un dernier étage est occupé par les mécaniciens, les marins, auxquels se mêlent encore une partie de la plèbe pourvu qu'elle ne gênât pas le service. La fonction principale de ces derniers était de tendre le *Vélarium*. Au sommet du mur, on aperçoit, en effet, en dehors, les ouvertures, et un peu au-dessous les consoles où passaient et s'appuyaient les poteaux qui assuraient le jeu des poulies pour le *Vélarium*. Ce *velarium*, où tente ainsi déployée pour garantir les spectateurs du soleil et de la pluie, se composait de 240 voiles : deux hommes avaient la charge d'une de ces voiles ; ainsi 480 hommes, marins pour la plupart, étaient employés à cet office. Une centaine de mille hommes étaient abrités sous cette tente.

Au sommet de l'édifice, du côté de la partie conservée, on a établi une plate-forme d'où l'on peut admirer la majestueuse beauté de cette enceinte. On parcourt, pour s'y rendre, non sans une légitime émotion, ces galeries qui conduisaient chaque classe de citoyens à la place qui lui était assignée. Tel est ce monument qui, à Rome, est l'un de ceux qui exercent sur vous l'attraction la plus puissante, l'un de ceux qui relient peut-être le plus le passé au présent ; l'un de ceux dont les vicissitudes ont été les plus marquées : « Romain par son origine, oriental par sa masse, grec par son architecture, juif par les ouvriers qui l'ont bâti, chrétien par le sang qui l'a consacré, cosmopolite par ses spectateurs de tous les pays et ses animaux de tous les climats, pendant trois siècles, théâtre des plus cruels plaisirs; temple des plus héroïques vertus à l'époque des barbares, colosse en quelque sorte grandissant parmi les palais qui tombent et, au milieu de toutes ces ruines, symbole populaire de l'éternité de Rome ; puis, quand il reprend un peu de vie, tour à tour forteresse et monastère, arène d'un tournoi, hôpital de pestiférés, carrière qui fournit des matériaux à des édifices somptueux, salle de spectacles et atelier préparé pour les manufactures, repaire de voleurs et fabrique de salpêtre, il a passé par toutes les conditions, depuis les plus hautes jusqu'aux plus infimes, il est devenu la personnification matérielle de l'Ecclésiaste qui a tout vu et qui s'est dégoûté de tout, et alors a fini par se faire pénitent. — Le vieux Titan de l'architecture s'est fait trappiste — mais il est resté beau dans son autorité, comme l'anachorète, courbé par l'âge, est beau avec sa tête chenue, ses rides et ses joues creusées par la pénitence... »

« Réduit à l'oisiveté, le vieux géant impose à l'imagination des peuples par le prestige dont il a été entouré. Il est mort comme amphithéâtre ; mais sa fonction est de rester là comme un emblème de l'éternité de Rome. » (Mgr Gerbet.)

Nous sommes à la fin d'une de ces sanglantes journées, l'amphithéâtre est vide, l'arène est silencieuse, les lions eux-mêmes, repus, se reposent, dans leur fosse, de leur laborieuse journée, chacun est à son foyer se disant les prouesses des joûteurs, les légitimes holocaustes offertes aux Dieux, ou trouvant des vers tendres à écrire à Lydie, ou des caresses à prodiguer à ses enfants. Nul ne parait même avoir soupçon qu'il a fait tout le jour jeu de cannibales ; tout repose ! Néanmoins, à la faveur de ce silence, « quelques hommes marchant avec précaution, rôdent comme des ombres autour du Colisée désert. Ils s'arrêtent dans un coin et se baissent vers la terre, l'un d'eux étend un petit linceul blanc, dans lequel ils ramassent quelques ossements; ils les emportent avec eux et disparaissent. Suivons-les, et rendons-nous par la *Via di S. Giovanni in Laterano* à la maison de Clément, disciple de St-Pierre, son second ou troisième successeur, le « coopérateur de St-Paul. » Clément, issu de l'illustre famille des Flaviens, avait, après sa conversion au christianisme, élevé contre son palais, un oratoire. C'est là que nous pouvons nous représenter ces quelques chrétiens romains, à genoux, devant ces précieuses reliques, passant, dans la chambre la plus spacieuse éclairée par quelques flambeaux, la plus grande partie de la nuit en prières. Cet édifice, servit, pendant les persécutions de lieu de réunion aux prémices de l'église chrétienne ; il devint,.comme il y en a plusieurs exemples, à la paix de l'église, un temple public consacré au vrai Dieu.

« Il est évident, dit le chanoine de Bleser, qu'il y eut ici primitivement une église bâtie sur d'anciennes constructions païennes remontant probablement à l'époque des Rois ». C'est de cette basilique dont St-Jérome dit : « que l'église construite à Rome conserve jusqu'aujourd'hui encore (392) la mémoire de St-Clément. » Un jour, vraisemblablement, à la suite de l'invasion des Normands sous Robert Guiscard, duc de Calabre, la basilique constantinienne fut détruite, et on aura remblayé au moyen des décombres la nef, le narthex et l'abside.

Sur ces fondements s'éleva, au XIIe siècle, sous le pape Pascal II, cardinal du titre de St-Clément, l'édifice moderne. Les fouilles qui ont permis de reconnaître l'ancien temple chrétien datent de 1859. Elles sont, sous le rapport historique et religieux, l'une des plus intéressantes découvertes qui aient été faites récemment dans cette Rome si riche en trésors cachés. Ces murs ont entendu St-Augustin, St-Sylvestre, St-Grégoire le Grand ; beaucoup de dessins, analogues à ceux des catacombes, de nombreuses fresques rappelant des faits majeurs dans l'histoire de l'Eglise, beaucoup de peintures presque barbares au point de vue de l'art, ont, au point de vue doctrinal, une haute importance ». En défendant la Vérité, l'intégrité de nos croyances, toutes ces décorations viennent affirmer l'unité de la doctrine catholique et répondre souvent victorieusement aux attaques des ennemis de l'Eglise. — De l'abside on pénètre dans deux chambres de grandeur moyenne. « Ces chambres sont probablement un reste de la maison habitée par St-Clément, et c'est là que sous toute apparence il réunissait les premiers fidèles. » C'est là que nous avons vu les premiers chrétiens, venant du Colisée avec leurs précieuses dépouilles, passer la nuit en prières. Avec quelle vénération le chrétien visite ces lieux, où l'artiste et l'érudit trouvent, eux aussi, de puissants motifs d'intérêt.

L'église supérieure est à trois nefs, sans transept, caractéristique des véritables basiliques. Une notable partie des matériaux de l'ancien édifice y fut employé. Seize colonnes d'ordres et de marbres différents supportent la voûte. Les deux nefs latérales sont d'inégale largeur, celle de droite n'ayant pas été élevée directement au-dessus de la nef de l'église souterraine. C'est la seule église à Rome qui donne une idée complète d'une église primitive. On y retrouve, en effet, l'atrium, le chœur, les ambons plaqués de porphyre, le ciborium (1) avec ses colonnettes en marbre violet, les agraffes des rideaux qui jadis voilaient le tabernacle, l'abside avec ses deux sièges circulaires, et enfin au fond, surelevée comme un trône, la chaire épiscopale, qu'on croit encore être celle dans laquelle siégea le pape St-Zozime pour juger Célestius, devenu partisan de l'hérésiarque Pélage....

« Signalons encore son dallage, un des plus beaux modèles de l'*Opus Alexandrinum* ; on dirait un tapis coquet, composé de guirlandes de fleurs en marbre de couleurs assorties. Les antiques barrières du transept, avec leurs couronnes tressées, leurs croix byzantines, leurs cartouches de porphyre, leurs rubans en mosaïque brillante, leurs serpents contournés en entrelacs, sont un bijou, au dire des artistes » (l'abbé Lamurée).— Mentionnons comme œuvre importante de l'église supérieure les mosaïques de l'arc et de l'abside de 1299. — Sous l'autel reposent les restes de St-Clément, de St-Ignace et de Flavius Clemens, consul et martyr.

---

(1) Baldaquin imité dans la suite dans les autres églises.

La *Via di S. Giovanni in Laterano* débouche sur la place du même nom. La Mal'aria a fait ses ravages sur ce plateau du mont Cœlius, et c'est à peine si vous voyez çà et là quelques habitations. Le voyageur vient seul pour quelques instants troubler la solitude de ces lieux. Au centre de la place s'élève un obélisque de l'époque de Néris qui régnait 1746 ans av. J.-C., ce qui lui donne aujourd'hui 3624 ans. Il s'élevait alors sur la place de Thèbes devant le temple du Soleil. C'est le plus majestueux de tous les obélisques connus. Constantin l'apporta à Rome ; les barbares le renversèrent, et on le trouva plus tard sous les ruines d'un cirque, mais brisé en trois morceaux.

A notre gauche se trouve une chapelle qui renferme la *Scala Sancta*, saint escalier.

Dès l'entrée on aperçoit deux groupes de marbre d'une vivante expression ; à gauche un *Ecce homo* qui arrête le regard par son attitude à la fois digne et résignée ; à droite, Judas trahit son maître par un baiser — *Osculo filium hominis tradis* — Le baiser, ce gage le plus tendre de l'amitié, est profané pour livrer celui qui était tout amour ! Tout, dans la passion du Sauveur, devait être à l'excès, car tout était consommé pour racheter tous les excès des hommes. Quelle hideuse expression de physionomie de Judas, dont le nom restera dans tous les siècles comme la synonimie la plus parfaite de toute lâcheté ! quel mélange de dédain et de douloureuse tristesse sur la figure du Sauveur !

Ecce homo : depuis bientôt deux mille ans, l'Homme est toujours montré par les Pharisens aux masses, et à toutes les époques de l'histoire nous entendons le cri du Prétoire : « *Crucifige, Crucifige eum.* »

Aussitôt après est l'escalier du palais de Pilate à Jérusalem que N.-S. monta et descendit quatre fois dans la matinée du jour de sa Passion : « il est formé de vingt-huit marches en marbre blanc veiné, (*marmor tyricum*) *inconnu en Italie*, mais dont on faisait grand usage en Syrie. » Ste-Hélène les fit apporter à Rome. Pour éviter que les ouvriers ne missent le pied sur l'escalier qu'ils érigeaient. On commença par placer la marche supérieure, puis l'avant dernière et ainsi de suite, de telle sorte que le premier degré fut posé après les autres. On monte toujours à genoux cet escalier. Comme il commençait à s'user sous les baisers, les genoux et les larcins des pénitents, on le recouvrit de tablettes épaisses de bois, à jour, de telle sorte que l'on voit facilement l'escalier en marbre.

Quand on a gravi les saintes marches, on arrive au Sanctuaire, *Sancta Sanctorum*, ancien oratoire particulier des Souverains Pontifes, qui l'ont enrichi de reliques précieuses. Ces reliques insignes étaient en si grande vénération à Rome qu'elles ont fait désigner ce lieu comme sans égal au monde par la sainteté. C'est ce que confirme l'inscription suivante placée sur l'architrave : « *Non est in toto sanctior orbe locus.* » Après avoir gravi à genoux, on descend par deux escaliers latéraux. Le bâtiment, dans son ensemble, faisait jadis partie des édifices du palais Latran. Il échappa heureusement à l'incendie de 1308.

Le Palais de Latran dresse devant nous sa masse imposante mais un peu lourde. L'an 67 de l'ère chrétienne le consul Plautus Lateranus, convaincu d'avoir pris part à une conspiration ourdie contre Néron fut mis à mort et ses biens confisqués. Le palais du consul devint propriété du fisc. Constantin, devenu protecteur du christianisme, après avoir vaincu Maxence combla d'honneur le pape Melchiade, et lui assigna pour demeure le palais des Laterani. Les papes y résidèrent jusqu'à la translation du Saint-Siége à Avignon. L'ancien palais était considérablement plus étendu que celui d'aujourd'hui et comprenait encore la chapelle *Sancta Sanctorum*, ainsi que nous l'avons dit plus haut. Incendié en 1308, il ne fut rebâti qu'en 1586, par Sixte-Quint. Grégoire XVI en a fait un musée de statues et de sculptures, et Pie IX y a joint la plus riche collection d'inscriptions et d'iconographie chrétiennes.

Sur la *place St-Jean de Latran* donne la façade du transept de droite de la basilique, et un peu plus bas le Baptistère. Il fut bâti sous Constantin, qui y reçut, dit-on, le baptême des mains de St-Sylvestre. C'est là encore une question historique fort controversée. L'empereur, atteint d'une maladie de peau, reçut, des augures qu'il consulta, le conseil de prendre un bain de sang de jeunes enfants que l'on devait immoler à cet effet. Constantin rejeta cet épouvantable conseil, et il vit plus tard en songe St-Pierre et St-Paul qui lui ordonnèrent de rappeler le pape Sylvestre, forcé de s'éloigner par le retour des persécutions, et de recevoir de ses mains le baptême qui remettrait son corps en son premier état, et qui effacerait ainsi toutes les taches de son âme. Il obéit, mais, dit le Chanoine de Bleser, il désira « que le baptême lui fût donné dans l'un des vestibules de son palais de Latran, parce qu'il lui répugnait de se montrer en public dans l'état hideux où la lèpre l'avait mis. » D'autres auteurs affirment qu'il ne fut baptisé qu'en 337, peu de temps avant sa mort, par Eusèbe de Nicomédie. Ce qui paraît certain, c'est que ce fut sous Constantin que le Baptistère fut construit. Il fut pendant longtemps le seul baptistère de Rome et le type des constructions de ce genre. — Il est de forme octogone ; à l'intérieur huit colonnes de porphyre soutiennent une architrave antique. Sur celle-ci s'élèvent huit colonnes en marbre blanc qui soutiennent la voûte. Les peintures à fresque du baptistère se rapportent à Constantin et représentent l'apparition de la croix — la déroute de Maxence — le triomphe de Constantin, la destruction des idoles et celle des livres païens. Les riches détails qui restent de ce monument antique sont d'un goût irréprochable.

Entrons dans la basilique par la façade nord du transept qui donne sur la place St-Jean de Latran.

Constantin, après avoir abjuré d'une manière définitive le paganisme, voulut que la capitale de son empire fût peuplée de basiliques consacrées au vrai Dieu, et que la principale de toutes s'élevât dans son propre palais. Telle est l'origine de la basilique St-Jean-de-Latran. L'empereur commença de ses propres mains l'excavation. Le pape Sylvestre consacra solennellement l'Eglise au Sauveur le 9 novembre 324, et y plaça l'autel de bois qui avait servi à St-Pierre et à ses successeurs. Elle fut « la mère et le chef de toutes le églises de la ville et du monde (*sacro sancta Lateranensis ecclesia omnium urbis et orbis ecclesiarum mater et caput*.

La basilique primitive, fondée par Constantin, subsista près de 1000 ans. Deux incendies la détruisirent presque en entier (1308-1361). La basilique actuelle est l'œuvre de plusieurs papes, notamment depuis Pie IV (1559) jusqu'à Clément XII (1730).

Si St-Pierre de Rome est le siége du souverain-Pontife de l'Eglise Universelle, St-Jean-de-Latran est la basilique de l'évêque de Rome; et après leur élection les papes sont intronisés dans le vénérable sanctuaire. La difficulté des temps n'a pas permis à Léon XIII de prendre possession de son siége épiscopal.

Lorsqu'on pénétre à l'intérieur, la magnificence et la majesté de la grande nef commandent votre admiration;

malheureusement les détails sont loin de répondre au grandiose de la disposition. Ici ce sont des croisées mesquines et incorrectes; là, des niches à frontons anguleux, arrondis et déversés, ailleurs des frises et des architraves interrompues, partout une prodigalité de marbre, de granit, de porphyre, derniers débris du luxe des temples païens. La profusion de ces richesses, qu'il était difficile de distribuer avec un goût parfait, nuit à l'ensemble. Néanmoins cette basilique en croix latine, à cinq nefs, a un aspect imposant.

Nous mentionnerons, dans la grande nef, les douze niches à frontons supportées par des colonnes de vert antique et qui proviennent de l'ancienne basilique. Elles sont occupées par des statues colossales des apôtres, en marbre (chaque statue est estimée à la valeur de 50,000 francs environ). Le baldaquin, en style ogival, supporté par quatre colonnes de granit, abrite le maître-autel. On conserve dans cet autel la table en bois sur laquelle St-Pierre célébrait les saints mystères et que le pape Sylvestre retira des catacombes. Le pape seul peut célébrer la messe sur cet autel dit *papal*. La partie supérieure du baldaquin renferme le tabernacle proprement dit, où l'on conserve plusieurs reliques précieuses, entre autres les têtes de St-Pierre et de St-Paul retrouvées en 1367 par Urbain V, lorsqu'il fit la reconnaissance des reliques de l'oratoire *Sancta Sanctorum*. Signalons encore derrière l'abside un petit sanctuaire où l'on conserve, protégée par des grilles de fer et de larges feuilles de cristal, la table sur laquelle N. S. célébra la dernière Cène, et institua la très sainte Eucharistie. St-Jean de Latran possède encore plusieurs reliques insignes reconnues authentiques, notamment une partie du vêtement de pourpre dont J.-C. fut habillé par dérision.

Après sa conversion, Henri IV fit don à la basilique de la riche abbaye de Glérac en Gascogne ; et depuis, les rois de France ont eu leur stalle dans l'antique église. Ils font, par droit de naissance, partie du corps des chanoines de St-Jean de Latran.

Nous nous arrêterons quelques instants devant la chapelle Corsini, en forme de croix grecque, la plus remarquable de cette basilique et peut-être l'une des plus richement ornées de Rome (dans le bas de la nef latérale gauche). Quelques pas encore et nous sommes sous le portique. La porte du milieu, en bronze, provient de la basilique Emilienne au Forum, celle de droite est la porte du Jubilé, *la porte sainte*. A l'une des extrémités de ce grandiose et important portique se trouve une statue colossale de Constantin, trouvée dans les ruines des thermes de cet empereur.

Descendons les degrés qui aboutissent au portique et nous mènent sur la place de la *Porte St-Jean*, d'où nous découvrons la façade de la basilique.

Bâtie en travertin, elle est d'un effet imposant, mais d'un style théâtral. C'est, a-t-on dit, le triomphe de l'ordre colossal qui fausse le juste sentiment des proportions. Cette critique me paraît sévère. La noble élévation, la pureté des lignes font assurément grand effet. Peut-être eût-il mieux valu donner moins de hauteur à cette façade, eu égard à sa largeur, et aucun reproche d'avoir trop recherché l'effet, au détriment des proportions, n'eût pu être fait. La balustrade est surmontée de la statue de N. S. et de dix autres saints. La façade est percée de cinq arcades ; dans celle du milieu est la *logia*, d'où le pape donnait la bénédiction papale *urbi et orbi* le jour de l'Ascension.

Rentrons un moment dans l'église et prenons dans la nef latérale gauche une porte qui ouvre sur le cloître et dont la gracieuse architecture byzantine, les élégantes et innombrables colonnettes en mosaïques de pierres dures et dorées complètent dignement les trésors de tout genre que contient cette majestueuse basilique.

Lorsque l'on quitte la place de la Porte St-Jean pour se rendre vers la basilique de *Ste-Croix de Jérusalem*, la solitude règne autour de vous. La route est poudreuse et les rares sillons laissés par quelques carrioles vous disent assez qu'elle est peu fréquentée; vous apercevez, de chaque côté des fossés, des terrains vagues où vous voyez paître quelques troupeaux de chèvres gardées par une femme au teint pâle qui roule entre ses doigts son fuseau, ou par des malheureux que l'âge ou l'infirmité condamnent au repos, et qui attendent de la charité du voyageur le pain quotidien, ou encore quelques jardins incultes qui viennent attester combien ces lieux sont ingrats aux mains qui les cultivent.

Mais par un de ces contrastes fréquents sur cette terre italienne, si votre regard franchit ces terres qui vous entourent, vous allez apercevoir à quelque distance des débris de la grandeur romaine. Ce sont les vieilles murailles de Rome, les débris de l'aqueduc de Néron, la campagne de Rome coupée en tous sens par les longues lignes d'anciens aqueducs, la façade élancée, harmonieuse, le campanile élégant de la quatrième basilique romaine; puis, dans le lointain, les collines du Latium, couvertes de villas, et les âpres montagnes bleues de la Sabine, tableau d'une grandeur sévère qui laisse dans les souvenirs une impression ineffaçable, et mériterait assurément à lui seul d'attirer le voyageur.

Le palais et les jardins *Variani* avaient été souillés par les orgies de Héliogabale, fils de Sextus Varius; la mère de Constantin purifia ce lieu en élevant, de retour des lieux saints, la basilique *Santa-Croce-in-Jerusaleme*.

Après l'apparition de la Croix lumineuse qui lui avait donné la victoire, Constantin avait fait faire une très grande croix d'or enrichie de pierreries et destinée à servir d'étendard à son armée. Ste-Hélène, pénétrée également de reconnaissance envers le signe mystérieux par lequel son fils avait vaincu, résolut, malgré ses quatre-vingts ans, de faire le pèlerinage de Jérusalem pour y retrouver la Croix très sainte arrosée par le sang du Sauveur. Elle eut, en effet, le bonheur de retrouver une partie de ce précieux trésor, et elle érigea cette basilique pour exposer les divers objets qu'elle rapporta : trois morceaux assez volumineux du bois de la vraie Croix, l'écriteau ou le titre, deux épines de la couronne, tachées encore du sang du Sauveur (elles sont minces, fort longues et dures) et un des clous, long de 13 centimètres, à trois tranchants et à tête arrondie. Celui-ci est privé de pointe. Suivant Théodoret, Ste-Hélène enchassa avec habileté cette pointe dans le casque de son fils, pour lui protéger la tête et le garantir contre les traits de ses ennemis.

La nouvelle basilique prit tout d'abord le nom d'Hélénienne, de sa fondatrice; de Sessorienne, du Sessorium, peut-être un ancien tribunal; puis, enfin, de Sainte-Croix des insignes reliques qu'elle renfermait. Mais l'impératrice avait fait charger plusieurs navires « de la terre du Saint-Calvaire de Jérusalem » qui devait couvrir le sol de la chapelle basse, où devaient être déposées les reliques; dès lors, la basilique, considérée comme la ville elle-même, reçut le nom de Jérusalem — *Santa-Croce-in-Jerusaleme*. Elle fut consacrée par Saint-Sylvestre, entièrement restaurée par Grégoire II au VIIIe siècle, et rétablie dans l'état où nous la voyons actuellement, par Benoît XII, en 1743. Malgré son cachet assez grandiose, cette basilique qui a perdu, par suite de divers travaux, son caractère primitif, captive assez peu l'attention, et les insignes objets qu'elle renferme attirent plus, assurément, que le monument. Elle a le tort, en outre, de se trouver située entre les basiliques de St-Jean-de-Latran et de Ste-Marie-Majeure.

Un escalier, à gauche de l'abside, descend à l'église inférieure. C'est là que se trouve la chapelle de Ste-Hélène, où les femmes n'ont le droit d'entrer que le 20 mars, jour anniversaire de la dédicace. L'ostension des grandes reliques n'a lieu que le quatrième dimanche du Carême, le Vendredi-Saint et le 3 mai. A part ces jours, on ne peut les voir qu'avec autorisation spéciale.

L'ancien couvent de l'ordre des Citeaux est maintenant en grande partie occupé par la troupe.

La *Via di Santa-Croce* nous conduit en ligne droite à la *Piazza Santa-Maria-Maggiore*. La place sur laquelle nous arrivons, et qui donne sur la façade de la basilique, est ornée d'une magnifique colonne d'ordre corinthien, cannelée et portant sur son chapiteau la statue en bronze de la Ste-Vierge. Tout près, singulier rapprochement, se trouve le monument commémoratif de l'abjuration du protestant Henri IV, roi de France.

Dans le culte rendu à la Vierge-Mère, tout doit être beau, tout doit être élevé. Les hommes l'ont ainsi compris, et jamais les peintres ne furent plus habiles que quand ils fixèrent sur la toile les traits de la Madone ; jamais les poètes n'eurent d'accents plus élevés que quand ils chantèrent ses vertus et sa gloire. La tradition nous rapporte un miracle qui captive autant par sa nature que par la manière dont il se révéla.

Pendant la nuit du 4 au 5 août 342, époque des grandes chaleurs à Rome, le mont Esquilin se trouva en partie recouvert de neige. Le prodige attira la ville tout entière.

Le pape Libère et l'illustre et riche Jean Patricius reçurent en songe la révélation du miracle : « Vous me bâtirez, leur dit la Ste-Vierge, une église sur la colline de Rome qui demain sera couverte de neige. » Eclatant prodige, sans doute, mais plus charmant encore. Le sol qui devait supporter la future basilique se revêtait de blanche neige, coïncidence digne de celle qui est appelée « Le Lys de la vallée. »

L'église fut bâtie aux frais des pieux époux, et consacrée par le pape Libère vers l'an 352. Elle s'appela tout d'abord *Santa-Maria-ad-Nives*, puis aussi basilique Libérienne ; plus tard, Ste-Marie-à-la-Crèche (nous en dirons le motif) et enfin elle est connue aujourd'hui sous le vocable de Ste-Marie-Majeure, parce qu'elle est la plus importante des églises de Rome dédiée à la Reine du Ciel.

L'on se douterait assurément peu, en regardant la façade, qu'elle décore l'entrée d'une église, et l'une des plus remarquables de Rome. C'est un massif lourd, incorrect, absolument manqué. Son clocher, à toit conique, ne la sauve pas de ce reproche.

Le portique sur lequel donnent les cinq portes de la basilique n'a qu'une importance secondaire. À droite, la statue en bronze de Henri IV, roi d'Espagne ; à gauche l'escalier conduit à la loggia d'où le Souverain-Pontife donnait la bénédiction papale, le 15 août. On y voit des mosaïques anciennes représentant l'histoire de l'origine de la basilique. Près de cet escalier est la porte du Jubilé.

Si au dehors le regard n'est point satisfait, il n'en est pas de même lorsqu'après avoir soulevé ce lourd rideau de cuir qui remplace dans presque toutes les églises d'Italie nos portes rembourrées à ressort, ce qui a beaucoup de couleur locale, mais est fort incommode et vous expose à une rançon pour rétribuer l'empressement de ceux qui soulèvent cette pesante draperie de cuir, il n'en est plus de même, dis-je, lorsque vous apercevez l'intérieur de cette église, ces trois nefs divisées par quarante-quatre colonnes ioniques de marbre blanc tirées, croit-on, du temple de Junon Lucine ; le plafond à caissons de la grande nef, l'un des plus remarquables de ce genre, et qui fut doré au moyen du premier or venu d'Amérique, les magnificences de son grand autel recouvert de son riche baldaquin, ses mosaïques si précieuses au point de vue historique, religieux et artistique. Tout est monumental, tout est grandiose, et votre admiration ne se lasse pas.

Nous avons dit les mosaïques. Lorsqu'en effet vous parcourez la grande nef, vous apercevez sur les parois latérales, au-dessus de la première corniche, vingt-sept mosaïques représentant des faits tirés de l'Ancien Testament, que les Pères du Concile d'Ephèse avaient citées comme préfigurant le dogme de la maternité divine. Entre les fenêtres, les sujets des fresques sont tirés du Nouveau Testament.

Les mosaïques de l'arc triomphal présentent également un puissant intérêt : en regardant de haut en bas, et de gauche à droite, vous apercevez, et sur la même ligne, l'*Annonciation*, qui, suivant la pensée des pères du concile d'Ephèse, prouvait que J.-C. était à la fois Dieu parfait et homme parfait, Gabriel ayant dit à Marie :

le fruit saint qui naîtra de vous sera appelé le *Fils du Très-Haut* ; » la Purification dont les divers détails laissent à l'interprétation plus libre carrière ; néanmoins, en se souvenant, dit l'évangéliste, que Siméon et Anne parlaient inspirés par l'Esprit saint, on les entend tous deux proclamer la divinité de l'enfant que Marie, en qualité de mère, venait offrir à Dieu.

Au second plan l'*Adoration des Mages*. L'enfant Jésus repose sur un siège qui ressemble moins à un lit qu'à un trône avec marche-pied ; le divin nouveau-né s'y tient par sa propre force, sans être soutenu par sa mère pour montrer son origine surhumaine. En lui offrant l'encens et l'or, les mages le reconnaissent comme *Dieu* et roi ; puis *Jésus retrouvé par ses parents*.

Au troisième plan : *Le Massacre des Innocents*. « Hérode avait voulu que les mages lui rendissent compte du lieu où se trouvait Jésus, afin que lui aussi allât l'adorer ; il le reconnaissait donc comme *Dieu*, mais il voulait le faire massacrer, et ainsi il le reconnaissait comme *homme* ; puis les *Mages et Hérode* : cette mosaïque reste sans interprétation fixe ; enfin au dernier plan les villes saintes de Jérusalem et de Bethléem qu'on retrouve en maints tableaux mosaïques et qui furent sanctifiés par la naissance et la mort du *Fils de Dieu*. (Chanoine de Bléser, *passim*).

Toutes ces mosaïques appartiennent au ve siècle. Elles furent placées là, après la déclaration, par le Concile d'Ephèse, de la maternité divine de la Ste-Vierge (435). Cette série de tableaux est pour l'art et pour l'histoire du plus haut intérêt. On s'en servit au deuxième concile général de Nicée, en 787, pour réfuter les erreurs des Iconoclastes. Adrien Ier en parle assez longuement dans une lettre à Charlemagne.

La mosaïque de la voûte de l'abside, du xiiie siècle,

supérieure, au point de vue artistique, à celle de l'arc, est consacrée dans toute sa zone inférieure également à la très sainte Vierge Marie. L'inscription entre la grande mosaïque supérieure et la plus petite est celle-ci : « La Vierge Marie a été élevée jusqu'à la voûte éthérée où le Roi des Rois repose sur un trône resplendissant d'étoiles, les chœurs des anges ont porté la Ste-Mère de Dieu vers les régions célestes. — *Maria virgo assumpta est ad ethereum*, etc.

Trois chapelles méritent une attention toute particulière. La chapelle du crucifix qui donne dans la nef latérale droite est ornée de dix colonnes et pilastres de porphyre. Elle ne mériterait aucun examen particulier si elle ne contenait une relique insigne. Là repose, en effet, ce qui reste de la crèche du divin Rédempteur. « A mesure que l'évangile étendait ses conquêtes, la reconnaissance et la foi amenaient dans la Palestine des foules nombreuses de pèlerins venus de l'Orient et de l'Occident. L'impératrice Ste-Hélène s'y rendit en personne et fit revêtir la crèche de lames d'argent, et la grotte sacrée, des marbres les plus précieux. A l'invasion du mahométisme, la crèche quitta l'Orient (642). Rome déposa ce précieux monument dans la basilique de Ste-Marie-aux-Neiges. Cette relique si précieuse est conservée dans un magnifique reliquaire, qui représente N. S. enfant, couché sur un berceau de vermeil enrichi de bas-reliefs et de ciselures de même métal..... La crèche ne conserve plus sa forme primitive. Les cinq petites planches qui en formaient les parois ont été réunies ensemble. Les plus longues peuvent avoir deux pieds et demi de longueur sur quatre ou cinq pouces de largeur ; elles sont minces et d'un bois noirci par le temps. On ne l'expose aux regards des fidèles qu'une fois chaque année, le 24 décembre. Après les secondes vêpres, le 25 décembre, elle est de nouveau renfermée dans le trésor. »

Sur le même côté, la chapelle du Saint-Sacrement, ou Sixtine, du nom du pape Sixte-Quint qui la fit construire en forme de croix grecque, au-dessus d'une petite chapelle dite du *Præsepio* (de la Crèche) qui se trouvait dans un autre endroit de la basilique et qu'il fit transporter ici, étonne par sa magnificence ainsi que la chapelle Borghèse qui lui fait face. On y admire le tombeau de Sixte-Quint, né à Grotta-à-Mare, dans les marches d'Ancone, et qui dota Rome de magnifiques monuments; celui de Pie V, dominicain, qui sut si vigoureusement défendre la foi catholique et détermina les princes chrétiens à combattre les Musulmans.

Le tabernacle de l'autel, en bronze doré, représente une basilique portée par quatre anges qui tiennent des cornes d'abondance servant de flambeaux.

Un double escalier conduit à la crypte où se trouve la chapelle de la Crèche (*Præsepio*), petite construction transportée ici tout entière avec ses fondements, au moyen d'une machine ingénieuse imaginée par Fontana.

La richesse de ce sanctuaire est néanmoins dépassée par celle de la belle chapelle Borghèse qui lui est symétrique, et où nous nous rendons en passant devant le maître-autel. Comme la précédente, elle est surmontée d'une grande coupole. Si les tableaux, les mosaïques, les dorures, les mausolées de Clément VIII et de Paul V, les colonnes de vert antique et de jaspe, etc., sont d'une beauté sans égale, les richesses inouïes de l'autel de la Ste-Vierge, qui en font la plus riche chapelle de tous les sanctuaires romains, nous émerveillent plus encore. « L'autel consiste en une urne de lapis lazuli, élevée sur trois marches de marbre blanc ; quatre superbes colonnes de jaspe oriental, à cannelures dorées, avec bases et chapiteaux également dorés, soutiennent un entablement dont la frise est d'agathe, ainsi que les piédestaux des colonnes. Une image, placée sur un énorme fond de lapis et dominée par le Saint-Esprit, est enchassée dans un cadre d'améthyste à marges de vermeil, enrichie de rubis, d'émeraudes, de topaze et de grenats. Sept anges dorés soutiennent le cadre. Sur l'entablement de l'autel, est un bas-relief également en bronze doré, représentant le miracle de la neige. »

Quelle est donc cette image pour laquelle Paul V montra, on pourrait presque dire une réelle prodigalité ? Cette antique peinture est une Madone, une des sept que la tradition *attribue* à St-Luc. Notons le mot, et faisons observer que Rome, malgré une foule d'éclatants miracles, authentiquement constatés, malgré la grande vénération qu'ont eu pour elle plusieurs souverains pontifes, ne s'est point, comme on l'a dit faussement, portée garant de leur authenticité. L'avis, lorsqu'en certains jours elles sont plus particulièrement l'objet de la vénération des fidèles, porte ces mots : « peinture attribuée à St-Luc. »

Une urne antique de porphyre, recouverte d'une large table de marbre blanc et noir que soutiennent quatre anges en bronze doré, forme le maître-autel. Un riche baldaquin en bronze doré, don de Benoît XIV, est supporté par quatre colonnes de porphyre, autour desquelles serpentent des palmes en bronze. La Confession, exécutée par ordre et aux frais de Pie IX, présente un choix merveilleux de marbre aux couleurs les plus riches et les plus harmonieuses. Elle renferme le corps de St-Mathias, apôtre.

Cette église, comme beaucoup d'autres en Italie, n'a

pas d'entrée latérale. Ses portes sont placées aux deux extrémités sous le portique, d'une part, et de chaque côté de l'abside, de l'autre. Ces dernières donnent sur un large escalier qui conduit sur la place de l'Esquilin. L'obélisque haut de 15 mètres, qui la décore, se trouvait à l'entrée du Mausolée d'Auguste : l'autre se trouve sur la place du Monte Cavallo et fait face au palais du Quirinal.

La pente assez rapide de la rue des Quatre-Fontaines est sur le versant Est du mont Viminal, ainsi nommé des saules qui le couvraient. Situé entre le Mont Quirinal et le Mont Esquilin, il se confond avec eux. Comme nous l'avons déjà dit, toutes ces délimitations de collines peuvent être utiles au point de vue administratif, mais elles sont le plus souvent fictives. Arrêtons-nous au sommet, et en quelques pas nous arriverons à la place des Thermes de Dioclétien où se trouve l'une des églises, assurément les plus curieuses de Rome : j'ai nommé l'église de *Sainte-Marie-des-Anges*.

Dioclétien, le dernier et le plus cruel des persécuteurs des chrétiens, avant l'avènement de Constantin, fit ériger sur l'emplacement où nous sommes, les thermes les plus vastes que Rome ait possédées. Les chrétiens condamnés pour la foi y furent employés comme forçats jusqu'à l'entière exécution des travaux. On a trouvé la croix, signe proscrit, gravé par eux ça et là sur les murs et même sur les briques qui servirent à la construction.

Balzac exprime, à propos de Ste-Marie-des-Anges, une idée fort juste, pleine d'enseignements, et qui s'applique à un grand nombre des monuments religieux de Rome. « Quand il faisait travailler les pauvres chrétiens à ses étuves, ce n'était pas la pensée de Dioclétien, de bâtir des églises à leurs successeurs ; il ne pensait pas être fondateur, comme il l'a été, d'un monastère de Pères Chartreux et de Pères Feuillants. C'est aux dépens de Dioclétien, de ses pierres et de son ciment qu'on a fait des autels à J.-C., des dortoirs et des réfectoires à ses serviteurs. La Providence de Dieu se joue, de cette sorte, des pensées des hommes, et *les évènements sont bien éloignés des intentions quand la terre a un dessein et le ciel un autre.* » Qui eût dit aussi à ceux qui édifièrent le temple de Junon Lucine que les colonnes de marbre blanc qui le décoraient soutiendraient un jour la basilique de la mère de Dieu !

L'enceinte de ces Thermes mesurait, dit-on, 4,376 pieds. Ils pouvaient recevoir 3,200 baigneurs, et le peuple y trouvait des bains à toute température, un théâtre, un cirque, une bibliothèque, des galeries de statues et de tableaux, *et cætera* ; et le mot n'est pas de trop lorsqu'on sait combien ces lieux publics étaient témoins d'infamies de toutes sortes. Ces thermes étaient encore en exercice à la fin du IVe siècle, mais depuis cette époque, les auteurs n'en parlent plus que comme d'un établissement en ruines. Huit immenses colonnes de granit gris, restées debout sur une seule ligne, lui donnaient un aspect remarquable. Le pape Pie IV alla les visiter, accompagné de Michel Ange. « St-Père » s'écria ce dernier « de ce qui reste ici, je me chargerais volontiers de faire une église ». « Faites, » répondit le pape, et l'immortel artiste se mit à l'œuvre ; il avait 80 ans, et Ste-Marie des Anges devint la création glorieuse et bien aimée de ce puissant génie.

« Michel Ange s'empara du *Caldarium* des Thermes et en fit un des bras de la croix grecque, forme qu'il voulait donner à la nouvelle basilique. Il conserva en place les huit colonnes monolithes de granit rouge d'Egypte ; puis pour préserver l'édifice de l'humidité, il exhaussa le sol de deux mètres, et enferma la base des colonnes. Malgré cela, la hauteur du grand ordre, y compris la nouvelle base et le chapiteau, est de treize mètres — du sol à la voûte, de vingt-huit mètres — la longueur de la grande nef, aujourd'hui transversale, est de cent mètres. » Michel Ange avait en outre construit quatre grandes chapelles enfoncées, deux de chaque côté de la nef.

Toutes ces heureuses dispositions ont été détruites par Vantivelli. La porte d'entrée fut bouchée. L'on y voit l'autel du B. Albergati. L'église de Michel Ange devint la nef transversale, le transept de Vantivelli. Ce dernier fit un vestibule d'entrée d'une chambre circulaire des bains (*laconicum*); et tandis que, avec le plan de Michel Ange, le maître-autel se fût dressé sous les majestueuses voûtes du transept actuel, celui-ci se trouve actuellement placé dans l'ancien *natatio* ou *frigidarium*, devenu le chœur de l'église de Vantivelli, et est étouffé sous une voûte basse.

Dans l'ancien *laconicum*, salle circulaire, formant un rectangle échancré sur deux de ses côtés, servant de vestibule à l'église, se trouvent les tombeaux remarquables de deux peintres célèbres, *Ch. Maretta* et *Salvator Rosa*. Tous ces monuments, (nous le répétons à dessein), ne devraient pas avoir asile dans la maison de Dieu. J'en comprendrais pourtant l'exception pour les défenseurs de son culte, mais encore une pierre tombale suffirait le plus souvent comme souvenir, car trop fréquemment ces œuvres visent trop à l'effet au dépens du sentiment religieux.

Une sorte d'étroit couloir unit le *laconicum* au *Caldarium*. Vous êtes en cet endroit arrêté à la vue d'une colossale statue de marbre blanc, St-Bruno, fondateur de l'ordre des Chartreux. « Il parlerait, disait

Clément XIV, si la règle de son ordre ne le lui défendait. » Dans le transept on peut admirer les originaux d'un grand nombre de tableaux dont les copies en mosaïque sont à St-Pierre, le crucifiement de St-Pierre Simon le magicien, etc.

La chapelle du B. Albergati, dans le bras droit de la Croix, possède un tableau qui rappelle un miracle de ce saint archevêque. Ce vénéré prélat fut envoyé par le Souverain-Pontife à Henri VIII d'Angleterre, pour le ramener à la foi catholique. — « Quelle preuve me donnerez-vous de la vérité de ce que vous me proposez, demanda le roi. — Laquelle vous voudrez, répondit le B. Albergati. — Je vous croirai si vous faites devenir subitement noir, ce pain blanc que porte mon page. » Le saint fit le signe de la croix et le pain devint noir. Le monarque crut mais ne se convertit pas.

Remarquons encore un magnifique dallage en marbre dû à Pie IX qui, pendant son glorieux pontificat, a enrichi de travaux d'art tant d'églises de Rome. On voit sur le pavé le méridien de Rome tracé en 1703.

Les magnifiques cloîtres construits sur les dessins de Michel Ange, où tant de générations d'hommes de paix et de prières se sont succédé, se voient occupés par la troupe.

Les hommes de guerre ont chassé les hommes de paix. Entre les deux, pourtant, le choix est-il douteux ? Il est vrai qu'un libre-penseur me disait, un jour, qu'il préférerait un coup d'épée à une absolution.

Telle est, en quelques mots, et d'une manière très imparfaite, cette église de Ste-Marie-des-Anges, une des plus originales de Rome, et qui malgré l'irrégularité de sa construction a un grand cachet. Un attrait particulier vous retient dans ce sanctuaire, et lorsque vous sortez, je ne sais quelle influence vous fait revenir, pour admirer et contempler encore.

La *Via Venti Settembre* nous mène en droite ligne à la place du Monte Cavallo sur le Quirinal. En gagnant cette place, nous verrons à droite la fontaine des Thermes, ou de l'*Acqua Felice* (Félice, du prénom de Sixte). La fontaine est formée de trois niches: dans celle du milieu on voit Moïse qui fait sortir l'eau du rocher. La statue de Moïse fut l'objet d'une critique universelle et si amère que l'artiste (Bresciano) en mourut de douleur.

La place du Monte Cavallo, irrégulière et relativement étroite, est décorée d'un obélisque qui décorait jadis, avec celui de Ste-Marie-Majeure, l'entrée du Mausolée d'Auguste. Pie VII y ajouta la fontaine érigée sur les dessins du chevalier Stern, et le double groupe colossal, « les dompteurs de chevaux » qui avait fait donner par le vulgaire à la place du Quirinal le nom de Monte Cavallo.

Les inscriptions, *opus Phidias; opus Praxitelis* sont apocryphes. La beauté du travail qui représente Castor et Pollux retenant des chevaux fougueux, l'attitude de ces dieux pleine d'une mâle énergie avaient porté à croire que l'auteur de ces groupes était un statuaire grec de la belle époque de la Rome impériale. — Le palais du Quirinal fut le palais d'été des papes. Ce quartier est, en effet, un des plus sains de Rome.

Rendons-nous maintenant, par des rues assez tortueuses, à la *Place de Trevi*. Si jamais quelque part les expropriations avaient besoin d'être légitimées, ce serait assurément ici. Une plus large voie, presque toujours encombrée par une circulation très active, forme ce qu'on appelle la place de Trevi. Or, une fontaine, peut-être la plus magnifique de Rome, fait face à cette place dont l'exiguité lui ôte de son aspect grandiose, et prive le spectateur du loisir facile d'une admiration justifiée. Neptune, entouré de tritons et de chevaux marins, s'avance majestueusement au milieu des écueils ; des torrents d'eau coulent de cette fontaine d'un dessin véritablement remarquable et qui aurait besoin de vastes dégagements pour produire son effet.

L'histoire rapporte qu'une jeune fille (virgo) découvrit à des soldats romains, il y a dix-neuf siècles, la source de cette eau, distante de Rome de 14 milles. Agrippa la fit venir, l'an 735 de la fondation de Rome, jusque dans la ville, et elle reçut le nom d'*Acqua Vergine*. Des bas-reliefs rappellent ces faits. L'aqueduc fournit journellement 155,271 mètres cubes d'une excellente eau. Les papes ont toujours veillé à ce que la ville fut abondamment pourvue de cette eau d'une grande légèreté, d'une grande limpidité et d'une salubrité remarquables. La fontaine est adossée au palais Poli, dont la façade très architecturale rehausse le grand effet de la fontaine de Trévi. Elle fut achevée en 1762.

Notre récit se trouve ici à peu près terminé. Voici ce qu'en neuf jours bien employés nous avons pu voir. Les heureux qui ont pu résider de longs mois à Rome ou seulement de plus longs jours que nous, savent combien de pierres nous avons laissé de côté, qui ont une histoire pleine d'intérêt ; combien de lieux qui rappellent des actes d'héroisme civique ou chrétien dont nous n'avons pu parler ; combien de chefs-d'œuvre de la statuaire, de la peinture, contenus dans ces palais qui sont eux-mêmes souvent des monuments pour l'art et pour l'histoire, passés sous silence ; mais je le répète, le loisir de flâner au milieu de ces merveilles ne nous était pas donné. Il me restait une dernière journée, et elle ne fût pas, comme le lecteur pourra en juger, la moins bien employée.

Dès six heures et demie nous descendîmes sur la place Barberini, lieu de notre séjour, et prîmes un vitturino qui nous conduisit à St-Pierre aux Liens, à Ste-Marie in Cosmedin, à St-Paul hors les murs, et enfin au couvent des Trappistes de St-Paul, aux trois fontaines.

Une place de forme rectangulaire et à plan incliné fait face à l'église. Nous sommes ici sur le sommet de l'Esquilin où se trouvaient les villas et jardins de Mécène et d'Horace. Des marches du portique le tableau qui se déroule à vos yeux ne manque ni de charme ni de grandeur. Non loin de nous et un peu sur la droite la vue embrasse le Capitole, les masures perchées sur la Roche Tarpéienne ; plus loin les plantations et les édifices du Mont Janicule, et autour de vous les murs d'un cloître que domine des palmiers, des orangers, ou quelques pans de murs qui, à eux seuls, sont toute une histoire.

Sur cette crête ouest du Mont Esquilin s'élève *l'église de St-Pierre-aux-Liens*.

Nous nous trouvions à Rome le jour de la Pentecôte, et le hasard nous conduisit ce jour, revenant du Forum à *St-Pierre-aux-Liens* ; le hasard, et aussi l'attrait de parcourir ces ruelles escarpées et étroites qui ont dans l'histoire des pages si honteuses.

Là se trouvait le chemin maudit, *vicus scelleratus* dans lequel Tullie eut la cruauté de faire passer ses chevaux sur le corps de son père ; là, la voie Suburra qui a laissé son antique nom à la place *Suburra*, et où se trouvait ce quartier populeux et mal famé, habité par les barbiers, cordonniers, marchands de fouets à châtier les esclaves, et ces réduits où des femmes esclaves s'exposaient aux passants au profit de leurs maîtres.

La basilique, parée comme aux jours de fête, ne pouvait contenir l'affluence des fidèles. Une cérémonie imposante devait avoir lieu. (Son Eminence le Cardinal Simeoni, secrétaire d'Etat, consacrait solennellement le nouvel autel où devaient être déposées les chaînes de St-Pierre). Nous eûmes le bonheur de voir ces liens si vénérés, et d'être touché au front, au menton et aux lèvres, de ces insignes reliques.

Hérode avait fait lier d'une double chaîne, St-Pierre jeté à Jérusalem dans les cachots d'une prison. Mais, ici-bas, comme au ciel, les seules chaînes qui ne sauraient être brisées sont celles dont Pierre lie les hommes. Ce sont les seules chaînes capables de river à jamais. Seul, Pierre peut enchaîner sans espoir de délivrance.

Et la nuit le Seigneur envoya des anges qui délivrèrent l'apôtre. Les fers qui, miraculeusement, s'étaient détachés de ses mains furent recueillis, et ce précieux trésor fut conservé avec soin. Juvénal, évêque de Jérusalem, les remit à l'impératrice Eudoxie, en 436, qui en garda la moitié, et renvoya l'autre à Rome à sa fille. Le pape St-Léon, qui possédait les chaînes de la prison Mamertine, les rapprocha de celles qu'avait portées St-Pierre à Jérusalem, pour conserver le précieux dépôt, et miraculeusement elles se joignirent l'une à l'autre pour n'en former qu'une seule. En mémoire de ce prodige le pape, de concert avec l'impératrice, édifia la basilique de St-Pierre-aux-Liens, où ces liens de St-Pierre ont toujours été conservés, et où, depuis le ve siècle, ils ont reçu l'hommage de bien des générations.

Ces anneaux précieux, qui sont une relique des plus authentiques et des plus vénérés, suffiraient seuls pour attirer à la basilique Eudoxienne (du nom de sa fondatrice) de St-Pierre-aux-Liens, mais la beauté du monument vaudrait assurément la visite. Vingt-deux belles colonnes, dont vingt d'ordre dorique, du Mont Hymette, cannelées, et deux de granit, la partagent en trois nefs; Elle présente la forme des véritables basiliques primitives : en effet, elle ne possède pas de transept. Les amateurs de peinture admireront plusieurs tableaux du Guerchin et du Dominiquin. Enfin, à l'extrémité du bas-côté de droite, se trouve le Moïse, de Michel Ange, qui, à lui seul, assurerait à cette église des visiteurs de toutes les parties du monde.

Cet artiste incomparable avait proposé d'élever, à l'endroit où se trouve à St-Pierre, la Confession, un monument au pape Jules II. Quarante statues devaient en former l'entourage, et quatre, de la grandeur de Moïse, devaient occuper chacune des extrémités. Ce projet grandiose ne fut point exécuté, mais on peut assurément le regretter, en admirant ce chef-d'œuvre qui permet d'entrevoir quel monument incomparable l'art eût possédé si Michel Ange eût exécuté son projet.

Le Moïse est considéré, pour le faire large et vigoureux, l'expression mâle et majestueuse, comme un des chefs-d'œuvre du grand artiste Florentin. Disons pourtant que peu d'œuvres d'art ont été critiquées plus sévèrement. Diverses raisons semblaient justifier ces remarques. Le Moïse, en effet, n'était qu'une partie d'un tout grandiose qui ne fut point exécuté. Quelle différence si ce Moïse, au lieu d'être dans cette enceinte, était vu sous les hautes voûtes de St-Pierre, et entouré de figures d'égale importance. « Son visage semble farouche, sa figure plutôt celle d'un chef de brigands irrité que celle d'un calme législateur » (Bleser). Sans doute, mais c'est la « sainte colère » qui anime ce visage, c'est le messager de Dieu irrité à la vue d'Israël adorant le

veau d'or, alors qu'il porte les tables de la loi où est écrit
« Un seul Dieu tu adoreras ». Le costume est barbare
(Bleser) sans doute encore, mais replaçons ce chef-d'œuvre
au milieu de son ensemble, et toutes ces critiques perdront
singulièrement de leur valeur. Les mains et les bras sont
extrêmement beaux et rivalisent avec les plus sublimes
productions du ciseau grec (Muray). Ce fini d'exécution
a fait dire à un auteur que le Moïse est une miniature
qui a onze pieds de hauteur. Le poli du marbre le rend
luisant comme un onyx.

Près de la *Piazza della Bocca Verita* sur laquelle se
trouve l'église de *S. Maria in Cosmedin*, se tenait
un marché qui avait attiré gens de ville et des champs.
Le type italien se distingue surtout par la finesse des
traits. Les femmes du peuple ont parfois une réelle
beauté. Si le visage n'est pas toujours très régulier,
la physionomie est toujours expressive. Beaucoup de
femmes doivent l'éclat de leur beauté au costume napolitain, si gracieux. On dirait vraiment qu'elles l'ignorent, en les voyant l'abandonner de plus en plus. C'est
bien le cas de répéter que l'homme est son propre bourreau.

Mais le gracieux du costume, les croix d'or au cou,
les épingles-poignards aux cheveux restent insuffisants
si une négligence manifeste en ternit l'effet.

Les hommes, vêtus de culotte et de courte jaquette
de grosse étoffe brune, coiffés de ce petit chapeau à cône
tronqué, tendu si souvent et partout, au passant pour
solliciter la *Carita*, ont, sous ce vêtement qui, à maints
détails, trahit une profonde misère, une physionomie
assez fière, un regard brillant et vif, et des traits qui
ne manquent pas souvent de distinction.

La place de la *Bouche de la Vérité* faisait partie de
l'ancien *Forum Boarium*. Là s'élève, à gauche au pied

de l'Aventin, l'église de Ste-Marie *in Cosmedin* ou *Bocca della Verita*. Suivant les uns, elle doit son vocable aux nombreux ornements dont l'enrichit le pape Adrien I. κοσμος signifiant en grec, ornement ; suivant d'autres, à une place de Constantinople dont elle avait emprunté le nom, car elle appartenait dans le principe à une confrérie de catholiques grecs poursuivis par les Iconoclastes, et qui vinrent s'y réfugier, ce qui la fit appeler encore *S. Maria in Schola græca*.

Le peuple la désigne plus ordinairement sous le vocable de *Sta-Maria della Bocca Verita*. Dans le voisinage de cette localité les Romains avaient jadis élevé, en l'honneur d'Hercule un autel devant lequel ils venaient rendre témoignage sous la foi des serments. Suivant une tradition populaire, le grand masque en marbre que l'on voit maintenant sur le portique de l'église, à gauche, aurait joué un grand rôle dans ces cérémonies, les Romains mettant la main dans la bouche de ce masque lorsqu'ils prêtaient leurs serments. Les mères disent maintenant à leurs enfants qu'ils leur feront dire la vérité la main dans la bouche du masque, leur affirmant que s'ils mentaient leur main resterait prise dans la bouche du masque (?)

Cette église occupe l'emplacement d'un ancien temple de Cérès et de Proserpine. C'est une des plus anciennes églises de Rome ; sa fondation remonte au IIIe siècle. Elle fut restaurée au VIIIe, et ne subit depuis que des réparations ou des embellissements. Elle a donc actuellement environ onze siècles d'existence. On voit encore une partie de la *Cella*, bâtie en gros blocs de travertin, et huit colonnes cannelées du pérystile, qui sont de marbre blanc, d'ordre composite. Sept de ces colonnes sont enchâssées dans les murs de l'église. L'effet est singulier, le temps les a singulièrement outragées.

Dans cette église si vénérable par son antiquité, dont l'aspect intérieur est des plus curieux, et où s'accumulent les souvenirs historiques, on remarque deux ambons du XIᵉ siècle de la plus grande beauté, le pavé de la grande nef en *opus Alexandrinum*, qui, par ses détériorations, accuse sa vétusté, le maître-autel composé d'une urne de granit rouge et surmonté d'un baldaquin gothique que supportent quatre colonnes de granit rouge d'Egypte, une image de la Ste-Vierge rapportée d'Orient, et qui porte la fameuse inscription grecque : θεοτοκος αει παρθενος « Mère de Dieu toujours vierge » enfin, au fond de l'abside un siège d'évêque du XIIᵉ siècle. Sous la Confession repose le corps de Ste-Cyrille, vierge et martyre.

Le petit temple, de forme circulaire, qui fait presque face au portique de l'église est appelé communément temple de Vesta. Il peut l'avoir été, car dans la strophe bien connue de l'ode *vidimus flavum Tiberim*, Horace ajoute : *ire dejectum monumenta regis, templa que vestæ*. Nous avons vu le Tibre, dans le débordement de ses eaux jaunâtres, envahir et jeter bas les édifices du roi et les temples de Vesta. — Il présente un pérystile de vingt colonnes cannelées d'ordre corinthien et de marbre de Paros. C'est aujourd'hui une chapelle dédiée à la Vierge Marie, dite *del sole*. Un toit mesquin en bois remplace l'entablement et le toit antiques. Bien que très simple, l'architecture de ce temple est fort gracieuse.

Poursuivant notre route, nous longeons à droite, pendant quelque temps, le Tibre aux eaux jaunâtres et rapides tandis qu'à notre gauche s'élève le Mont Aventin. Il fut réuni à Rome par Ancus Martius, quatrième roi de Rome. Il doit vraisemblablement son nom au roi Albain *Aventinus* qui y fut enterré. Aujourd'hui cette colline est une des plus désertes de Rome. Autrefois elle vit s'élever sur ses flancs plusieurs temples païens, on y trouve maintenant les églises solitaires de Ste-Sabine St-Alexis, Ste-Marie du Prieuré de Malte, St-Prixte qui en occupe le sommet.

Un peu avant d'arriver à la porte St-Paul, nous voyons à une certaine distance, sur notre droite, le *Monte Testaccio*, colline artificielle, composée des débris de poteries, produite par l'habitude d'une volonté commune, ou par l'ordre exprès des édiles. Son nom indique nettement son origine — *Testa* — tesson, d'où l'on a fait *Testaceus* et *Testaccio*. Il ne faut pas s'étonner de cet amas de tessons qui forme une colline de 4,500 pieds de circonférence et d'environ 160 pieds d'élévation, les Romains faisant un très grand usage d'objets en terre cuite. Ils avaient des amphores pour le vin, des jarres pour l'huile, des pots pour l'eau, des urnes funéraires, des statuettes de leurs divinités, etc. Mettant à profit la propriété qu'a cette matière d'entretenir la fraîcheur, les modernes ont creusé de profondes caves pour y déposer les vins pour la consommation de Rome. C'est sur le sommet de cette petite montagne qu'allait souvent s'asseoir le Poussin pour admirer les monuments de Rome au moment du coucher du soleil.

« La porte St-Paul a remplacé la porte d'Ostie. Elle est double et montre dans sa partie intérieure des caractères de vétusté dont est dépourvu le côté qui regarde St-Paul-Hors-des-Murs. » Cette porte massive a un aspect fort imposant. Lorsque vous avez franchi l'ancienne porte d'Ostie, qui prit ce nom primitif de la route qui se dirigeait sur le port d'Ostie, vous examinez plus à l'aise qu'en dedans de l'enceinte de Rome la pyramide de *Caïus Cestius*, préteur, tribun du peuple, un des sept membres du collège des pontifes, présidant aux banquets offerts aux dieux. Ce monument est de briques recouvertes de plaques de marbre de 15 pouces d'épaisseur. Il a plus de 30 mètres d'élévation. Il recouvre le tombeau de Caïus Cestius.

Cette porte franchie, la route devient solitaire ; à peine voit-on quelques maisons, quelques chaumières disséminées çà et là dans ces vastes plaines qui enceignent Rome vers l'ouest, et viennent briser l'uniformité de ces longues courbes de l'*agro Romano*; quelques paysans, dont le vêtement trahit la misère et dont la figure hâve accuse les désastres de la mal'aria qui règne presque en maîtresse dans cette partie de la campagne romaine. Ils s'en vont solitaires, revenant de la ville, s'en retournant aux champs, montés souvent sur leurs petits chevaux maigres, mais alertes, et poussant devant eux des troupeaux de chevaux entièrement en liberté. « Ces bergers à cheval, lance en main, revêtus de peaux de boucs, rappellent les anciens faunes de la fable. »

Celui qui viendrait à Rome avec la seule pensée d'admirer l'harmonie, la hardiesse, la beauté de ses monuments, qui donnerait son unique attention aux chefs-d'œuvre de la Rome païenne ou chrétienne, s'arrêtant à la seule étude des pierres, parcourrait d'un esprit distrait et peut-être ennuyé, cette route poudreuse et monotone qui nous conduit à St-Paul hors des murs. Mais s'il sait être philosophe chrétien, les souvenirs les plus émouvants captivent son attention.

Sur ce chemin ont marché il y a tantôt deux mille ans Pierre et Paul. De la porte d'Ostie, que nous quittons, à une humble maison qui est un monument pour l'histoire il peut y avoir un kilomètre (?). Pierre et Paul firent cette route ensemble entourés de soldats romains qui les menaient au supplice « triomphant par la mort des triomphateurs qui en eux voulaient tuer Celui qui ne meurt pas. » Pierre qui connut le Christ, qui lui parla, qui fut le dépositaire de la foi, le gardien de l'église du Christ: *Tu es Petrus*... Paul ce romain noble par son rang, puissant par sa fortune, Paul le bourreau d'Etienne, converti de Damas qui allant combattre les ennemis du Christ fut terrassé par ce flot de lumière qui venait de luire miraculeusement dans les ténèbres; Pierre, pauvre marinier Galiléen, et Paul, prince de la noblesse romaine, suivirent cette route tous deux, se donnant la main, allant à la mort, au supplice pour confesser la foi, pour confesser le Christ, fils du Dieu vivant ! quel souvenir pour le chrétien !

Ils marchaient ainsi lorsque les soldats reçurent ordre de les séparer. « Sortis de la prison Mamertine, St-Pierre et St-Paul firent quelque temps route ensemble, dit le chanoine de Bleser ; enfin il fallut se séparer et se donner le baiser d'adieu. St-Pierre se dirigea vers le Janicule, St-Paul continua sa marche vers les *Eaux Salviennes.* » Cet adieu est exprimé dans une inscription naïve placée entre deux petites colonnes avec un bas-relief sur le fronton de cette petite maison. « En ce lieu se séparèrent St-Pierre et St-Paul allant au martyr. Paul dit à Pierre : *Que la paix soit avec toi, fondement de l'Eglise et pasteur de tous les agneaux de J.-C.* — Et Pierre dit à Paul : *Va en paix, predicateur des bons et guide des justes, dans la voie du salut.* » IN QUESTO luogo si separarono S. Pietro E S. Paolo andendo al martirio ; E dice Paolo a Pietro : La Pace sia teco fondamento della Chiesa E pastore di tutti Gli agnelli di Christo — E Pietro a Paolo : Va in pace predicatore dei buoni et Guida della salute dei Giusti. »

Cette petite maison est dite *Chapelle de la Séparation.*

On ne s'explique pas d'abord pourquoi l'escorte qui amenait les apôtres de la prison Mamertine, ne les fit pas se séparer plus tôt, car St-Pierre s'est ici écarté de la route qu'il devait suivre. Mais est-il donc impossible qu'il ait obtenu des soldats la permission de prolonger son dernier entretien ici-bas avec le compagnon de son apostolat et de son martyre, surtout si les fidèles donnèrent quelque argent aux bourreaux. Au reste, Mgr Gerbet observe avec infiniment de raison que cette circonstance même est en faveur de la tradition locale, car, si le fait avait été imaginé, le lieu de la séparation n'aurait pas été placé si loin de la route du Janicule. »

Notre phaéton continue sa course, et nous arrivons bientôt à la basilique. C'était jadis la seconde station de tous pèlerins venant à Rome ; après St-Pierre, St-Paul. L'affluence était telle qu'on fit bâtir, depuis la porte de ville jusqu'au tombeau de St-Paul, une longue galerie couverte, destinée à abriter les fidèles contre l'inclémence du temps. Elle existait encore au Xe siècle.

On peut se demander comment cette magnifique église et d'autres encore ont été bâties en dehors de la ville, au milieu de marais d'une humidité constante, et où la mal'aria sévit avec une vigueur telle que les bénédictins qui desservent la basilique sont pendant quatre mois obligés de venir résider à Rome à Sta-Maria in Trastevere ? (Pendant ce temps, ils n'y viennent que pour les besoins du culte.) En souvenir de faits mémorables qui se sont accomplis en dehors de l'enceinte de Rome ; c'est ainsi par exemple que l'on trouve sur la voie Apienne cette église du vocable singulier pour qui n'en saurait pas l'origine de « *Domine quo vadis* ». Ici la tradition rapporte que St-Pierre fuyant la nuit la persécution de Néron rencontra tout-à-coup le divin Sauveur. « Celui-ci s'empressa de lui demander : « *Domine quo vadis* » *Seigneur où allez-vous ?* Jésus lui répondit : « Je vais à Rome pour y être crucifié de nouveau. » Il comprit et rentra dans Rome pour gravir quelque temps après la pente du Janicule. Bien souvent aussi, en souvenir de ces modestes oratoires ou *confession*, que de pieux frères dans la foi du Christ avaient élevé sur les restes vénérés de ces généreux confesseurs. On sait combien dans les premiers temps de l'Eglise, les fidèles eurent de respect pour les dépouilles de ces chrétiens qui préféraient subir les tourments et la mort plutôt que de sacrifier aux idoles.

Lucine, riche et noble dame romaine, fit pour St-Paul ce que d'autres firent pour des milliers de martyrs. Elle rendit les derniers honneurs à St-Paul, son maitre, transporta ses reliques dans sa villa qu'elle possédait aux eaux Salviennes et les déposa dans le lieu où s'élève la basilique patriarcale de St-Paul-hors-des-murs, Anaclet érigea d'abord un oratoire, comme il en avait érigé un pour l'apôtre St-Pierre dans la grotte vaticane, et Constantin construisit plus tard une église au-dessus de cette confession. Cette basilique a subi depuis, on peut le dire, presque toutes les infortunes. Ruinée par les Vandales, pillée par les Sarrazins, ébranlée par un tremblement de terre, dévastée par trois incendies, elle était redevenue une merveille de l'art chrétien, et pour le savant et l'archéologue un lieu de pélérinage où l'histoire de l'art du ve siècle se déroulait dans toute sa splendeur, lorsqu'elle fut de nouveau incendiée pendant la nuit du 15 au 16 juillet 1823. C'était sous le pontificat de Pie VII. Le souverain pontife était mourant, on lui cacha ce désastre. On voulut laisser mourir en paix l'ancien prisonnier de Fontainebleau qui, dans sa jeunesse, avait appartenu au couvent des Bénédictins de St-Paul-hors-des-murs, alors qu'il portait le nom de Barnabé Chiaramonti.

L'Europe entière s'émut de cette perte irréparable, mais ne voulut pas que l'endroit sacré où avait reposé le docteur des nations restât sans temple digne de la mémoire de Paul.

L'univers entier, le russe schismatique, les fils du prophète eux-mêmes, concoururent par leur don à la réédification et à la décoration de la nouvelle basilique, et en septembre 1825, les travaux furent commencés. Ils ne furent entièrement terminés que sous le vénéré pontife Pie IX qui consacra tout l'édifice le 10 décembre 1854, en présence de 185 cardinaux, archevêques et évêques, accourus de toutes les parties du monde pour assister à la proclamation du dogme de l'Immaculée Conception.

Un portique latéral, généralement admiré et qui probablement faisait face à cette galerie couverte dont nous avons parlé, se trouve à l'extrémité du transept gauche, le plus souvent on pénètre par une porte latérale qui donne sur la route d'Ostie. On traverse une première salle ornée de fragments énormes de mosaïques provenant de l'abside et qui ont échappé aux flammes, et d'une statue colossale de Grégoire XVI, puis une seconde et vous êtes dans le transept droit de la basilique. A peine avez-vous fait quelques pas pour mieux juger de l'édifice dans son ensemble que vous êtes arrêté, fasciné par l'excès de la richesse décorative. St-Pierre vous surprend par ses dimensions colossales, St-Paul vous étonne par la profusion de ces matériaux précieux et rares. Mais combien aussi est à redouter l'action du temps, là surtout où est construit St-Paul, et à moins de grands frais que sera devenu l'édifice dans un siècle?

Toutes ces splendeurs sentent l'amour du clinquant

qui se retrouve dans maints édifices modernes, et l'on peut faire à St-Paul le reproche que les amateurs font à juste titre aux peintures de la salle consacrée par Pie IX au souvenir de la proclamation du dogme de l'Immaculée Conception, c'est de viser trop au réalisme.

Le Saint Paul moderne a perdu, par là, l'antique cachet plus religieux de la basilique du VIIIe siècle, et avec lui cet effet imposant et grave qui faisait de ce vieux sanctuaire un asile choisi où « l'on venait respirer ce parfum de piété antique dont beaucoup de nos églises modernes ont perdu le secret. »

L'autel de la Ste-Vierge (transept droit), et celui de St-Paul (transept gauche), don l'un et l'autre de l'empereur de Russie, est un monolithe de malachite dont la rareté jointe à la beauté explique le grand prix. Deux chapelles sur notre droite, dont l'une sert de chapelle de chœur aux religieux bénédictins, nous séparent de l'abside. Sur les murs incrustés de marbre, avec des pilastres de brèche violette, sont gravés les noms de tous les prélats, cardinaux, archevêques, patriarches, évêques qui assistèrent à la consécration de la basilique et formèrent cortège à Pie IX, lorsqu'il promulgua le dogme de l'Immaculée Conception. Quatre colonnes de cette brèche précieuse soutiennent une riche corniche de marbre blanc qui domine le siège pontifical. Deux chapelles font suite ; l'una, dite du Crucifix, est célèbre par celui de bois de cyprès, qui fut le témoin des ardentes prières de Ste-Brigitte, mais non témoin muet car elle eut en sa présence d'importantes révélations. « Le cou est violemment tourné vers la droite, la bouche est entr'ouverte, comme si elle venait de parler avec effort, et le regard témoigne d'une indicible douleur. » (Bleser). Ce christ n'est exposé à la vénération des fidèles qu'en certains jours. L'autre possède une image en mosaïque de la Ste-Vierge. Elle fut témoin, le 22 avril 1541, de la profession solennelle de St-Ignace de Loyola et de ses premiers compagnons, fondateur de cet ordre religieux que rien n'a pu ébranler depuis tantôt 340 ans d'existence, et qui n'a dû qu'à sa puissance seule, durant ces longs siècles, des haines d'autant plus acharnées que les ennemis sentaient toute la puissance du Christ. Ce n'étaient et ce ne sont point les serviteurs de Jésus que l'on veut attaquer, mais Jésus lui-même, l'infâme !...

Le maître-autel papal fait face à l'abside. Il est dominé par un baldaquin en style de renaissance, appuyé sur quatre colonnes d'albâtre oriental, chacune, monolithe, et de plus de 7 mètres de hauteur. Ces colonnes sont presque transparentes, d'un poli admirable, et furent un don de Mehemet-Ali, vice-roi d'Egypte : leurs bases sont en malachite, don de Nicolas Ier. Ce monument recouvre également la Confession sous laquelle reposent les corps de St-Paul (moins le chef qui est à St-Jean de Latran) et de St-Timothée. Une balustrade de marbre blanc et de porphyre sert de clôture à la Confession.

Le grand arc du milieu, dit de Placidie, nom qu'il conserve de celui que *Galla Placidia*, fille du grand Théodose avait fait primitivement construire ici, en forme d'arc de triomphe, pour honorer les abords de la crypte sacrée et célébrer en même temps les conquêtes de la foi, sépare la nef du transept et domine la confession. Il est revêtu de mosaïques qui sont des copies modernes de celles du ve siècle, représentant Jésus-Christ accompagné des vingt-quatre vieillards mentionnés dans l'Apocalypse. Les mosaïques de l'abside du xiiie siècle ont été seulement restaurées. L'incendie les avait en partie épargnées.

Ici ce dernier s'appuie sur deux colonnes monolithes de granit du simplon, de 10 mètres de hauteur et d'ordre dorique. Un peu en avant, les statues de St-Pierre et de St-Paul accompagnent l'autel. Les cinq nefs partagées par quatre-vingts colonnes de granit du Simplon de 7 et 8 mètres de hauteur, offrent un aspect grandiose. Vues de l'une des extrémités des nefs latérales, ces colonnes, comme dans nos forêts ces troncs magnifiques de nos chênes séculaires, donnent à la perspective de gracieux effets, que la clarté du jour, heureusement distribuée par de belles verrières, rend encore plus saisissante. Elle rehausse encore la beauté de ce pavé précieux qui miroite sous les rayons du soleil et l'éclat du plafond à caissons, riche d'ornements dorés sur un fonds d'argent, l'un des plus beaux de ce genre. On y voit les armes de Grégoire XVI et de Pie IX.

Au-dessus de l'entablement dans la grande nef, on a placé, sous forme de médaillons en mosaïque les portraits des papes depuis St-Pierre. L'ancienne basilique les possédait tous ; quarante seulement échappèrent au désastre de 1823. Ils mesurent 1 mètre 50.

La façade qui est dirigée vers le Tibre qui coule à peu de distance est la seule partie inachevée. Comme les rois de France avaient sous leur protection St-Jean de Latran, ainsi les rois d'Angleterre jusqu'à Henri VIII eurent la basilique de St-Paul sous leur protection spéciale.

Le cloître d'architecture semi-gothique et byzantine, avec ses colonnettes de marbres, incrustés de mosaïques, contigu à la basilique est de 1220. Malheureusement il est insuffisamment entretenu.

Nous retraversons d'un pas lent, car chacun d'eux nous éloigne de toutes ces merveilles, la nef et le transept, et regagnons la route d'Ostie.

La vue de tant de richesses rend plus frappante encore cette dissemblance du monument entre ses parties internes et externes. Au dehors de hautes et lourdes murailles qui ont été faites profondes pour s'opposer aux effets pernicieux de l'humidité du lieu ; point d'architecture, rien qui dénote un monument remarquable, n'était sa dimension. Qui viendrait de loin et ne serait pas instruit de ces contrastes qui se retrouvent en maintes églises et à un degré plus frappant encore, à l'église de *Santa Maria in ara cœli*, se douterait assurément fort peu des merveilles qu'il lui est réservé d'y contempler.

Je finissais cet *à parte* que déjà j'étais loin, n'apercevant plus que la cime du campanile de style lombard de la basilique de St-Paul que les ondulations du terrain me masquèrent bientôt. En pénétrant plus avant dans ces plaines où la solitude se fait de plus en plus grande et appelle le recueillement de l'esprit le plus léger, j'aperçus, au détour de la route, un clocher de modeste apparence. Nous quittons le large chemin pour prendre une voie plus étroite, puis mon automédon m'arrête devant une large grille de fer, agite un cordon de fer qui met en branle une sonnette au timbre vigoureux, va rejoindre dans une ferme voisine quelque viturino venu comme nous à cet asile, et bientôt apparaît un homme vêtu de brun. Un Père trappiste vient à nous, et nous accompagne dans cette visite qui est encore un de nos meilleurs souvenirs. Ce Père trappiste était un français, et qui mieux un normand.

Un vaste enclos, parc et jardin potager tout à la fois, renferme deux chapelles et le couvent des PP. trappistes de St-Paul aux trois Fontaines, *Santo Paolo alle Tre Fontane*. Ceux-ci possèdent d'autres terres aux alentours. Sur un monticule peu élevé, à droite, se trouve le premier et le plus antique sanctuaire. Ce fut en effet sur son emplacement que St-Paul chevalier romain, qui, eu égard à sa qualité même, ne pouvait subir le supplice des esclaves, le crucifiement, eut la tête tranchée. Une tradition rapporte qu'après sa décollation la tête en tombant fit trois bonds et qu'autant de sources d'eau jaillirent des divers points qu'elle toucha. Une église fut bâtie sur ce lieu mémorable à jamais, et reçut le nom de St-Paul aux trois Fontaines. Elle a été renouvelée en 1590 par les soins du Card. P. Aldobrandini sur les dessins de Fontana, et décorée d'une belle façade en travertin. L'intérieur n'a rien de remarquable, et si le lieu de la sépulture méritait un monument digne de l'apôtre, celui de son supplice eût demandé un édifice plus important. L'insalubrité extrême des eaux Salviennes explique ce délaissement relatif. Nous dirons tout à l'heure ce que les PP. ont fait et obtenu à cet égard. La persévérance couronnera leurs efforts, et ils auront peut-être alors la douce récompense de voir affluer à ce sanctuaire vénéré la foule dont l'obole permettra d'enrichir cette église. On y voit, protégée par un grillage, la colonne qui a servi au supplice de l'apôtre, et, ornées chacune d'un monument, les trois fontaines qui donnent, sans tarir jamais, une eau d'une limpidité et d'une saveur parfaite. Soit curiosité, soit vénération, nul ne manque de goûter de cette eau et d'en constater la qualité.

Nous arrivâmes en causant à une modeste et assez vaste chapelle que les Pères ont fait construire pour leur service particulier. Puis nous nous dirigeâmes vers un petit bâtiment où se trouvent des objets divers que le touriste acquiert volontiers, en souvenir des lieux qu'il a visités.

Chemin faisant j'avais aperçu d'assez nombreux

eucalyptus dont quelques uns pouvaient atteindre la hauteur des peupliers de nos pays, et la conversation s'engagea vite et facilement, surtout lorsque le Père trapiste sut que j'étais médecin. Il s'empressa de me montrer divers produits qui avaient été préparés au couvent avec l'arbre merveilleux que je viens de nommer.

Que le lecteur me permette de reprendre les choses d'un peu plus haut et de raconter brièvement l'histoire de l'Eucalyptus au couvent des PP. trappistes de St-Paul aux trois fontaines. Les renseignements que je vais publier m'ont été fournis par le P. Gildas, supérieur du couvent, avec une obligeance que je suis heureux de pouvoir remercier publiquement. Je suis également heureux, comme témoignage de reconnaissance, d'écrire leurs efforts et les résultats obtenus, et par là d'encourager les travaux de tous ceux qui se trouveront dans les mêmes conditions qu'eux, et de rendre hommage au nom français, qui, là bas, près de cette grande Rome que la France a de longues années si vaillamment protégée, sait encore, quoique dans une sphère plus modeste, appeler à lui la reconnaissance des malheureux campagnards italiens, qui commencent à trouver un peu d'adoucissement à leurs maux, et cela grâce aux labeurs des PP. trappistes français de St-Paul.

Assainir la campagne romaine, la débarrasser de ces redoutables fièvres qui, sous des formes diverses, tuent parfois si rapidement, en neutralisant les effets de la mal'aria, si toutefois on ne peut arriver à en détruire la cause, guérir la fièvre par un succédané de la quinine qui, avec tous ses avantages, n'a aucun de ses inconvénients, posséder une nouvelle source de richesses par divers produits, tels sont les nombreux, incontestables et incontestés avantages que peut offrir l'Eucalyptus, le beau gommier bleu, comme disent les Australiens.

Le programme est fort beau et digne d'éveiller l'attention des plus indifférents. Affranchir l'*Agro Romano* de cette terrible mal'aria qui, depuis les premiers jours de Rome, et quotidiennement encore a fait et fait tant de victimes, et cela non-seulement sans bourse délier, quand déjà tant d'argent a été enfoui pour assainir les marais pontins, mais avec un profit sérieux, puisque l'eucalyptus est un arbre dont les usages peuvent être multiples ; il a y là, assurément, matière à tenter les plus indifférents.

Je laisse la parole au frère Gildas. Il écrivait ce qui suit, en mars 1873, au président de la Société d'Acclimatation de Paris.

« Nous sommes arrivés dans ce monastère des Trois-Fontaines, fondé en 626 par Honorius Ier vers le milieu de l'année 1868, appelés par le Souverain-Pontife Pie IX. C'est l'endroit le plus malsain de la campagne romaine, et aucune communauté italienne n'aurait voulu l'habiter. Aussi était-il complétement abandonné et dans le plus misérable état. Le peu de terres qui en dépendait encore ne produisait que des mauvaises herbes et des ronces, et tous les bâtiments étaient enfouis dans une hauteur moyenne de 1 mètre 50 de terre. Nous avons dû enlever ces terres, drainer le monastère et créer un grand nombre de canaux souterrains pour l'écoulement des eaux qui, auparavant, envahissaient le monastère, ou se corrompaient sur la terre, faute d'issues, et devenaient ainsi un foyer de fièvres.

» Les premières années ont été bien mauvaises : nous avons perdu une dizaine de religieux et nous avons été forcé d'en renvoyer plusieurs autres en France. La permission nous a été donnée un jour d'abandonner le poste, mais personne n'en a voulu profiter. Ce que nous aurions eu de mieux à faire pour l'assainissement aurait été bien certainement de commencer dès lors à planter l'*Eucalyptus*, mais absorbés par les travaux que nous avons dû faire, minés par la fièvre, et ignorant alors ce que nous pouvions attendre de ces plantations, ou plutôt regardant tout ce qu'on disait de cet arbre comme de pures exagérations, nous ne nous en sommes guère occupés à cette époque.» La situation, on le voit, n'était pas brillante, et tout autre que les Trappistes, eurent quitté ce foyer pestilentiel.

En 1868, les Pères firent quelques essais de plantation. Ils furent malheureux. Ce n'était pourtant pas qu'avant eux cet arbre fût inconnu en Italie, et de nombreux essais avaient été tentés. Nous lisons dans *L'Italie* (Mars 1876) : « Il serait inexact de dire que l'eucalyptus globulus soit complétement inconnu à Rome et dans les environs. Tout le monde sait que le prince Torlania a fait des efforts pour créer des plantations de cet arbre dans la province de Rome, et dernièrement encore le ministre de l'Agriculture et du Commerce mettait gratuitement à la disposition des propriétaires de l'*Agro Romano* plusieurs milliers de jeunes plants. Des particuliers ont aussi fait des essais pour leur compte. Néanmoins, il n'est pas permis de dire que la culture de l'Eucalyptus soit commencée d'une manière sérieuse. Les essais faits n'ont guère réussi. On a accusé le climat, la nature des plants, l'impossibilité d'acclimater l'arbre, et surtout le froid.»

» Je viens bien tard, M. le Président, ajoute le F. Gildas (loc. cit.) vous donner des renseignements sur l'eucalyptus, et cependant il n'est pas encore trop tard pour ce pays de connaître la meilleure manière de le cultiver, car quoique ces Messieurs du Comice agricole prétendent que depuis trente ans, à Rome, on connaît, on étudie et l'on fait des essais de l'eucalyptus globulus, il faut avouer cependant que pour trente ans d'études et d'essais, ils n'ont guère acquis d'expérience pratique. Non può ribattere l'asserjione sovente ripetuta da nostri giornali che queste esperienze sieno nuove per Roma. *Da trenta anni si conosce, studia, si prova l'Eucalyptus Globulus, etc.* » (Bulletin du Comice). C'est qu'en effet pour la réussite absolue, les conditions sont nombreuses et demandent toute la vigilance et la persévérance d'un trappiste pour que le succès couronne les travaux.

Grâce aux encouragements du Rév. Père abbé de la grande Trappe Dom. Timothée, zélé propagateur de tous les progrès agricoles, le F. Gildas se mit résolument à l'œuvre. « J'ai été obligé, dit-il, de faire bien des expériences qui ne m'ont pas toujours réussi, mais qui m'ont instruit et mis à même de donner aux autres des conseils utiles. Maintenant je suis le plus ardent propagateur de l'Eucalyptus. Malheureusement, dit-il plus loin, les Romains ont encore bien des préjugés contre cet arbre. Des personnes haut placées qui n'ont pas réussi dans leurs essais, faute, à ce que je crois, de s'y être bien pris, sont persuadées qu'il est impossible d'acclimater ici cette essence et rient de ma simplicité.»

L'*Italie*, dans l'article précité, répond victorieusement à ces objections. « L'hiver romain et italien ne saurait être une menace pour l'Eucalyptus. Je n'en veux pour preuve que les soixante *Eucalyptus Globulus* qui poussent orgueilleusement en ce moment dans le couvent de St-Paul où ils préservent de la fièvre la communauté de trappistes français qui les a plantés. »

Sans entrer dans les détails techniques de culture, un

mot de jardinage pratique, résumé de l'expérience du F. Gildas : faire les semis en août ou septembre sur terre légère, terre de bruyère ou de jardin passée au crible, arroser avec précaution et maintenir une température égale et douce, repiquer, quand les plants ont environ 20 centimètres, soit en pleine terre, ce qui est préférable, dans des lieux suffisamment abrités du froid et surtout du vent, ou dans des caisses si le climat est peu clément. Au commencement de l'hiver les plants peuvent avoir de 15 à 20 centimètres de hauteur. En mars, un peu plus tôt ou plus tard suivant la température, les mettre en pleine terre en massif à 1 ou 2 mètres en carré ou en quinconce ; avoir soin de protéger le soir les petits plants contre la gelée nocturne.

L'Eucalyptus a deux grands ennemis : le froid et le vent. Le premier nuit surtout aux jeunes sujets, et le second même à l'arbre qui a crû. L'on ne saurait donc apporter trop de soins pour en préserver les jeunes sujets, et choisir, lorsqu'ils sont plantés définitivement, les lieux où ils seront le mieux abrités. Les plantations en massif, ce qui leur assure un abri mutuel, seront donc favorables.

Quant à l'action du froid, voici ce qu'écrit le F. Gildas dans la *Gazetta Delle Campagne* 1º Ottobre 1876, (traduction). « L'expérience du dernier hiver me semble concluante. Nous avions fait le 24 mars 1875 une petite plantation dans laquelle tous nos plants encore à l'état d'herbe, furent placés à deux mètres de distance en chaque sens. Sous un froid de neuf degrés centigrades, un certain nombre de jeunes arbres périrent, d'autres souffrirent notablement ; mais pour le plus grand nombre ils ont résisté complètement et sont de la plus belle végétation. Si les plantations avaient été réglées à un mètre de distance en tous sens, il est certain qu'aucun de ces petits plants n'aurait péri.

» Il convient de remarquer qu'un froid de neuf degrés centigrades dans la campagne romaine est un fait exceptionnel et aussi que nos plants appartenaient à l'espèce *Eucalyptus Globulus* qui n'est pas le plus résistant au froid et aux vents. Quelques individus de l'espèce Eucalyptus Viminalis qui se trouvaient mêlés parmi les autres n'ont montré aucune souffrance par ce froid exceptionnellement rigoureux. »

Je n'ai pas besoin de m'étendre longuement sur les propriétés de l'Eucalyptus et sur les résultats précieux que sa culture a donnés. Nous retrouvons au reste, ailleurs qu'au couvent de St-Paul, la confirmation des propriétés assainissantes, antimiasmatiques de cet arbre. Un prêtre des missions d'Afrique, écrivait les lignes suivantes au journal le *Monde*, 2 février 1875 : «...... Mais le résultat le plus merveilleux c'est que la fièvre intermittente qui arrêtait si souvent nos orphelins dans leurs travaux agricoles a disparu peu à peu, en sorte qu'aujourd'hui ce domaine est un des plus sains des environs d'Alger, après en avoir été le plus fiévreux.

» En outre nous avons complètement cessé l'usage du sulfate de quinine pour combattre les accès de fièvre intermittente. Depuis plusieurs années nous ne faisons plus usage que de la tisane des feuilles d'Eucalyptus Globulus prises à de jeunes plantes et nous avons remarqué, ce que du reste ont constaté beaucoup de médecins en Algérie, que ce remède conservait toute son efficacité dans certains cas où le sulfate de quinine restait impuissant, et surtout qu'il n'avait pas l'inconvénient de délabrer l'estomac, et de ne guérir quelquefois de la fièvre intermittente que pour laisser après lui cette fièvre que nos colons appellent « fièvre de quinine » si commune en Algérie. »

Les résultats obtenus au couvent de St-Paul sont non moins remarquables. Nous avons dit que plusieurs de ces courageux trappistes étaient morts au champ d'honneur, et n'avaient même pas répondu à la permission de leur supérieur qui les laissait libre de rentrer en France. Ils avaient confiance en la Providence qui avait mis entre leurs mains un moyen efficace de protection et ils se dirent qu'à force de prières qui fortifieraient leur courage, et de labeurs, ils vaincraient les difficultés. Ils les ont en effet doublement vaincues, premièrement en possédant dans leur couvent des eucalyptus « qui remontent déjà aux années 1870, 1871, 1872. Les plus beaux ont 60 centimètres de circonférence au pied, 45 à 1 mètre de terre, et 10 à 11 mètres de hauteur. Plusieurs ont des boutons floraux. » Mais ce n'est pas tout, et si la présence de ces arbres, purificateurs par excellence des terres marécageuses, soit par leur développement rapide, chaque racine faisant en quelque sorte un petit drain dans le sol, soit en répandant dans l'atmosphère qui les entoure une odeur qui est facilement perçue même à quelque distance, a déjà contribué notablement à assainir la Trappe de St-Paul, les PP. n'en furent pas moins encore souvent atteints d'accès fébriles à caractère parfois assez graves. (1)

---

(1) L'odeur qu'ils répandent rappelle celle du laurier, mais est beaucoup plus pénétrante. Si l'on vient à froisser une feuille fraîche entre les doigts, on perçoit une odeur qui n'est pas sans analogie avec les essences térébenthinées. L'infusion de la feuille a une saveur vireuse.

Est-ce par l'intensité de son parfum, est-ce parce qu'il absorbe plus de gaz délétères que d'autres, est-ce en asséchant davantage les terres humides que son action est efficace ? Il est difficile de répondre affirmativement, et l'on aura je pense la vérité en disant

L'infusion d'Eucalyptus que les PP. prenaient tout d'abord comme préventif et même curatif demeurait insuffisante, et l'un d'eux eut l'idée de composer un produit plus actif que la seule infusion. Après divers recherches, il est parvenu à composer un élixir qui, en Italie, a déjà conquis une faveur très méritée et qui est à la fois pour eux un agent préventif et curatif, qui, dans l'un et l'autre cas, leur a donné des succès complets. Ainsi dans la période où les accès sont les plus fréquents (environ de juillet à fin septembre), les PP. qui résident à la Trappe prennent tous les matins une cuillerée à bouche de cet élixir, comme préventif.

Leur courageuse persévérance a été, on le voit, couronnée d'un succès sérieux. Par l'implantation définitive et victorieuse de l'Eucalyptus, ils ont modifié le sol et l'air; par l'ingestion d'une habile préparation due à leur intelligence, et dont ils gardent le secret, ils ont complété les moyens de résistance, et ainsi ils peuvent séjourner, même pendant l'époque la plus insalubre, dans cette contrée des eaux Salviennes qui, de guerre lasse, avait été entièrement abandonnée par d'autres, et les accès de fièvre sont devenus plus rares ou beaucoup moins graves. (1)

---

que tous ces effets se réunissent. Ils améliorent le sol et purifient l'air, voilà le fait indiscutable. Il me paraît impossible de refuser un rôle thérapeuthique sérieux à l'odeur pénétrante que répandent ces arbres, et qui est facilement perçu à distance ; un rôle agricole sérieux à des arbres dont la végétation est aussi vigoureuse et qui pour se développer ont besoin d'un sol humide et gras. Quelle action puissante obtiendrait-on si l'on parvenait à planter des forêts entières de cet arbre bienfaisant.

(1) Récemment encore le docteur Franco vantait encore dans la *Scuola medica Napolitanea*, Déc. 78, les bons effets de la teinture d'Eucalyptus globulus à hautes doses dans la fièvre des marais.

Et comme toujours, ils ont répandu autour d'eux leur action bienfaisante. Nombre de pauvres campagnards fébricitants sont venus leur demander secours, et le nombre ne se compte plus de ceux qu'ils ont ainsi guéri. Mieux portant tous les Pères ont pu se livrer avec plus d'ardeur à leurs travaux ; aussi leur propriété, si misérable autrefois, a-t-elle déjà un cachet de prospérité remarquable. Avant eux, on ne pouvait obtenir rien du sol, ils l'ont patiemment labouré et ils ont planté des vignes qui sont dans un état très prospère. Honneur donc à ces soldats valeureux qui eux aussi ont combattu au champ d'honneur où plusieurs ont trouvé la mort, et qui ont prouvé par leur persévérance ce que l'on peut obtenir, avec cet arbre. Ils ont ouvert la voie, on peut dire qu'il n'y a plus qu'à les imiter.

Que l'on me permette encore une citation extraite du journal la *Voce della Verita* : « J'ignore quel moyen Garibaldi a en vue pour enlever la Mal'aria, je sais une chose seulement, c'est que pour tant qu'il soit ennemi des moines, il ferait bien de visiter les Trappistes des trois Fontaines, et de faire la même recommandation à tous ceux, qui, en Italie où l'indolence est si grande, dénigrent volontiers toute innovation. Ils apprendront à connaître un arbre qui orne bien la campagne et produit un bois utile et dur quoiqu'il croisse rapidement.

» Le jour même de ma visite, un propriétaire des environs vint demander aux moines quelques semences de leur Eucalyptus, et il fut gratifié de 45 arbustes. Les moines partagent joyeusement aux autres leur provision de l'arbre béni.

» Puisse le bon exemple trouver beaucoup d'imitateurs, ceci est un argument digne de réflexion, que, tandis qu'on cherche à faire remonter au régime sacerdotal la solitude stérile de la campagne romaine, c'est précisément aux moines que sont dévolus la découverte et l'emploi du seul moyen d'y remédier. » N° du 25 déc. 1875.

On ne saurait assurément trop répandre ces heureux résultats, lorsque l'on voit combien les plus intéressés même mettent d'incurie à la propagande de cet arbre salutaire. En la séance du 15 décembre 1875, le député Comin présenta un ordre du jour pour que le gouvernement italien excitât la propagation de l'*Eucalyptus*. La chambre rejeta cet ordre du jour, et les Italiens pourront attendre longues années encore que la mal'aria disparaisse des marais. Le sage gouvernement italien, dit la *Voce della Verita*, trouverait-il que, « l'œuvre sainte des trappistes est un péril pour la nation, ou une conspiration ? »

L'on sait les conséquences lamentables du déboisement ; les inondations et les obstructions de l'embouchure des fleuves, par suite de l'apport des terres liquéfiées qu'entrainent ces derniers dans leur cours impétueux. En passant l'Arno à Pise, nous avons dit combien les matières argileuses entrainées par le fleuve reculaient de plus en plus son estuaire. Pareille chose arrive pour le Pô, et les géographes les plus autorisés estiment que si rien ne vient porter obstacle à ces dépôts qu'entrainent de toutes parts la violence des cours d'eau, le fond du golfe de Venise pourrait bien s'assécher un jour, ou devenir un lac, tant est progressif chaque année le développement des deltas du Pô. Il faut donc reboiser et s'occuper sérieusement de reconstituer des forêts. Mais de nos jours, l'on veut jouir avant tout, l'on oublie trop cette belle parole — Mes arrières-neveux me devront cet ombrage — et il est bien limité le nombre de ceux qui édifient sans penser à jouir eux-mêmes de leur labeur, et bien limité le nombre de ceux qui résistent à la tentation de faire argent des hauts bois qu'ils possèdent.

Eh bien ! à notre siècle qui n'a plus ni la patience, ni le loisir d'attendre le lent développement du Chêne, la providence offre à cette heure à l'Italie, et même au Sud de notre pays, et à l'Algérie, ce géant de la Tasmanie qui, pour fournir à celui qui le plante un madrier, une poutre, n'a pas même besoin que son existence se prolonge autant que celle d'une génération humaine. A dix ou douze ans il peut être façonné en solives, en traverses de chemin fer. La nature de son bois très fibreux, très nerveux, le rattache aux arbres à essences les plus dures.

Au bout de cinq ans, il peut atteindre de 8 à 15 mètres, suivant qu'il a été planté en taillis ou isolé. En cinquante ans, il peut atteindre 50 à 60 mètres de hauteur.

Nous sommes heureux de pouvoir mettre sous les yeux de nos lecteurs les lignes suivantes extraites d'une revue scientifique :

« Des renseignements intéressants sur l'eucalyptus, cet arbre qui a pour propriété, comme on sait, d'absorber les miasmes paludéens et par conséquent d'écarter la fièvre, ont été donnés dans une lettre adressée à un journal d'Italie et publiée en vue de la discussion qui a eu lieu dernièrement au parlement d'Italie.

» L'auteur de cette lettre est le prince P. Troubetzkoï, horticulteur et botaniste distingué, dont le jardin d'acclimatation près du lac Majeur jouit d'une réputation européenne. Pendant les douze dernières années, cet amateur y a cultivé 45 variétés d'eucalyptus, dont un certain nombre ont été exposées par lui et primées l'an dernier, à la célèbre Exposition universelle.

» Après examen minutieux de leurs qualités respectives, le prince russe donne la préférence à l'espèce *amigdalina*, qu'il a, le premier, importée d'Australie en Europe.

» Les raisons qu'il invoque sont les suivantes :

» 1° Le rapide et extraordinaire développement de l'arbre. Les individus plantés il y a huit ans ont atteint déjà une hauteur de 70 pieds et une circonférence de 4 pieds 1/2 ;

» 2° Les propriétés hygiéniques supérieures de cette espèce, qui contient des principes quatre fois plus puissants que l'espèce dite *globulus* ;

» 3° La grande dureté de son bois, ce qui le garantit des attaques des insectes et le rend admirablement propre aux constructions navales ;

» 4° L'adaptation de son écorce, qui peut être utilisée pour une foule d'industries : fabrication de nates, de papier, etc.;

» 5° Son appropriation à presque tous les sols, attendu qu'il croît également bien dans les endroits secs et dans les humides, et qu'il résiste aux vents et aux températures variables.

» Dans l'Inde, les traverses pour les rails de chemins de fer, qui naguère étaient toujours attaquées par la grande fourmi blanche, sont maintenant faites entièrement en bois d'eucalyptus (on ne dit pas si c'est l'espèce recommandée par le prince Troubetzkoï). Mais c'est une espèce que les insectes, soit de terre, soit d'eau, ne peuvent entamer. Aussi les navires australiens sont-ils construits avec le bois de cet arbre, qui, en Tasmanie, atteint parfois une hauteur de 490 pieds.

» Le même amateur aurait, paraît-il, à ce que nous apprend le *New-York Herald*, proposé au gouvernement anglais d'en faire des plantations dans l'île de Chypre, et il sera curieux de voir si l'influence de l'eucalyptus est capable de rendre à ce pays la salubrité dont il jouissait autrefois, selon les anciennes chroniques.

» D'après ce journal, les ravages du phylloxera pourraient être combattus par son voisinage ; il prétend même que des expériences ont été déjà tentées en ce sens. »

Ici se termine la première partie de notre voyage. Son récit ne demande pas de conclusions, au sens propre du mot. Synthétiser serait s'exposer à des redites. Dégageons seulement, en quelques lignes, la pensée qui n'a cessé de présider à ce travail.

Nier Dieu créateur, est un acte de déraison, disons plus, un acte de folie. Dans une société bien organisée, les lois civiles poursuivraient les auteurs de tels écrits. Nul ne peut réclamer ce droit de négation, au nom de la liberté qui est l'action dans l'ordre (pour avoir droit de réclamer au nom de la liberté, il faut tout d'abord admettre Dieu ; car, sans Lui, la liberté n'est plus) ; nul ne le peut donc faire qu'au nom de la licence qui est l'action dans le désordre et qui demande la répression.

Si Dieu est créateur, il est nécessairement maître et révélateur. C'est plus encore une question de bon sens qu'une question d'arguments. Je ne puis insister, mais ces trois termes, créateur, maître, révélateur, s'enchaînent logiquement.

Au reste, dans ces questions, les cléricaux — puisque tel est le nom du jour — et les matérialistes sont seuls conséquents.

Si Dieu a tiré le monde du néant, vouloir limiter sa puissance, son autorité, est absurde ; ne pas reconnaître ses droits sur l'homme, sur la société, est insensé, monstrueux.

Les matérialistes m'épouvantent, mais je ne puis leur refuser le bénéfice de conclusions logiques.

Les hommes d'entre deux sont des pygmées, des gens de petits tempéramments, ou de mesquines allures, des timides souvent, des coupables toujours, des imbéciles (imbecillis), des hommes sans trempe, communément ; gens qui vont bien jusqu'à admettre Dieu, pourvu que ce Dieu leur laisse leur religion à eux, leur laisse surtout la liberté de leurs interprétations capricieuses, de leurs passions. Je plains un matérialiste convaincu, mais je le respecte ; je ne saurais avoir que de la pitié pour les autres. Tous les déistes sont des athées pratiques.

L'homme créé par Dieu a donc reçu de lui sa Loi. Mais, être inconstant, téméraire, tourmenté par d'incessantes passions, sentant le bien, le désirant, mais trop souvent incapable de l'accomplir,

Video meliora, proboque, deteriora sequor,

l'homme ne pouvait prétendre, sans distinction, à être le gardien et l'interprète de la Loi du Seigneur.

Aussi, de tous temps, Dieu s'est choisi des lévites, gardiens de sa loi et interprètes des éternelles vérités. Le chef de l'Eglise de Dieu était dans l'ancienne loi le Grand-Prêtre ; dans la loi nouvelle, c'est le Pape, l'Un et l'Autre entourés d'hommes dont la vie plus grave plus austère, permettait à leur ministère plus de sainteté, laissait à leurs appréciations plus d'indépendance.

Les hommes ont toujours été d'autant plus heureux

ici-bas, qu'ils ont mieux écouté ces divins messagers :
« Les papes n'asservissent pas les consciences. Ce qu'ils
ont fait de plus grand, c'est de les affranchir du joug
des Césars. »

Ces quelques idées générales ont apporté dans mon
esprit cette conviction inébranlable que la Vérité
qui est en elle-même et ne saurait être contingente, attendant son plus ou moins de lumière de
l'incessante dispute des hommes est là, uniquement,
où réside et apparaît l'autorité du chef visible de
Dieu sur terre.

Ces convictions étaient profondes dans mon esprit
avant d'avoir été placer mon front sous la sandale de
Pierre, et mes lèvres sur son pied, mais si quelques
doutes fussent restés dans mon esprit, toutes ténèbres auraient disparu après avoir vu, dans la ville
éternelle, les témoins authentiques de la grandeur et
de la puissance de la Papauté, les témoins authentiques de la grandeur et de la puissance de notre divine
religion.

Un chrétien ne quitte jamais Rome sans regret, un
chrétien ne quitte pas Rome sans sentir grandir en lui
son attachement à ce qui est la force et la plus grande
gloire de la religion catholique, à la Papauté, et sans
être plus étroitement uni à l'Eglise catholique, qui est,
grâce à son unité, qu'elle seule possède au monde, si
forte et si admirablement belle.

C'est pénétré de ces sentiments que j'ai écrit ce livre,
saisissant toutes les occasions de la narration pour les
mettre en relief.

Si l'on était étonné de les voir sous ma plume par ce
fait que je suis D. M. P., suivant la vieille formule, je
dirai franchement que, là comme ailleurs, je ferai tous

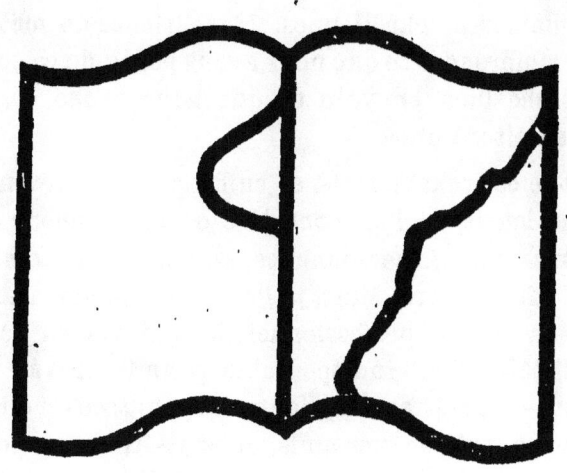

Texte détérioré — reliure défectueuse
NF Z 43-120-11

mes efforts pour rattacher le passé au présent, en prenant du premier tout ce qu'il avait de grand, de bon, de chrétien. Nos aïeux en médecine étaient des chrétiens sincères. En cela, je les honore, et je chercherais en vain, sur ce chef, les motifs de les renier ou de rougir de leurs fortes croyances qui vivaient si fortement dans leurs associations médicales, qui savaient être à la fois humaines et chrétiennes. L'expérience du métier me fait comprendre ce que nous avons perdu de ce côté, et je cherche bien en vain ce que nous avons gagné en ne les imitant plus.

Y suis-je convenablement et suffisamment parvenu ? Non assurément, si l'on considère et la grandeur du sujet et mes qualités personnelles, et, non encore comme j'eusse désiré le faire. Mais, je l'ai dit en commençant, astreint au devoir professionnel, je n'ai pas eu cette tranquillité d'esprit indispensable pour le travail de la pensée, — peut-être assez néanmoins pour trouver quelque faveur auprès de mes amis, et peut-être assez pour montrer mon attachement, mon respect et mon dévouement même à l'Eglise catholique, apostolique et romaine, au Père commun que tous les catholiques saluent aujourd'hui dans la personne de Léon XIII, successeur de Pierre.... de Pie IX.

Havre. — Imprimerie Lepelletier, rue

www.ingramcontent.com/pod-product-compliance
Lightning Source LLC
Chambersburg PA
CBHW070752170426
43200CB00007B/756